钱文忠 ◎ 主讲

钱说 三字经

钱树根

全国百佳图书出版单位

时代出版传媒股份有限公司

安徽人民出版社

图书在版编目（CIP）数据

钱说《三字经》/ 钱文忠主讲 . —合肥：安徽人民出版社，2012.4
ISBN 978-7-212-05186-0

Ⅰ . ①钱… Ⅱ . ①钱… Ⅲ . ①汉语 – 古代 – 启蒙读物 ②《三字经》– 研究 Ⅳ . ① H194.1

中国版本图书馆 CIP 数据核字 (2012) 第 055399 号

书名：钱说《三字经》　　　　　　作者：钱文忠

出 版 人：王亚非　胡正义　周殿富　　　　　出版策划：李　勇
责任编辑：李定凯　　特约编辑：陈丽杰　李　争　李凤琴　孟思乔
责任印制：刘　银　　插　　画：罗小华　　装帧设计：后声文化

出　　　版：时代出版传媒股份有限公司　http://www.press-mart.com
　　　　　　安徽人民出版社 http://www.ahpeople.com
　　　　　　（合肥市政务文化新区翡翠路 1118 号出版传媒广场 8 楼
　　　　　　邮编：230071）

发　　　行：北京时代华文书局有限公司
　　　　　　（北京市东城区安定门外大街 136 号皇城国际大厦 A 座 8 楼
　　　　　　邮编：100011）
　　　　　　电话：010-64267120；010-64266769 转 8067（传真）

印　　　刷：北京正合鼎业印刷技术有限公司　电话：010-61256142
　　　　　　（如发现印装质量问题，影响阅读，请与印刷厂联系调换）

开　　本：695×975　　1/16　　印　张：19.75　　字　数：298 千字
版　　次：2012 年 5 月第 1 版　　2012 年 5 月第 1 次印刷

ISBN 978-7-212-05186-0　　　　　　　　　　定　价：42.80 元

自　序

　　2009 年 1 月 27 日起，中央电视台《百家讲坛》栏目以四十三集的篇幅，首播由我主讲的《三字经》。此后，又在央视多次重播，网络视频也颇为流传。应该说，达到了一定的效果，也算在传统文化热中发挥了一点儿作用。我很感谢栏目组和制作团队的付出，也很感谢观众的厚爱。

　　根据电视节目讲稿和播出稿改定的同名图书也随即在 2009 年 2 月由中国民主法制出版社出版，分为上下册，首印各五十万套。这在当下的图书出版界，应该算是个不小的数字了。书推出后，在短时间内便跻身各大畅销书排行榜，得到了读者们的喜爱。我由衷地感谢中国民主法制出版社的编辑和工作人员，没有他们的努力，图书不可能在那么短的时间里得以编定，并且以图文并茂、套色印刷的面貌问世。当然，我更要感谢广大读者朋友，他们不仅掏钱买书，有的还通过各种渠道将他们的指教、批评或者溢美传达给我。溢美鼓励了我，指教、批评则让我受益良多。

　　几年前我接受媒体采访时曾说：我们并没有把握完全理解《三字经》，倘若有这方面的自信的话，那也终究是非常可疑的。因此，这几年我尽可能地随时记下读者的意见，加上自己平日翻阅时，也在书中发现了一些错误、不妥、误植，深感有必要找到一种合适的方式，进一步完善自己对《三字经》的解读。在此，必须声明，这些误失主要都应由我负责。但是，我又不愿意只就《钱文忠解读〈三字经〉》稍加修补，总想不仅能够解决原书中的问题，而且能够在总体行文、叙述方式等方面都有点儿新意。不过，自己平时事情实在太多，一直也抽不出时间着手做这项工作。

时代传媒北京时代华文书局提出了解决的方案：由他们敦请资深文史编辑专门校对，分几个轮次，全面检查原书；同时，将我平素累积的修改意见加以汇总；最后，将全书基本通体重写一遍。换句话说，呈现在大家面前的《钱说〈三字经〉》已经是一本新书了。

我要特别感谢无锡钱氏宗尊、中国人民解放军原副总参谋长钱公树根上将赐题书名。宗尊自幼精进聪慧，在十余岁时，放弃升学机会，投笔从戎，20世纪七八十年代，在南疆战功卓著。1987年8月9日，《人民日报》刊登介绍宗尊事迹的报告文学《军长和他的壮士们》，风行大江南北，激励了无数有志青年。宗尊一再教导子弟晚辈，要汲取优秀传统文化的养分，勤奋学习，立志报国。宗尊自幼打下了国学基础，戎马倥偬，不废吟哦，书法造诣深厚，无锡惠山"钱武肃王祠"之匾即是宗尊墨宝。宗尊赐题书名，意在鞭策我更加努力，我定铭记不忘。

最后需要说明的是，书中我用毛笔手抄了《三字经》全文以飨读者。这是出于出版者的提议，我则期期以为不可、不敢。说实在的，我这一代人的字，和老辈相比，根本就是羞于见人，拿不出手的。但是，出版者坚持不懈，我也就只好勉为其难了，权当做略表自己对《三字经》的恭敬。读者如有触目之感，尽可将之抽去。

希望大家喜欢这本书。现在，我所能做的，就是恭候读者诸君的批评、指教了。

目 录
CONTENTS

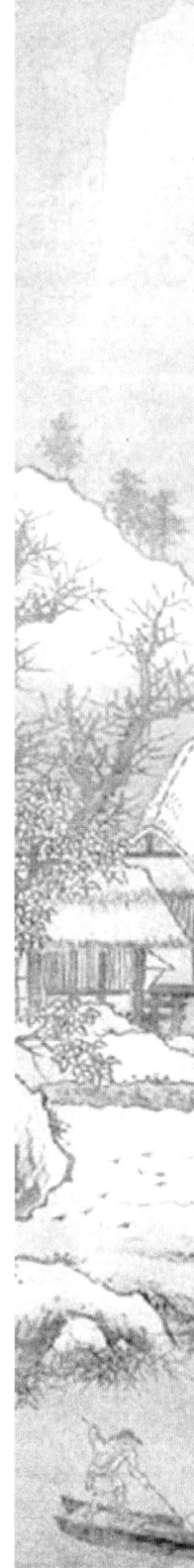

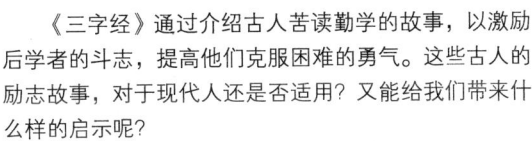

第二十九章

《三字经》通过介绍古人苦读勤学的故事，以激励后学者的斗志，提高他们克服困难的勇气。这些古人的励志故事，对于现代人还是否适用？又能给我们带来什么样的启示呢？

第三十章

刘晏少年聪慧，八岁就做了官，官职为太子正字。那么，太子正字是一个什么官职？刘晏又有什么特殊的才能呢？《三字经》在列举了许多勤学故事之后，最后又特别强调了努力学习的重要意义。对于这部分内容，应该怎么解读呢？

人之初[1]，性本善[2][3]，性相近[4]，习相远[5]。

苟[6]不教[7]，性乃迁[8]，教之道[9]，贵[10]以专[11]。

[1] 初：初生，刚开始有生命。
[2] 性：天性。
[3] 本：本来、原来。
[4] 性：性情。
[5] 习：习性。
[6] 苟：假如。
[7] 教：训导、教诲。
[8] 迁：转变、变化。
[9] 道：此处指方法。
[10] 贵：注重、重视。
[11] 专：专一。

《三字经》成书于八百多年前的南宋，自问世以来，就作为儿童的识字课本，家喻户晓。它与《百家姓》、《千字文》合称"三百千"，被视为传承儒家思想和修身立志指南的蒙训教材，是传统文化的浓缩精要。但在这三本书中，只有《三字经》被提到"经"的高度，短短千言，却可以与"四书五经"一样，被读书人注解传诵，它的魅力何在？

现在，在网上经常看到一些人搜寻自己读小学时候的课本，还有许多人整理出版了民国时期小学语文教材。这些老课本当中固定出场的人物总会引起不少同龄人的共鸣，可以说一届教材成为了一届学生的共同回忆。由此，不禁引起大家的追问：在更远的时代，读书人用的是哪些教材呢？

秦汉时期的《仓颉篇》、《凡将篇》、《急就篇》等就是早期的教科书。它们有一个共同点：语句齐整，朗朗上口，容易记诵。这些在今天看来连大学教授都未必能读懂的书，在当时却是小孩子的启蒙书。人们通过这些书教孩子们识字，传达最基本的道理。

大约从南宋开始，《三字经》问世了。这本书很有特点，首先从形式上看，三个字一句，朗朗上口，非常易于记诵。古代的教书先生会带着孩子一边吟唱一边摇头晃脑，因为它读起来很有音韵美。今天居住在广东梅州或福建一带的客家人，还可以像唱歌谣一样唱《三字经》。当然这本书的特点不光是形式上的易于记诵，它的内容也很有意思。它以"关键词"的形式将中国传统文化中的教育、历史、天文、地理、伦理和道德以及一些民间传说会聚到一起。《三字经》可以称做是中国传统文化的一部关键词集，实质上里面的内容都是中国传统文化里的一些关键词的糅合。另外，《三字经》内容非常平和，含有非常现代的元素。所以，《三字经》从问世以来就一直流传不绝，直到今日仍具有强大的生命力。

> 《三字经》、《百家姓》、《千字文》，合称"三百千"。"三百千"中为什么只有《三字经》被尊称为"经"？为什么这么一本小书被历代人们奉为经典？

在传统文化中，被称为"经"的书，一定具有至高无上的地位。说一个人有文化就是"满腹经纶"，说天地间理所应当、无可非议的道理是"天地经纬"，可见"经"的重要性和权威性。《三字经》成书后，无数中华儿童就是从这本书开始他们的求学生涯的，而那些没有上过学堂的孩子，即使不接触《三字经》原书，也可以从身边人的交谈和戏文中知道一些出自《三字经》的语句。《三字经》就是这么重要的一部传统的启蒙经典。

在讲了《三字经》、《弟子规》之后，有人说，按照这些传统经典教育出来的孩子到了社会上只会吃亏，其实这种说法正好说明我们这个社会已经有很大的问题了。正是由于我们长期以来不重视优秀传统文化在塑造人格、培植教养方面的教育功能，导致我们在经济飞速发展的今天，社会上却出现了很多非常严重的问题。但是，错的不是《三字经》、《弟子规》，我们要做的是改善我们的社会，而不是删改《三字经》、《弟子规》。

也许有人会想，既然《三字经》是儿童启蒙书，那它一定很低幼了，有什么值得讲的呢？而且我活了这么多年做人的道理也知道一些，不需要从这本书里去学习了。其实，这种看法是不对的。《三字经》的确非常简明扼要，蒙童能诵，但简单并不表示单薄。它以最简洁明快的方式，凝聚了最深厚的文化传统。用心去阅读，用心去体会，你可以从《三字经》中学到历史、典故、伦理道德，等等。我们只有一句一句地去读，才能理解《三字经》为什么能够流传到今天，才能够理解《三字经》对于中国人来讲，特别是对于还在学习过程当中的孩子们、还在追求自己"文化归宿"的成年人来讲，有着怎样不可替代的意义。

> 在《三字经》看似简单易懂的文字背后包含着什么样的深意？它的魅力具体来说有哪些呢？

《三字经》开始的六个字大家都知道，即"人之初，性本善"，从字面意思看，就是每个人出生的时候，天性是善的，不论你是天子还是庶民，是山东人还是河南人。《三字经》的不简单，从开头这六个字就能看出来。人的本性究竟是善的还是恶的？古今中外，所有的文化传统，都绕不开人性论的讨论。在中国传统文化中，关于人性善恶的讨论更是丰富多彩。诸如在先秦儒家传统当中，就有三派说法。

一派是儒家创始人孔子的说法。孔子的看法是"性相近，习相远"，也就是说人的本性差距并不太大，都是差不多相近的，但由于后天的影响，差别慢慢体现出来。孔子在这里并没有直接说人性是善的还是恶的，只是强调了外部环境的重要性。

一派是儒家非常重要的一位思想家荀子的说法。荀子的看法是"人之初，性本恶"，强调人性是与生俱来的、质朴的一种自然属性，"善"是后天环境和教化学习的结果。

还有一派是"亚圣"孟子的思想。孟子认为"人之初，性本善"，并以此作为人们修养品德和行王道仁政的理论依据。关于人性善恶的分野，中西文化就从这里开始踏上了不同的发展轨道。

西方文化中有一个原罪的概念，认为每个人都是有罪的，人都有原罪，只有上帝是无罪的，上帝牺牲自己来救赎世人的罪孽。这种思想滋生了后来西方社会的运作体系——三权分立。不能把所有的权力交给某几个人，因为谁都是有毛病的，应该相互监督，彼此独立。只有把管理的权力、运作的权力予以分散,创设出一套严格的制度来限制彼此,才能保证彼此的配合与公正。

再来看中国文化传统的主流,很明显我们是崇尚"仁君"、"贤臣"的,也就是对位高权重者给予了很高的道德期待,也推荐那些才德兼备的人才。我们称公务员为"父母官"、"青天",对于这样一些人,普通民众首先预设了一个道德完美的形象,然后把自己的权利交付给这些人,与其说相信他们的职业素质,不如说相信他们的道德水平。"人之初,性本善",我们相信每个人天性是善良的,每个人都有觉悟,所谓"满街都是圣人","人人皆可成尧舜"。因为每个人都是自觉的,都知道不要损害他人的利益,所以主要是教育、引导、培养,而不是用制度去规范。

在儒家学派内部,对人性善恶的看法并不统一,有的认为性善,有的认为性恶,也有的认为性有善有恶,而争论也从来没有停止过。由于人性问题复杂,"亚圣"孟子以大量理由来证明他的"性善论"观点,其中最重要的就是"四心说"。

在《孟子·公孙丑上》中,有这样的话:"无恻隐之心,非人也;无羞恶之心,非人也;无辞让之心,非人也;无是非之心,非人也。"孟子认为,人必须有这四种心,没有这四种心那就称不上是人了。

什么叫做"无恻隐之心,非人也"?我们可以用孟子举的经典例子来说明。《孟子·公孙丑上》中有一个故事:"今人乍见孺子将入于井,皆有怵惕恻隐之心——非所以内交于孺子之父母也,非所以要誉于乡党朋友也,非恶其声而然也。"孟子给我们假设了这样一个情况,即我们看见一个小孩子靠近井栏,就要掉到井里,会怎么样?也许你和这个小孩的父母是朋友,也许你根本不认识他们;那种危机关头也没有时间考虑把这孩子救起来,就可以在乡党朋友中得到舍己救人的美誉;也没有时间考虑到孩子的哭叫声实在刺耳不好听。但我们还是

会对这个孩子的处境产生担忧，会着急，这种心情就是孟子所说的"恻隐之心"。

再来看"无羞恶之心，非人也"。"知耻而后勇"，是说一个人会因为羞耻之心而变得更加勇敢，对自己的要求更高。再来看一尊很有名的雕像：影星玛丽莲·梦露在路上走，经过一个地下出风口，突然涌上来一股很大的气浪，把她的裙子给吹起来，她下意识的动作是赶紧捂着裙角，这也就是孟子所说的"羞恶之心"的体现。

"辞让之心"，就是一种明明自己想要，却只想把机会让给他人的心理，甘愿自己吃一点儿亏，理性战胜感性；"是非之心"，就更容易理解了，"公道自在人心"，那么每个人对是非应有起码的判断能力。

> 我们常常会遇到这样的情况：一样的父母，一样的家庭环境，但是一起成长起来的兄弟姊妹性格并不一样，甚至有着很大的反差。为什么会存在巨大的不同呢？如果说"人之初、性本善"成立，那么接下来，《三字经》是怎样看待造成个体差异的问题的？

"人之初，性本善"后紧接着的是"性相近，习相远"。这就是说，天性上虽然相近，但是会因为后天的环境和遇到的人和事，而慢慢变得不同。这个观点我们前面提到过，是孔子的观点，这六个字在《论语·阳货》中可以找到出处。《三字经》关于人性善恶的说法，综合了孟子和孔子的观点，一方面认为人的本性本来是好的，而且都差距不远；一方面又强调了后天环境的影响。无论是"近朱者赤，近墨者黑"，还是"虎父无犬子"、"严师出高徒"，都是在强调一个人所处的环境对自身的影响。这样的例子，在历史上数不胜数。

无锡下面有个县级市叫宜兴，历史上出了很多名人，晋朝的周处就是其中之一。周处从小父母双亡，无人管教，加上当地坏风气的熏染、影响，长成了一个非常粗鲁、野蛮的人。他喜欢跟人动手，再说光脚的不怕穿鞋的，无依无靠的周处打起架来毫无顾虑，下手从不留情，周围的人见了他就躲。有一天，周处突然间意识到自己的处境，就问一位长者："乡亲、邻居见了我都躲什么呢？"老人家说："你不知道我们这边有三害吗？"周处问："哪三害？"老人家说："这第一害，是前面山里那一只经常下来吃人、吃家畜的猛虎；第二害呢，是村前面河里那条兴风作浪的蛟龙；至于第三害嘛，就是你周处啊。大家躲你就像躲猛虎蛟龙一样。"这句话戳到周处的痛处，一下子点醒了周处，或者说唤醒了他的羞耻心，他这才发现自己坏到什么程度了。后来，周处为民除害，上山杀掉了那只老虎，到河里斩杀了那条蛟龙。浪子回头金不换，善良的天性在周处身上慢慢显现出来。他从此一路上进，后来还当了很大的官，为老百姓做了很多好事，在历史上留下了非常好的名声。

从身为一害到为民除害，周处还是那个周处，但周处又似乎已经不是以前的周处了。这个可塑性和可控性，就体现了后天对人的影响之大。

对于任何一个孩子来说，如果没有一个良好的后天环境，再善良的天性都会迁移。那么，怎样才能保证人们向好的方面发展呢？《三字经》会告诉我们什么样的方法呢？

《三字经》接下来讲的是："苟不教，性乃迁，教之道，贵以专。""苟"是如果的意思，如果不接受教育，那善良的本性就会改变，人性中的恶就会影响人、控制人。外部教育环境，就是决定善与恶孰上孰下的外在条件。而"教之道，贵以专"，就是说教育的根本方法，最重要的、最珍贵的是保持专一不变。这里的"教"既包含道德教育又包含知识教育，而且《三字经》里首先强调的是道德教育。但今天我们重视的"教"主要是知识教育，要知道从一到一百怎么数，要知道英文字母、口语对话，要会钢琴、小提琴，好像孩子知道的越多越聪明，将来就越容易成才。我们只是看到了传统教育中的一面，看到那些博闻多识的人的魅力，却忽视了传统教育中非常重要的另一面，也就是《三字经》最强调的道德教育。在学习知识之前，先要学习做人。怎么成为一个善良的人？怎么拥有健全成熟的人所必须有的道德？这才是教育者们应该重视的问题，也是每个孩子成长过程中必须回答的问题。

"贵以专"的"专"有两层意思：一层意思是学习要有所专注；另一层意思是学贵有恒，要用一种终身学习的态度去追求道德的完善和知识的获得。

我们也可以在历史中找到一些事例来说明《三字经》的这一观点。明代著名的书画家唐伯虎从小生活在一个小康之家，自小就是绘画天才，天赋很好。他的绘画很早就小有名气，当地的富豪经常把小唐伯虎请去作画。少年成名，唐伯虎当然有点儿沾沾自喜。但是，唐伯虎的母亲是位很了不起的女性，她觉得这样浅尝辄止，稍有一点点成就就满足是不行的，必须专心致志，好好去学几年绘画，把绘画艺术给钻透了。母亲把这个道理跟唐伯虎讲了，让他去跟沈周学画。唐伯虎也很高兴，反正离家也不远，就背着妈妈给他准备的行李高高兴兴地去拜沈周为师学艺。到了沈周那里学了也就一两年，唐伯虎发现自己画得很不错了，再看看老师的画，也不见得比自己强到哪里去，所以习画就不太专心，想回家。沈周看出了唐伯虎的心理变化，就通知唐伯虎的师母，准备一桌饭菜，送送唐伯虎："让他出师吧，不用再学了。"做完了这桌饭菜，就把饭菜安排到院子里一个独立的房间里。

唐伯虎走进一看，发现这房子居然有四扇门。他从一扇门进去，另外三面也各有一扇门，而每一扇门外都是不同的风景：这一道门外姹紫嫣红，那一道门外莺歌燕舞，还一道门外流水潺潺。唐伯虎觉得好玩，心想："这师傅可真够坏的啊，家里有这么好玩的去处也不告诉我，我先不吃饭了，先出去看看。"往东门去看看那姹紫嫣红，"咚"一下撞一个包；往南门去看看那莺歌燕舞，"咚"一下又撞一个包；往西门去看看那小溪潺潺，"咚"一下又撞一个包。原来三扇门和外面的风景全是沈周在墙上画的画。唐伯虎一下子明白了，画无止境，自己这点儿水平真是差远了。从那往后，唐伯虎专心致志，又学了好多年，终于学有所成。

这个故事说明，学任何一样东西，必须专心致志，必须持之以恒，才会有所成就。

　　态度的重要性被强调之后，《三字经》接下来讲述了几个有关学习的典故，都是家喻户晓的故事。我们应该为学习中的孩子准备什么样的土壤条件？应该给孩子创造什么样的外部环境？请看下一章。

第一章

昔孟母[1]，择邻处[2][3][4][5]，子不学[6]，断机杼[7]。

窦燕山[8]，有义方[9]，教五子，名俱扬[10][11]。

养不教[12]，父之过[13]，教不严[14]，师之惰[15]。

[1] 昔：过去。

[2] 孟母：孟子的母亲。

[3] 择：选择。

[4] 邻：邻居。

[5] 处：住处。

[6] 子：儿子，此处指孟子。

[7] 机杼：织布机上用于穿引纬线的梭子。

[8] 窦燕山：指五代末年的窦禹均。

[9] 义方：指做人应该遵守的规矩法度。

[10] 俱：都。

[11] 扬：传扬。

[12] 养：养育。

[13] 过：过错。

[14] 严：严格。

[15] 惰：失职。

父母是孩子的第一任老师，人的一生中最重要的前几年大多是和父母一起生活的，父母对孩子的成长成才有至关重要的影响。现在很多人提到教育动辄批评现在的考试制度，其实最基本的教育来自家庭，一个孩子有没有礼貌、知不知谦让，这些都是从家庭环境中学习和形成习惯的。《三字经》接着讲了一个母亲、一个父亲的故事，然后才是老师如何教育。

"昔孟母，择邻处，子不学，断机杼。"这里讲的是孟母教子的故事，其中有"孟母三迁"和"断机教子"两个典故。

"孟母三迁"讲的是什么故事呢？孟子的父亲在孟子很小的时候就去世了，家境贫寒的母子二人住在城外墓地旁的一个破房子里头。坟地附近，经常遇到有人出殡，办丧事，小孟子不知道生死之悲，只是跟着出殡的队伍凑热闹，还学人家哭丧。这对孩子的成长当然是不利的。孟母一看，儿子不学好，但住在这种地方难免要遇到这些事情，不可能把孩子关在家里，便决定搬家。孟母搬到了市集，在商业街的附近落户。这次隔壁是个肉铺，肉铺伙计天天要杀猪剁肉卖肉，光着膀子干得热火朝天。小孟子学习能力很强，看到什么新鲜的都跟着依样画葫芦，他也学肉铺伙计剁肉，学人家讨价还价。中国古代一直是不太赞赏从商的，读书人和从政者的社会地位更高一些，而且孟母也不希望自己的儿子将来做个屠夫，咬咬牙，决定再搬家。孟母这一次搬到一所学校的附近，这里弦歌不绝，书声朗朗。孟子就从这里开始跟着人家读书识字，学习打躬作揖，言行也变得彬彬有礼了。到了这里，孟母才放心安下家来，这就是"孟母三迁"的故事。

"子不学，断机杼"讲的又是什么故事呢？小孟子长大后要读书去了，但过了新鲜劲，孟子也像其他孩子一样开始逃学。一天，小孟子逃课回家，被正在织布的母亲逮了个正着。那个时候孟母主要靠织布、卖布来维持生活。这个女性很了不起，不仅仅因为她一个人养家，更因为她的教子方法很难得。她看见儿子逃学回来，没有打也没有骂，一句话没讲，只是当着儿子的面把要织成的布匹割断了。孟子当然明白这就意味着母亲无数个夜晚的辛劳就白费了。天性孝顺的孟子也知道心疼母亲，就跪下来问："为什么要这样？"孟母告诉他："读书、学习就像织布，可不是一天两天的事情，我织布从一根根线开始，一缕一缕地织，最后才能织成一匹布，才可以做衣服、做被单。读书也是先要一个字一句话地学习，慢慢积累，一开始很枯燥，但这个过程偷不得懒，不然，就像这匹布一样半途而废，没有用处。"听到母亲的训诫，孟子深受启发，从此以后，专心致志，一心向学，后来成为一代"亚圣"，成为中国儒家思想的代表性人物。

《三字经》是南宋时问世的，而宋朝的时候，对女性的宽容度远远不如它的前一个朝代唐朝，从穿着到言行举止，都变得越来越严格死板，但是在教育孩子方面，母亲的重要性并没有被忽略。《三字经》在讲了孟母教子的故事之后，接着才讲了一个父亲教育孩子的故事。

"窦燕山，有义方，教五子，名俱扬。"五代时期，有窦氏一门，是当时的富豪之家。窦燕山年轻时恃财傲物，年到三十，膝下依然无子。有一天他梦见父亲老窦给他托梦："你现在这样小心眼儿，自私自利，太不应该了。你应该改过，要乐善好施，多做好事，为我们窦家积德。"窦燕山做了这个梦以后就真的变了，从此以后，他仗义疏财，修桥铺路，济难扶困，变成了名甲一方的大好人。而且他从善以后，就有了五个儿子，可以说是积德行善的福报。因为自己年轻的时候虚度过光阴，所以窦燕山对儿子的教育也很上心，他呕心沥血地去教育这五个儿子，后来三个中了进士，两个中了举人，"五子登科"名声远播。如果父亲不教育孩子，只管生他，只管养他，但不去教育他，那就是"养不教，父之过"。

从历史上，我们可以找到一正一反的两个故事来说明这六个字。

先谈一下正面的例子。汉宣帝的时候，有叔侄两个人，一个叫疏广，一个叫疏受。疏广是叔叔，疏受是侄子，叔侄两个人都当了比较大的官，一个是太子太傅，另一个是太子少傅，都是教育太子的大官。叔侄俩教育完太子以后，决定告老还乡。皇帝为感谢他们，就赏赐了他们一大笔钱。这叔侄俩回到老家以后，按照传统观念，该给孩子准备好多财产，留下好多钱。但是，回去以后没看见他们叔侄俩有这个动静，只看见他们俩经常在村里举办宴席，请自己的一些亲友，请村里的孤寡老人，请附近那些没有人关心、比较贫苦的人来赴宴，白吃白喝。日复一日，年复一年，花钱像流水一样。疏广和疏受的孩子们看着不敢说，但是心里担心："你们这么折腾的话，拿什么留给我们呢？"孩子们就托族里的长老去跟疏广、疏受打招呼："这么花钱，孩子将来怎么活？这样花钱，给孩子留下什么呢？"疏广、疏受就跟长老讲了这么一段话："我们做父亲的，怎么会不爱自己的孩子？我们怎么不知道该给孩子留点儿东西呢？但是，我们疏家已经薄有田产，如果孩子勤劳一点、刻苦一点的话，是不会比别人过得差的。我们把那么多钱留给他们，只能使他们变得懒惰，变得依赖，从小锦衣玉食，消磨斗志，对他们恐怕没有什么好处。"这个长老把疏广、疏受的话传给他们的孩子，他们的孩子一下子领悟到父亲的深意所在。

在现代社会当中，人们也会经常考虑给孩子留点儿什么。孩子还很小，就琢磨着他将来要结婚，先把房子给他买好；孩子刚刚进入大学，就琢磨着给他买辆车。在传统中国有一句话："遗子千金不如遗子一经。"与其留给孩子千两黄金，还不如留给他一种安身立命的知识，给他创造一种受教育的机会。家长应该培养孩子对学习的渴望和对学习的依赖，而不是对财产的依赖。

接下来是一个反面的例子。汉宣帝的时候，有一个御史大夫，类似于今天的监察部部长，叫陈万年。他是一个谨小慎微、溜须拍马的人。而他的儿子陈咸，却是一个刚正不阿、执法如山的官员，官职没他父亲那么高，但从不避权贵。父亲陈万年担心："你小子这么弄下去，将来死都不知道怎么死的，看你得罪那么些人，还好有我在。我人缘好，位置高，还能罩着你，但我总有走的一天，我走了以后你怎么办？这不是要被人整死吗？"所以，有一天晚上，他下定决心找儿子谈谈。陈万年躺在榻上，儿子恭恭敬敬站在屏风后聆听。陈万年教育他："你应该像我一样，圆滑一点，变通一点，要明哲保身……"唠唠叨叨一番车轱辘话。儿子陈咸站在那里也累了，"扑通"一声，一头就撞到屏风上。这可把陈万年给惹火了：我好心好意在这儿通宵地教育你，你却在那儿打瞌睡！他爬起来，举起拐杖要去打陈咸。古人有种说法："小杖受，大杖走。"这也是儒家的规矩。陈咸扭头就跑，跑的时候扔下一句："你问我为什么打瞌睡，我告诉你，你说的话我都懂，无非是让我像你那样溜须拍马嘛！"

以上两个父亲都深爱着自己的孩子，可是哪个人的教育方法好呢？我们常说："爱其子，则为之计深远。"上面两位父亲的做法，哪一个是真正为孩子的长远做打算的呢？

虽说"养不教，父之过"，但是父亲到底应该教给孩子什么，却是值得我们深思的。正确的教育，可以让孩子更加尊重父亲，而错误的教育，只会使父亲失去威信。那么教育孩子的责任，除了父母之外，还有谁很重要呢？

父母是孩子的第一任启蒙老师，但是人终究要离开父母，要走进社会去接受更完备的教育。那么，这又是谁的责任呢？老师。所以《三字经》接下来讲的是："教不严，师之惰。"不严格地进行教育，是老师的过错。

在传统的中国，老师的地位如何呢？这可以从当时的"入学流程"看出来。孩子正式入学的第一天，要向孔子的牌位磕头，因为这是至圣先师。孩子要向写着"天、地、君、亲、师"的牌位行礼。上有天，下有地，中有皇帝、父母和祖父母，接着天、地、君、亲，第五个就是师。这就是老师的地位。在1905年中国废除科举制度之前，私塾门口常见一块牌子，上书"溺爱免送"。意思是如果你要溺爱你的孩子，那请你别送来，我教不了。在中国的传统当中，老师必须严格教育学生，连皇上也不能例外。

"教不严，师之惰。"不仅强调了老师的责任，同时也强调了老师的尊严。这就是中国传统文化中的"师道尊严"。这种"师道尊严"会让孔子那样的良师发挥更大的影响力，但也会让一些不合格的老师产生更大的危害。

鲁迅先生讲过一个故事，说有一个老师教孩子读《论语》，读到一句叫"都都平丈我"。《论语》里面哪有这样的句子，原文应该是"郁郁乎文哉"。这老师是个白字先生，五个字没认对一个。学生问他是不是记错了，他还蛮横地训道："你只管背就完了，我教你，你就背，你管那么多干什么？"这样的老师，毫无疑问是不合格的。我在网上看到一则新闻说，有个老师让犯错误的小学生脱了衣服在教室里走一圈，这样的老师毫无疑问也是没有师德的。

当然，老师应该不断地提高自己的教育水平，以一种敬业的精神来履行自己的职责。那么孩子应该以一种什么样的心态来接受教育、珍惜教育、领悟教育呢？请看下一章。

第三章

子不学，非所宜①，幼不学，老何为③？

玉不琢⑤，不成器⑥，人不学，不知义⑦。

为人子⑧，方少时⑨，亲师友⑩，习礼仪⑫。

① 非：不是。
② 宜：应当。
③ 何为：能干什么呢？
④ 玉：玉石。
⑤ 琢：雕琢。
⑥ 器：器物。
⑦ 义：指道理。
⑧ 为：做。
⑨ 方：当。
⑩ 亲：亲近。
⑪ 友：朋友。
⑫ 礼仪：礼貌仪节。

现在大多数孩子都是独生子女，父母将所有的期望都寄托在他们身上，望子成龙，望女成凤。因此，父母从小就开始培养孩子的"核心竞争力"，"天才"、"神童"成为父母塑造孩子的目标。不过这种做法现在也是广受质疑，越来越多的父母发现，孩子有知识不等于有文化，那究竟应该怎样做，才能对孩子的成长有利？古人教育孩子的方法，对我们能不能有所启迪呢？

"子不学，非所宜，幼不学，老何为？"意思是说人生说长不长，说短不短，一辈子不知不觉就过去了，如果孩子小的时候不学习的话，转眼就老了，还能干什么呢？"莫等闲、白了少年头，空悲切！"在人生晚年才明白自己一辈子什么都没做成，后悔也没有用了。

从什么时候开始学习，才是孩子的最佳接受期呢？古人认为，十三岁以前念书效果最好，因为古人非常强调记诵的功夫。孩子还小，好多深奥的道理先别跟他说，即使说了，孩子也琢磨不清楚，先想办法让他记住。"读书百遍，其义自见。"就是说你把书读得滚瓜烂熟了，自然会触类旁通。或者，随着年龄阅历的增长，小时候背的东西，突然会在某一个人生时刻，激发你的联想，由此真正地领悟了精义。十三岁以前记忆力最好，因此也是学习的黄金阶段，千万不能放松。

现在也有人提出，六岁以前不要让孩子学什么英语、音乐，要让孩子多做游戏、多玩，让他的天性、天分都自然而然地显现出来。这么说也没有什么错，但是，这绝对不是说父母就可以不重视孩子的教育。

青少年时期是一个人学习的关键期，这个时候打下的深厚基础，会在孩子成年后，充分地呈现出来。那么，当孩子还年幼时，父母究竟该如何教育孩子呢？

　　青少年时期是一个人养成习惯的关键期，学习的习惯、生活的习惯都是从这个阶段开始养成的，这个时候打下良好的基础，养成健康的习惯，会成为孩子一生的财富。反之，一个人从小没有养成好学上进的习惯，不懂得尊敬父母长辈，什么时候都以自我为中心，将来他要改很难，而且会在吃了很多亏之后才明白自己错在哪里，要付出比小时候多得多的努力才能改掉坏习惯。

　　"玉不琢，不成器，人不学，不知义。"意思是说一块玉石如果不经过雕琢，就不能成为一件玉器；人如果不学习的话，就不知道什么是对，什么是错，就找不到其自身存在的价值。

　　然而，天生美玉，也要下功夫雕琢，不然再好的胚子也成不了器。天才、神童，也需要后天进一步的培养和教育，不然就会像方仲永一样。方仲永我们都知道，他四五岁的时候从来不知道笔墨纸砚，没碰过书本，便能写出好诗，大家一致认为他是天才。他的父亲认为，方仲永既然是天才，那没什么必要再去培养了，只是整天忙不迭地带着方仲永走街串巷，去展现本领。方仲永每天也就是在一些人面前重复展示自己会的那点儿东西，停留在四五岁时候的学问上，再没有长进了。到了十二三岁的时候，方仲永依然还能作诗，但是他的诗和同龄人比起来，已经没什么特别了。到了二十岁的时候，方仲永的诗，已经远远不如同龄人。

　　明白了学习阶段的重要性以后，《三字经》接着告诉我们应该怎么开始学习，在刚开始学习的时候注意哪些问题。

　　"为人子，方少时，亲师友，习礼仪。"孩子小时候应该特别注重亲近良师、亲近益友，还要学习礼仪。这三个方面是《三字经》里讲的人生初始课，孩子的学习是从这些方面开始的。

　　我国历史典故中关乎"亲师友"的故事很多，诸如三顾茅庐、程门立雪。孔子虽然学识丰富，但也是一个很乐于亲师友的人。

　　公元前521年春，孔子得知他的学生南宫敬叔奉鲁国国君之命，要前往洛阳去朝拜天子。孔子觉得这是个向管理周朝守藏室的老子请教"礼制"学识的好机会，在征得鲁昭公的同意后，与南宫敬叔同行到洛阳去拜见老子。到达洛阳的第二天，孔子便徒步前往守藏室府拜见老子。见到老子后，孔子说："我学识浅薄，对古代的'礼制'一无所知，特地向老师请教。"老子见孔子这样诚恳，便详细地抒发了自己的见解。

　　后来，回到鲁国，孔子的学生们请他讲解老子的学识。孔子大加赞扬说："老子博古通今，通礼乐之源，明道德之要，确实是我的好老师。"同时还打比方赞扬老子说："鸟儿，我知道它能飞；鱼儿，我知道它能游；野兽，我知道它能跑。善跑的野兽我可以结网来逮住它，会游的鱼儿我可以用鱼钩来钓到它，高飞的鸟儿我可以用良箭把它射下来。至于龙，我却不能知道它是如何乘风云而上天的。老子，其犹龙邪！"

　　卫国大夫孔圉聪明好学，更难得的是他是个非常谦虚的人，后人尊称他为孔文子。孔子的学生子贡也是卫国人，但是他却不认为孔圉配得上那样高的评价。有一次，他问孔子说："孔圉的学问及才华虽然很高，但是比他更杰出的人还很多，为什么要赐予他'文公'的称号？"孔子听了便说："孔圉勤奋好学，聪明而灵活，如果有任何不懂的事情，就算对方地位或学问不如他，他都会谦虚求教，不因此而感到羞耻，这就是他难得的地方，因此赐给他'文公'的称号。"子贡闻言不得不服。

除了良师之外，益友也是一个人成长过程中重要的影响因素。古人极其重视朋友，儒家认为，朋友是建立在共同的理想、共同的道德追求、共同的人格基础上的一种友好关系。一旦确认彼此是朋友，就要肝胆相照，甚至是两肋插刀、赴汤蹈火，可见朋友在古人的心目中有多么重要。

《世说新语》中记载，汉朝的时候，管宁和华歆是同窗好友，他们坐在一张席子上读书学习。一天，两个人都在埋头读书，外面传来锣鼓的声响。管宁不为所动，依旧埋头苦读，而华歆就坐不住了，跑到门外面看热闹，回来之后告诉管宁说："兄弟，有新闻啊，我们这个地方来了一个新官，正在游街，你不去看看？""你这个人就是太好那些浮名虚节，这有什么好看的，以我之见，我俩不是一类人，咱们还是断交吧。"管宁拔出随身带的刀，把他们同坐的那张席子一割两开，两个人就真的断交了。后来，华歆因为趋炎附势被杀，而管宁被流放到了辽东以后，用仁义道德教化当地百姓，深受爱戴和拥护。从中可以看出，古人把选择朋友看成是多么严肃、多么重要的事情。如果发现对方的人品志向与自己不符，就要非常郑重地提出绝交，有的还会写明自己的想法，给对方送去绝交信，让对方同时也明白自己是一个怎样的人。

> "亲师友"的后面是"习礼仪"，中华民族一直都有礼仪之邦的美誉。那么，这种传承了千年之久的"礼"，它的实质究竟是什么呢？

《礼记》的第一句是："毋不敬，俨若思。"意思是无论我们做什么事情、见什么人，都应该心怀敬意，尊重对方，常怀一颗敬畏之心。这就是古人眼中的"礼"。今天我们特别要注意的一点是，不要把礼仪庸俗化。虽然我们今天也非常讲究礼尚往来，你送我一份礼，我请你吃一顿饭，但这些不代表我们掌握了中国传统礼仪的真谛。孔子在《论语·阳货》中讲："礼云礼云，玉帛云乎哉？"孔子的话是说："礼啊，礼啊，难道讲的就是玉帛吗？"孔子发出了这样的感叹，是因为当时很多人就已经把礼仪等同于礼物了。所以，在现代社会，我们要讲礼仪，就要真正把握传统礼仪的精神实质。

《三字经》选择从生活细节入手讲做人的道理，先亲师友，习礼仪，再学习知识。这种思路值得我们今天的教育工作者去借鉴。生活细节往往就是我们传统文化的体现，一个人的细节做得好不好，能体现出一个人的素质或者水平。我们现在所谓的高等学府里面的大学生，细节教育还是做得不好，不如从头读一读《三字经》。

接下来，《三字经》讲的是教学的内容和次第，孩子应该怎样一步一步地接受教育？应该按照怎样轻重顺序来学习知识？请看下一章。

第四章

香九龄①，能温席②，孝于亲③，所当执④。
⑤⑥⑦

融四岁⑧，能让梨，弟于长⑨，宜先知。

首孝弟⑩，次见闻⑪，知某数⑫，识某文⑬。
⑭

① 香：黄香，东汉人。
② 龄：岁。
③ 温：温暖。
④ 席：床席。
⑤ 亲：父母亲。
⑥ 当：应当。
⑦ 执：做到。
⑧ 融：孔融，东汉人。
⑨ 弟：同「悌」，敬爱兄长。
⑩ 首：首要。
⑪ 次：其次。
⑫ 见闻：见到和听到的事。
⑬ 数：数目，算术。
⑭ 文：文字，文章，文理。

接下来，《三字经》讲的就是教学的内容与次第，孩子应该怎样一步一步地接受教育，应该按照怎样的轻重顺序来学习知识。那么，为什么在《三字经》这样的启蒙教材中，首先要教给孩子们孝悌？这种"首孝弟，次见闻"的传统教育方式，在今天的社会还能否适用？

　　《三字经》的教育观点是"首孝弟，次见闻"，我们必须非常细心地去体会，因为这里面包含着传统中国教育思想的精义，如果我们泛泛而过，那就没有办法体会得到。

　　"香九龄，能温席，孝于亲，所当执。""香九龄"的"香"就是指黄香，东汉江夏安陆（今湖北云梦）人。《后汉书》中有黄香的传记，因此黄香是一个确实存在的历史人物，而且是一个了不起的人物。

　　黄香九岁丧母，跟父亲相依为命。炎炎夏日，黄香怕父亲睡不着，就用扇子把父亲睡的席子和枕头给扇凉快了，伺候父亲安寝。寒冬腊月，天寒地冻，黄香在父亲就寝之前，先用自己的体温去温暖席子，让父亲能够安寝。《二十四孝子》中也记载了他的故事。大家之所以知道黄香，就是因为他是个大孝子。后来黄香还成为了一代名流，誉云："天下无双，江夏黄香。"

　　"孝于亲，所当执"的意思是，对长辈及长辈的亲人应该孝敬，没有什么理由，每个人就应该这么去做。传统中国启蒙教育的第一位是"孝"，在古代大户人家的祠堂墙壁上，往往都刻有"孝"、"悌"两个字。在这种严肃的追思祖宗的场合用这两个字，也是为了警示、提醒后人，要以孝悌传家，才能家庭和睦，父子反目兄弟成仇的家庭，没有一个是幸福的。

孝，被称为是"百善之首"，它是中国传统文化所强调的最重要的美德。为什么中国传统文化如此强调孝道？现代社会不孝敬老人的新闻和"啃老族"现象，是不是说明我们在孝道方面的教育已经出现了严重的问题？

上"老"下"子"谓之"孝"，这是一个会意字，强调了血缘关系的延续性。如果说中国传统社会是由一个个家庭构成的，家庭是社会的细胞，家长是社会的"领袖"，那么孝道的思想就是维持这个社会结构稳定有序发展的保证。每个人只不过是人类生命长河中的一个环节，你今天是小辈，明天就是长辈，你今天不孝敬你的长辈，那么你怎么能指望当你变老的时候，你的小辈来孝敬你呢？因此，只有孝道才能保证一代代人可以传接下去。

《说文解字》对"教"的诠释为："上所施下所效也"。教育就是要从孝开始，培养一个孩子对血缘的尊重，培养一个孩子对长辈的尊重，同时也就培养了一个孩子对传统的尊重。任何文明的进步都不是凭空产生的，对传统的尊重，意味着我们才能在这个前提下进行更好、更有益的创造。

孝敬，是中华民族的传统美德。"百善孝为先"，古往今来，孝敬父母是每个做儿女应尽的本分。古代在孝敬父母方面做得好的人，有可能被推举为官员，因为他在这方面作出了表率，可以成为大家学习的楷模。如果你因为家里有老母要奉养，可以说明情况不做官，或者辞官回家。由此可见古人对孝的看重。

对长辈要尽孝道，那么对同辈又该怎么做呢？《三字经》讲了孔融让梨的故事。孔融有七兄弟，他是老六，每次吃梨的时候，孔融都挑一个小的吃。这跟我们今天的风气是不一样的，如今家里孩子越小，吃的东西越大越精贵。小孔融不选大的而挑小的吃，人家都觉得很奇怪。孔融的回答是，我是小弟弟，当然应该吃小的了。这就是一种尊长和友爱

兄弟之情。这件事情被作为"悌"的代表，传诵千百年。时至今日，"孔融让梨"的故事还经常被收录到小学课本里，作为中国传统美德的代表流传着。今天不少人喜欢研究曾国藩，他也可以称为孝悌的典范。做官时，曾国藩就经常写信回家，向父母汇报自己的现状，哪些做得好哪些做得不好，在信里面反思；同时也经常给几个弟弟写信，把自己做人的一些心得分享给他们，作为兄长的他对弟弟们的照顾可谓尽心尽力。

"弟于长"，对兄长要尊敬友爱，"弟"应该念成悌（tì）；"宜先知"，应该早早就知道。当一个孩子最早接受教育的时候，他应该孝敬，应该牢牢记住这一点。

> 孝敬父母，友爱兄弟，是做人的根本；博古通今，见多识广，是一个人安身立命的保证。先学做人，再学知识，这种"首孝弟，次见闻"的传统教育方式，在今天的社会是否还适用？

《论语》中说："其为人也孝弟，而好犯上者，鲜矣；不好犯上，而好作乱者，未之有也。君子务本，本立而道生。孝弟也者，其为仁之本欤！"《三字经》的讲法与《论语》是一脉相承的，即一个对长辈孝敬的人，一个对兄弟友爱的人，不大可能是个坏人。一个人首先应该是个好人，才可以放心地教你知识；如果你是坏人，教你知识，这不是为虎作伥吗？所以中国传统教育首先强调人的思想品德、道德修养要过关。在这个前提下，人的知识就越多越好。知识会随着时代进步、社会变迁而改变，但"孝"和"悌"却是永恒的，是不会随着时代而有所变迁的。

《弟子规》中的"有余力，则学文"和《三字经》中的"首孝悌，次见闻"意思是一致的，即你应该首先把精力、心思都放在"孝道"和"悌道"上，如果有余力再学文。如果你前面两个都没做到，都没做好，后面学了也没啥好处。这是《三字经》所告诉我们的真意。光是这一条，就值得我们好好地反思一下：我们是把做人放在读书学习的前面吗？我们珍惜孝敬父母、爱护兄弟姊妹的机会了吗？

接下来才是"知某数，识某文"。从这里开始，后面就是知识传授的内容。古人非常重视广闻博知，很多游侠、名士，一辈子看起来好像没有什么具体的工作，只是到处结交朋友、了解百姓生活。这种浪漫理想的人生状态今天或许只存在于文字上，但体现了古人对于见识的理解，多见则多识。中国古代的男子，年轻时必定有一次壮游，访师求友，熟悉社会，了解民生，这些成为读书之外的另一种课程。

从《三字经》里可以看出，古人对于教育和学习的基本原则、先后次序、态度、意志都是有充分考量的。那么，做好这些最基本的考量和准备以后，按照《三字经》的说法，传统中国的读书儿郎又应该学习哪些知识呢？后面在讲述这些知识的同时，是否还在变相地传达一些做人的道理呢？请看下一章。

第五章

一而十，十而百，百而千，千而万。①

三才②者，天地人，三光者，日月星。

三纲②者：君臣义③，父子亲④，夫妇顺⑤。

① 才：基本的东西。
② 纲：法则、纲领。
③ 义：规矩、法度。
④ 亲：亲近。
⑤ 顺：和顺。

《三字经》的开头部分，强调的是品德教育和学习目的，先晓以大义之后，《三字经》接下来要教给孩子们哪些具体的知识？在不分学科的古代，《三字经》是如何把语文、数学、自然、历史这几类知识巧妙结合在一起的呢？

"一而十，十而百，百而千，千而万。"《三字经》一开始先教孩子数数。按照古代的规矩，学生一入学首先就要学数字和方位。我们知道，中国最早的有记载的教育课程是"六艺"，即礼、乐、射、御、书、数这六门功课。礼，就是各种礼节，身为贵族，首先应该在礼方面作出表率。乐，音乐、诗歌、舞蹈等，古代的舞蹈，往往也是由贵族子弟表演的。射，就是射箭，是男子保家卫国的基本技能。御，驾车，和今天拿驾照相似。书，就是写字。数，就是数学。

为了便于诵读，《三字经》把传统中国极其重要的文化概念按照基本的顺序给串讲了一遍。"三才者，天地人，三光者，日月星。"这里的"三才"就是天、地、人，也就是说，三样最基本的东西是天、地、人。这个概念来自于《周易·说卦》，"昔者圣人之作《易》也，将以顺性命之理。是以立天之道，曰阴与阳；立地之道，曰刚与柔；立人之道，曰仁与义。兼三才而两之，故《易》六画而成卦；分阴分阳，迭用柔刚，故《易》六位而成章"。古时候圣人在创制《易》的时候，就是要用它来顺应、来说明自然变化的规律。古人确定天的道理是阴和阳，地的道理是刚和柔，人的道理是仁和义，这个就叫"三才"，"才"在这里就是指最基本的东西。

简单的数字序列，传达了丰富的人文思想和传统的哲学观念。小中见大，平中见奇，循序渐进，潜移默化。这的确是《三字经》的新奇之处，既符合孩子的学习接受能力，又让他们记住了关键的知识，古人的这种教育智慧，的确让我们佩服和敬仰。那么，"三"这个数字在中国传统中的文化含义还有哪些呢？

人类文明进步的历程，体现在我们对天文、自然的了解上。古人由于所知不多，对自然充满敬畏，把天文也看得很深奥，往往能从自然天气和星相中解读出很多东西来。我们仰望天空，白天最亮的是太阳，晚上最亮的是月亮和星星，所以叫"三光者，日月星"。从阴阳角度来看，太阳，是阳的精华，所以叫太阳；月亮，在夜间出现，是阴的精华，所以月亮也叫太阴；除了太阳和月亮以外，天上发光的这些东西，都叫星。在中国传统当中，星还分三类：第一类叫行星，金、木、水、火、土，古人就知道这五大行星。这跟五行相关。第二类叫宿（xiù）星，也就是所谓的二十八宿。东方苍龙七宿，南方朱雀七宿，西方白虎七宿，北方玄武七宿，共二十八宿。古代建筑中，帝王宫殿也会顺应星宿之学，以求得天佑。第三类叫经星，除二十八宿和五行之外的都叫经星。整个人类都对天文有研究，不光是中国的古代天文学很发达，埃及、两河流域、印度、玛雅的天文学也很发达。今天的占星术等，也与古代的星相学密切相关。

清华大学的校园里有一块碑，叫"海宁王静安先生纪念碑"。这块碑是为了纪念伟大的学者、也是当年清华国学研究院四大导师之一的王国维先生而立，碑文是由著名的史学大师陈寅恪先生写的。这个碑文的最后说："惟此独立之精神，自由之思想，历千万祀，与天壤而同久，共三光而永光。"这里的"与天壤而同久，共三光而永光"，就是说，中国文化当中的独立之精神、自由之思想，与日月星一样永存人间。

在中国文化当中，"三"是一个关键数字。天有三宝日月星，地有

三宝水火风，人有三宝精气神。除此之外，古人还总结出一些与"三"有关的概念，天有三光日月星，地有三形高下平，人有三尊君亲师，都是以"三"来说明一种观念，来传达一种思想。不仅儒家学说以"三"为一个结，在《道德经》的"道生一，一生二，二生三，三生万物"中，"三"也是一个重要的概念。

> 在中国文化传统中，"三"这个数字具有特殊的含义。从天地自然到社会家庭，一个"三"字，就像一根丝线，穿起了许多知识和思想的珍珠，而这样一条传统文化的项链，至今闪耀着智慧的光芒。

接下来，《三字经》讲"三纲"："三纲者：君臣义，父子亲，夫妇顺。"提到"三纲"，大家都能说出"君为臣纲，父为子纲，夫为妻纲"。这就是中国传统的"三纲"，也是饱受批判的"封建残余思想"。传统的解读是，臣子一定要服从君王，儿子一定要服从父亲，妻子一定要服从丈夫。古人很注重一一对应的关系，这"三纲"，对应天、地、人"三才"，即"君为臣纲"对应的是天道，"父为子纲"对应的是地道，"夫为妻纲"对应的人道。天生万物，天、地、人是世间三宝，那么对应的"三纲"也就和天、地、人一样，是天经地义、永恒不变的真理。

从"三纲"还引申出很多说法，比如"三从四德"、"三纲五常"、"三纲六纪"。"三从"，指"在家从父，出嫁从夫，夫死从子"；"四德"指妇德、妇言、妇容、妇功；"五常"指"仁、义、礼、智、信"；"六纪"指"诸父有善，诸舅有义，族人有序，昆弟有亲，师长有尊，朋友有旧"。这些总结在今天看来虽然有很多不合时宜的地方，但古人当时就是将这些视为天地人伦的经纬，只有在这个框架之下，每个人才能发挥出自己的作用，找到自己的位置。

不少人把"三纲"的发明者当成孔子。孔子说过类似的话，叫君君、臣臣、父父、子子。这里的叠词中，前一个字是名词，后一个字可以看做是动词，就是说国君要像国君的样子，臣子要像臣子的样子，父亲要像父亲的样子，做儿子要有做儿子的样子，每个人要守好自己的本分，但他并没有说谁绝对服从谁。

那么，到底是谁拥有"三纲"的发明权呢？他为什么要提出这样的一个主张呢？而这个"三纲"的理论又为什么会广为流传呢？

"三纲"的提出者是西汉的董仲舒。大家都知道，董仲舒最有名的理论是"罢黜百家、独尊儒术"。在汉武帝之前，汉朝的皇帝信奉儒家的并不多。到了董仲舒时，儒家才开始受到尊敬。"三纲"就是董仲舒为了完善儒家学说而提出来的一套理论，经过后世的不断解读，被延伸出更多的内涵。

"五四运动"时期，不少年轻人和一些接收了西方思想影响的学者，提出"打倒孔家店"，要彻底和过去那套纲常伦理划清界限。董仲舒提出的"三纲"被认为代表了整个传统中国文化，从而遭到激烈地全盘地反对。今天，很多人又在号召回归传统。那么，到底过去的观念中哪些应该继承，哪些应该抛弃？董仲舒的"三纲"引申出来的对妇女进行束缚的那些东西肯定是应该抛弃的，今天没有人再信了。"君为臣纲"这种提法也没有现实存在的基础了。但是，别的一些像讲父子、夫妻关系的理论，对今天的生活未必全无益处。如何处理好这些关系，终究还必须从传统中汲取经验，从传统中找寻智慧。如果我们不单单从"血淋淋的吃人的礼教"出发，而是多一些人文关爱的考量，便可以读出《三字经》里所倡导的亲子关系是一种爱和关切。孩子对父母要尊重和孝敬，父母对孩子要严格和爱护，这才是大家历来倡导的家庭生活。

　　《三字经》所倡导的是温馨和谐的君臣关系、父子关系，虽然在社会和家庭中，君臣、父子的地位不同，但在人格上大家是平等的。对于《三字经》所倡导的夫妻关系，又是怎样的呢？

　　《三字经》可贵在哪里呢？"君臣义，父子亲，夫妇顺。"意思是说君臣之间要有一种道义，要有彼此恰当的关系；父子之间要亲爱；夫妇之间要和顺。所以，大家不要以为《三字经》是很简单的一本书，它对传统的东西有着自己的判断和抉择，它倡导的是一种爱、一种关切、一种道义，而不是绝对的单向控制和服从。

　　《红楼梦》中，有一次宝玉发现黛玉和宝钗的关系突然好了起来，就笑称"何时梁鸿齐了孟光案"，这里有一个"举案齐眉"的故事，从中可以看到古代夫妻之间的关系，并不是单纯的"夫为妻纲"。

　　梁鸿和孟光是东汉时期的一对夫妻，他们两人曾隐居在霸陵山，一个人种地，一个人织布。后来梁鸿因作诗讥讽时政遭到政府追捕，两人一起跑到了当时还比较荒凉的吴中一带，借住在当地的大户皋伯通家里。在这里，梁鸿出去给人家种地，或者给人家舂米，干点儿力气活，孟光则在家里纺纱织布。男耕女织，其乐融融。每当梁鸿劳累一天返回家，孟光都会给他准备好饭菜。虽然樽酒家贫只旧醅，但是孟光的饭菜整理得非常整洁，并按照礼仪放在一个案子（带脚的小桌子）上。孟光每次把它齐眉举着，以表示对丈夫的尊敬，梁鸿接的时候也总是彬彬有礼地用双手接过。"举案齐眉"不是单向，是双向的，是夫妻之间非常和谐、和顺的表现。后来，梁鸿去世了，孟光就带着孩子，辗转千里回到了家乡。"举案齐眉"的故事就在吴中一带流传开来，一直流传到今天。

　　前面故事中的"夫妇顺"，就是在现代家庭，也同样可以找到共鸣，是难得的人间天伦。如果现在家庭多一些梁鸿孟光这样的夫妻，大家的幸福指数肯定会大大提升。这也是今天讲《三字经》的社会意义。从《三字经》看，教育和学习的内容都是遵循着一种规律，即从天文、地理和自然开始，而没有从人文类的学科开始，这是为什么呢？《三字经》在这些方面又有哪些内容呢？请看下一章。

第六章

曰春夏，曰秋冬，此四时，运①不穷②③。

曰南北，曰西东，此四方，应④乎中⑤。

曰水火，木金土，此五行⑥，本乎数⑦。

① 曰：叫做。
② 运：运转。
③ 穷：穷尽。
④ 应：对应。
⑤ 中：中央。
⑥ 五行：组成万物的五种要素。
⑦ 本：根源。

在对孩子的启蒙教育中，《三字经》是以古人对自然和社会的认知为基础的，春夏秋冬为四时，东西南北为四方。这些都是正确的，但古人为什么认为中国人是居住在世界的中央呢？古人是如何发明水火木金土这五个基本元素，又是怎么以水火木金土的相生相克，形成了既简单又神秘的五行学说的？五行学说在中国古代时期，是怎样影响着人们的思想和行为？为什么在现代社会中，五行学说常跟迷信联系在一起？我们又该怎么认识这个问题呢？

"曰春夏，曰秋冬，此四时，运不穷。"《三字经》首先教给孩子，一年有四季，春夏秋冬，这四个季节不停地循环往复，无穷无尽。接下来讲："曰南北，曰西东，此四方，应乎中。"这里边到底蕴涵着多少深意呢？

远古时期的人们，对自己居住的地球刚刚开始探索认知。古人认为地球是方的，而我们就居住在地球的中央。但是古人判定的东西南北四个方向却是正确的，那么，古人最早确定的是哪个方向？是东西向。我们去看汉字，当然是看繁体的汉字，如果大家会写篆文更好。"東"，大家看到了吗？一个日，一个木，正是表示太阳从树上冉冉升起。古人一看，太阳怎么从树上升起了，还每天都从那里升起。好，就先把它定为"东"。古代人跟着太阳的轨迹看，每天差不多的时候，它又从西边落下去了。在甲骨文当中，"西"字就像一只很疲倦的鸟，在树上歇息。"西"有点儿歪歪的，好像迷迷糊糊要睡着了。这就是"东西"。相对着，才定下"南北"。

"应乎中"这三个字，对我们的影响到底有多大？就拿北京城做例子，我们就能明白什么叫"应乎中"。北京城的中心在哪里？紫禁城。紫禁城的中心在哪里？在太和殿。太和殿的中心在哪里？在皇帝宝座。皇帝宝座是放在太和殿的正中间的，那就是"应乎中"，对应着中间。相应地，北京有东西南北四城。东西南北有什么？天地日月四坛，即天坛、地坛、日坛、月坛。这样的一个结构，就表明"应乎中"在古人心目当中有多重要。我接着给大家举个例子，还是举太和殿的例子。大家如果到太和殿去参观，稍微把头抬起向上看，就会看到，上面是个巨大的蟠龙藻井，里面有龙，龙嘴里衔着一颗大球，意思就是龙戏珠，非常吉祥。这个珠子的下面就是皇帝宝座，正对着皇帝的御头。

袁世凯当年称帝时，往这个宝座上一坐，抬头一看，顶上那么大个球，心里有点儿虚。袁世凯这皇帝本来就当得心里有点儿虚，所以他怕这个球掉下来，把自己的那个袁大头给砸了。因此，他就叫人把宝座往后移了十几公分。结果，袁世凯一命呜呼，没能如他所愿，当上千秋万代的皇帝。当然，我们知道，袁世凯之所以没有能够成功恢复帝制，是因为他从根本上违背了历史潮流和民心，绝对不是搬了一下椅子，他就当不成皇帝的。但是，好多老百姓宁愿相信这个传说：袁世凯搬椅子，违反了"应乎中"的规矩，所以他八十三天后皇帝梦完了。

中国人讲究顺应天意，往往把对自然界的认知相应对照来解释世间发生的事情，那么古人是用什么来解释世间万物的发生和发展的呢？

《三字经》接着就是："曰水火，木金土，此五行，本乎数。"五行，即水、火、木、金、土。五行对传统中国人思想观念和思维方式的影响实在是太大了。这是一个非常复杂的问题，我在这里只能努力地用最简单的方式向大家做个说明。

古人认为，水火木金土是构成宇宙万物的基本要素，并用它们的相生相克，来解释变幻无穷的一切事物，这就是既简单又神秘的五行学说。

那么古人是怎么发明这种五行学说的呢？五行的思想最早起源于非常朴素的对日常生活的观察。老百姓一看，我要煮饭了，我往火里泼一盆水这个饭就煮不熟了，所以水克火。为什么往火里加点儿柴火，加点儿木材，火就更旺了呢？所以木生火。金属做的工具，比如用铁做的斧子，可以砍木头，那么金克木。金属又是从哪里出来的？从土里面出来，我们去采矿，都要从土里面往外找，古人对岩石和土都是一块儿来看的，那么，就是土生金。为什么把有些金属用火高温烧，烧了以后就变成水了呢？所以火克金，因为火比它厉害，能把它熔化了。古人觉得这套东西很好，可以解释自然界的情况，就把它固定了下来。五行学说原本是古人认识世界、解释世界的一种方式或者是一种工具。

五行学说认为，水火木金土都各有自己的属性，而世间万物都可以归入到这五种属性之中，那么五行学说在中国古代，又如何深入地影响着人们的思想和行为呢？

我们刚才讲过了水、火、木、金、土相生相克。那么，水、火、木、金、土对应的数字是什么呢？一、二、三、四、五。我们讲有五脏，肾、心、肝、肺、脾；有五官，耳、舌、目、鼻、口；有五味，咸、苦、酸、辛、甘；有五情，恐、喜、怒、悲、思；有五色，黑、赤、青、白、黄。这样"五"的数字可以列举好多好多，它们都是严格对应的。

五行：水、火、木、金、土

五数：一、二、三、四、五

五脏：肾、心、肝、肺、脾

五味：咸、苦、酸、辛、甘

五官：耳、舌、目、鼻、口

五情：恐、喜、怒、悲、思

五色：黑、赤、青、白、黄

每一样对应着五行里面的一个元素，同时对应着一个数字。这样就形成了一张无所不在、无所不包的网络，笼罩住了古代中国人的思想。所以，古代中国人的思想，很难跳出五行。

中国的五行学说，还有一个特色，就是它成为人们普遍认可的一整套政治学说。五行怎么会变成政治学说呢？因为传统中国人相信，皇帝是真正得了天命的。皇帝诏书开头的四个字就是"奉天承运"，也就是说，皇帝按照天的旨意，继承了或者担负了某种运。担负什么运呢？就是五行当中的一运，金木水火土里面要对应着一个，不然就不对。改朝换代时，后者对前者一定是一种相克的关系。

咱们来举个例子。我们知道，秦朝是水运，或者水德，反正秦朝皇帝是这么认为的。所以，与之对应着的颜色是什么？是黑色。所以，秦始皇的衣服一定是黑色的。现在拍电视剧，如果有人让秦始皇穿上一身杏黄色的衣服，那就是没有历史常识的表现。秦朝的皇帝认为自己对应着水德，而水德对应的颜色是黑色，所以秦朝尚黑。

那么，什么能克水啊？土。所以，汉朝是土德，是土运。那么，汉朝的皇帝应该穿什么颜色？黄色。因为是土克水，这就意味着汉朝克掉了秦朝，所以他穿上了黄色。对应的数字是多少？五，因为土对应的数字是五。所以大家可以看到，有一段时间，西汉的每一个年号都只有五年，没有六年的，也没有四年的。某某五年改元，又五年以后再改元。所以，五行学说在中国变成了一套统治学说。

> 五行学说不仅在政治上、哲学上、医学上有着深远的影响，而且影响着人们日常生活的方方面面。但为什么《三字经》中说"此五行，本乎数"呢？数与五行又是什么关系呢？在科学发达的现代社会，我们应该如何认识五行学说呢？

那么，为什么讲五行"本乎数"呢？我给大家举一个例子，如果到浙江宁波去旅游，有一个地方你一定会去的：宁波闻名世界的藏书楼天一阁。为什么叫天一阁呢？实际上，藏书楼最怕的是什么？最怕的是火，

火一烧就烧完了。所以，它希望有水，希望这个藏书楼有水命，而水克火，于是就不会着火了。那为什么不叫水阁呢？因为天一生水，天对应的是一，再对应的是水。这是严格对应的，所以这就是"本乎数"。"天"和"一"跟水有关系，所以叫天一阁。

进入近代社会，五行学说似乎比古代还要发达。但是，五行学说主要被用来算命，用来进行一些跟迷信相关的活动。这一点，我们特别要注意。

我也可以跟大家举几个例子。比如一对男女结婚，经常有人问："你什么命啊？"男的说："我土命。"女孩说："我水命。土克水，你要克我，婚姻不行啊。"这个就很可笑。可笑的还有，诸如在《红楼梦》里，最重要的是五个人：宝钗、黛玉、湘云、晴雯、宝玉。有人就用五行的学说，来解释这五个人错综复杂的命运。宝钗金命，宝玉土命，晴雯火命，湘云水命，黛玉木命。宝钗为什么能够最终和宝玉成为夫妻呢？这是金玉良缘。为什么黛玉和宝玉感情那么好，最终没能结婚呢？一个木命，一个土命，木石前盟，当然不行。为什么晴雯的脾气那么暴躁呢？因为她是火命，火命当然性子比较急。史湘云水命，湘江水逝楚云飞。这种解释看看可以，很惊心动魄，表面上看也有点儿道理。但是，我想恐怕还是不怎么靠谱。

中国有五千多年的文明史，中华文化博大精深，源远流长。当我们在这座文化宝库中求索的时候，一定要正确理解古人对自然和社会的探索和认知。在现代社会中，如果仍用五行学说去解释世间所有的事物肯定是不科学的。如果借用五行学说搞一些封建迷信的东西，那更是应该坚决反对的。

五行是自然界的五种要素。在人类社会当中，五行对应的是"五常"，"五常"对于人类社会到底有多么大的意义和作用呢？请看下一章。

第七章

曰仁义，礼智信，此五常①，不容紊②。

稻粱菽③，麦黍稷④，此六谷，人所食。

马牛羊，鸡犬豕⑤，此六畜，人所饲。

曰喜怒，曰哀惧⑥，爱恶欲⑦，七情⑧具⑨。

匏⑩土革⑪，木石金，丝⑫与竹，乃八音⑬。

高⑭曾⑮祖，父而身，身⑯而子，子而孙，

自子孙，至玄⑰曾，乃九族⑱，人之伦⑲。

① 五常：五种基本德性。

② 紊：紊乱。

③ 稻粱菽：粮食作物。稻即大米，粱即粟；菽即大豆。

④ 麦黍稷：粮食作物。黍稷即黄米。

⑤ 豕：猪。

⑥ 哀惧：哀，悲哀，惧，恐惧。

⑦ 恶欲：恶，憎恶；欲，欲望。

⑧ 七情：喜、怒、哀、惧、爱、恶、欲。

⑨ 具：具备。

⑩ 匏：葫芦。

⑪ 革：皮革。

⑫ 丝：丝弦。

⑬ 八音：匏、土、革、木、石、金、丝、竹。

⑭ 高：高祖，祖父母的祖父母。

⑮ 曾：曾祖，祖父母的父母。

⑯ 身：自身。

⑰ 玄：玄孙，孙辈的孙辈。

⑱ 九族：高祖、曾祖、祖辈、父辈、自身、子辈、孙辈、曾孙、玄孙。

⑲ 伦：次序、辈分。

父子恩[20]，夫妇从[21]，兄则友[22]，弟则恭[23]，

长幼序，友与朋[24]，君则敬[25]，臣则忠[26]，

此十义[27]，人所同。

[20] 恩：恩情。

[21] 从：和顺。

[22] 友：友爱。

[23] 恭：恭敬。

[24] 友朋：古人将同样德行的人称为友，同样类别的人称为朋，后来则总称为朋友。

[25] 敬：庄重。

[26] 忠：忠诚。

[27] 义：此指行为准则。

《三字经》作为传统教育的启蒙读本，在讲完了对自然界的认知以后，就开始告诉人们怎样为人处世。在中国传统文化中，仁、义、礼、智、信作为一种道德准则和规范的基本内容，源于先秦时代的诸子百家。那么在《三字经》中，仁、义、礼、智、信的排列顺序能否打乱？又为什么要把"仁"排在最前面呢？讲完"五常"之后，《三字经》接着讲到的"六谷"、"七情"、"八音"、"九族"又包含着哪些具体内容？

　　如果将仁、义、礼、智、信分离开来，那么它们在诸子百家里早就有了。但是，将它们综合起来，成为仁、义、礼、智、信这样的一个系统，却是在汉代。后来，大家认为，仁、义、礼、智、信应该是经久不变的，应该是超越一切时空限制的，是永恒的，所以叫"五常"。也许大家会讲，"五常"不就是五样最重要的东西嘛，可以讲成仁、义、礼、智、信，也可以讲成信、智、礼、义、仁，还可以讲成义、信、智、仁、礼，可以把这个先后次序打乱了来讲。这可是大错特错！我们忽略了《三字经》的这三个字："不容紊"，就是绝不允许紊乱。

　　按照儒家的解释，"仁"毫无疑问是最重要的。我想，一种爱的情怀，是一切伟大人格的基础和最重要的部分。在中国，"仁"这个字是一切美好事物的代名词，过去好人叫仁人，好的政治叫仁政，好的声誉叫仁声。佛陀释迦牟尼，在早期就被译作"能仁"。中国人看见从印度传来的佛教，起初不知道怎么翻译。佛陀是音译，那怎么意译呢？早期的中国人便把他和仁挂钩，所以叫"能仁"。

　　仁、义、礼后面接着的是智和信。这个顺序为什么不容紊乱？这里就有传统中国思想的一种精义所在。按照儒家思想，智和信是必须以仁、义、礼为前提的。如果没有仁、义、礼为前提，智和信可能是很可怕的。

仁、义、礼、智、信，是中国传统文化中优秀的道德品质，也是一个人安身立命的保证。尤其是在为人处世上，人们更是看重"信"字。只有做到以诚待人，言而有信，才能得到别人的尊重和认可。那么，历史上又流传着哪些关于诚实守信的故事呢？

我们看一看古人是怎么看重"信"字的。东汉时期，河南南阳有两个人，一个叫朱晖，一个叫张堪，他们是同学亦是同乡。两个人都学业有成，要分手各回各家的时候，张堪突然对朱晖讲："我身体不好，今天，我们俩同学的缘分到了，要分头回家了，我有一事相托。假如有一天，我因病不在了，请你务必照顾我的妻儿。"当时两个人身体都很好，朱晖没当回事，也没有作出什么承诺。但是分别以后，张堪果然英年早逝，留下了妻子和孩子，日子过得非常艰难。这个消息传到了朱晖耳朵里，朱晖就不断地资助张堪的妻子和孩子，年复一年地关心他们。朱晖的儿子很不理解，就问爸爸："您过去和张堪没什么交往，怎么对他的家人如此关心呢？"朱晖说："是的，我的确跟张堪相交不是很深，但是，张堪在生前曾经将他的妻儿托付给我。他为什么托付给我，而不托付给别人呢？因为他信得过我。我怎么能够辜负这份信任？我当时没说什么，实际上，我在心里已经承诺了。所以，我要守信，履行我对张堪的诺言。"

这就是中国历史上很有名的典故"情同朱张"的来历。我想这个故事和其他的很多故事一样，足以说明传统的中国人是多么看重一个"信"字。这里面并没有合同，并没有文书，甚至没有一句公开说出口的承诺。但是，朱晖这么去做了。我想，这是非常值得我们现代人学习和反思的。

讲完了"五常"，《三字经》接下来一定是讲"六"，果然，《三字经》接下来讲的就是："稻粱菽，麦黍稷，此六谷，人所食。马牛羊，鸡犬豕，此六畜，人所饲。"

在中国民间，人们常说，五谷杂粮、五谷丰登，那为什么在《三字经》中会讲"六谷"呢？"七情"又是指哪些情感呢？

这里面就有两种解释：一种解释说这个"六谷"没错，但"五谷"也是对的，为什么呢？稻子不算。这个说法不是没有道理，因为很古的时候北方没有稻子。所以《三字经》讲"六谷"，而更古的人讲"五谷"，这是一种解释。第二种解释呢？黍和稷只不过是同一个品种，就是我们讲的黄米。黄米分两种，黏性的叫黍，粳性的叫稷。那么，这两种并起来算一种的话就只有"五谷"。《三字经》既然讲完了"六"，理所当然就得讲"七"，《三字经》接下来的就是："曰喜怒，曰哀惧，爱恶欲，七情具。"

七情：喜、怒、哀、惧、爱、恶、欲。只要是个正常的人，就都会有这七种情感。但是，儒家认为，尽管这七种情感是与生俱来的，但是不能由着它们来，要对它们有所节制，用理智去制约。人的情感终究需要用理智加以制约，这就是儒家的"发乎情，止乎礼"。

一方面，肯定人的正常情感需要宣泄、需要表达，但是必须有个限度，要符合礼仪。我想，儒家学说的这部分内容，对于现代社会的人，特别有参考价值。在现代社会，人特别需要控制的是对物质的贪欲。

礼乐文化是中国传统文化的重要组成部分，古人更是把音乐作为贵族子弟的必修课。那么，古人为什么如此看重音乐教育呢？《三字经》接下来所讲述的"八音"，究竟是指什么？

《三字经》讲完"七"以后当然要讲"八"，即"八音"。不过，这里的"八音"绝对不是咱们熟悉的八音盒，八音盒是西洋的玩意儿，不是中国传统的国货。那么，这又是哪"八音"呢？

"匏土革，木石金，丝与竹，乃八音。" "八音"实际上是中国传统乐器的一种分类法，按照制作乐器的材质进行分类。

匏（páo）就是葫芦，是指用葫芦制作的吹奏乐器，比如笙。土，就是用陶土制作的乐器，比如埙（xūn），现在依然还有人吹埙。革，是指用皮革制作的乐器，比如鼓。木，是用木头制作的打击乐器，比如柷敔（yǔ），现在大家很少听到柷敔了。但是，在华山一带，有一种老腔，这个老腔在演唱的时候，突然会跑出一个扛着乐器的人来。什么乐器呢？一条板凳，一块木头，就在那儿敲。这也就是说，在老腔里面保留着中国古代用木器做打击乐器的痕迹。石就是石制的打击乐器，比如磬。丝就是通过丝弦发声的演奏乐器，比如琴、瑟。竹，就不用说了，笛子就是。用今天的眼光来看，这样的分类法并不一定科学。但是，传统中国就是这么分的，这么分也有它的道理。这属于专业的音乐范畴的问题，我们不在这儿讨论。

> 常言道，朋友好找，知音难求。千百年来，为什么人们总喜欢把自己最好的朋友称为知音？这里面又有着什么样的典故呢？

知音的故事牵涉两个人，一个叫伯牙，一个叫钟子期。大家可能都知道，伯牙是春秋时期的顶级音乐家，从小聪明，酷爱音乐，尤其弹得一手好琴。一次，伯牙正在演奏时，忽听岸上钟子期叫绝。伯牙把船靠岸，请钟子期上船，说："您喜欢听我的音乐？"钟子期说："是是是。" "那让我为您演奏一曲。"演奏完了一曲之后，伯牙问钟子期："您有什么感觉？您听到了什么？"钟子期说："多么巍峨的高山啊！"伯牙大惊！他弹的正是《高山》。他并没有事先告诉钟子期这首曲子的名字。伯牙觉得太奇怪了，就说："那我再为您弹一曲，您再听听看。"于是又弹了一曲。钟子期的回答是："多么浩荡的流水啊！"这下伯牙服了，他弹的曲子正是《流水》。伯牙觉得钟子期那么理解自己的音乐，就称他为知音。这也是成语"高山流水"的由来。

伯牙说："我要出去旅游，等我回来以后，到您府上拜访，再为您演奏。"等伯牙旅游回来去拜访钟子期的时候，钟子期已经去世了。伯牙带着琴，在钟子期的坟前又演奏了一曲，非常凄凉、哀婉。演奏完了以后，伯牙把自己最珍爱的琴在钟子期的坟前摔烂了，从此往后伯牙再也没有弹过琴。这就是"伯牙摔琴"的故事。

接下来，《三字经》又讲了个位数字中最大的"九"。

在中国古代，"九"被认为是最具神秘色彩的数字。古人以"九"为大数，汉语中关于"九"的词汇也很多，比如九五之尊、九霄云外、九牛二虎之力等。然而在封建社会，还有一个词与"九"有关，那就是一个人如果犯了罪，就要株连九族。那么，这里的"九族"到底指的是哪些人呢？"十义"又是指哪些关系？

"高曾祖，父而身，身而子，子而孙，自子孙，至玄曾，乃九族，人之伦。""九族"即高祖、曾祖、祖父、父亲、己身、儿子、孙子、曾孙、玄孙。"九族"和中国古代的礼制与法制关系密切，为什么？因为一人犯罪的话，最重的刑罚是诛九族。灭九族已经够残酷了吧？可是秦始皇还经常灭人家的三族，像李斯就是被灭了三族的。这里的"三族"可不比"九族"少！

什么叫三族？就是父系的九族，母系的九族，妻子的九族。所以是几千口人被杀，这当然是非常残酷的。到了明朝以后，又有了十族。十族是什么呢？加上老师门生关系，这也算一族。所以在明朝，招学生的风险很大，如果一个学生被灭门，老师也会被拎出去砍头。当然学生拜老师的风险也很大，如果他拜的一个老师不巧被杀，那么，他也得被揪过来杀了。这都是中国传统当中很残酷的一面。

接下来《三字经》讲到一个比九大的两位数——"十"，所谓的"十义"，即十种恰当、正当的交往处理方式。哪十种呢？"父子恩，夫妇从，兄则友，弟则恭，长幼序，友与朋，君则敬，臣则忠，此十义，人所同。"换句话来讲,"十义"就是"父慈子孝,夫和妇随,兄友弟恭,朋谊友信,君敬臣忠"。

《三字经》中所讲的"十义"对于当下也是行之有效的。但是君臣关系却是封建帝王制度特有的一种关系,我们现代人,应该如何理解儒家文化对于君臣关系的诠释呢?

《三字经》的"三纲"跟董仲舒的"三纲"不是一回事,《三字经》讲"君臣义",就是君臣之间要有恰当的方式。有人认为儒家很封建、很专制,但儒家真的是这样吗?

《孟子·离娄上》说:"君之视臣如手足,则臣视君如腹心;君之视臣如犬马,则臣视君如国人;君之视臣为土芥,则臣视君如寇仇。"如果君主把臣子看做是手足,那么臣子就把君主看成自己的腹心;如果君主把臣子看做是狗、是马,那么臣子就会把君主当成路人般疏远;如果君主对臣子像泥土、草芥一样随意践踏,那么臣子就会把君主看成是自己的仇人。请问,这样的学说明明白白出现在《孟子》里,我们能说儒家学说都是赞成专制的吗?所以,《三字经》阐发的是"君则敬,臣则忠",即君主要尊敬臣子,臣子要忠于君主。所以,我们要注意《三字经》所阐发的中国传统社会的精神,一般来讲都是比较平和稳妥的。

儒家文化认为,要先做一个有道德的人,然后再做一个有知识的人。所以《三字经》先把为人处世的道理阐释清楚后,开始教孩子们怎么读书。那么,古人是如何读书的?读哪些书?请看下一章。

第八章

凡训蒙①，须讲究，详训诂②，名句读③。

为学者④，必有初，小学终⑤，至四书⑥⑦。

《论语》⑧者，二十篇，群弟子，记善言⑨。

① 训蒙：进行启蒙教育。
② 训诂：解释词义。
③ 句读：标点断句。
④ 为学：进行学习。
⑤ 初：开端。
⑥ 小学：指初等教育。
⑦ 四书：《论语》、《孟子》、《大学》、《中庸》四部著作的总称。

《论语》①者，二十篇，群弟子，记善言②。

《孟子》③者，七篇止，讲道德，说仁义。

作《中庸》④，子思⑤笔，中不偏⑥，庸不易⑦。

作《大学》⑧，乃曾子⑨，自修齐⑩⑪，至平治⑫⑬。

① 《论语》：记载孔子及其弟子言论行事的著作。

② 善言：有教育意义的言论。

③ 《孟子》：记录孟子及其弟子言论行为的著作。

④ 《中庸》：原是《礼记》中的一篇，后来抽出与《论语》等著作合编为「四书」。

⑤ 子思：孔子的孙子孔伋。

⑥ 中：处事不偏不倚的意思。

⑦ 庸：经常、永不变化的意思。

⑧ 《大学》：原是儒家经典《礼记》中的一篇，后来抽出与《论语》等著作合编为「四书」。

⑨ 曾子：名参，孔子的弟子，以孝行著称。

⑩ 修：指修身。

⑪ 齐：指齐家，整顿家族的意思。

⑫ 平：指安定天下的意思。

⑬ 治：指治理国家的意思。

《三字经》先教孩子们应该怎样为人处世，然后再教孩子们应该怎么读书。那么古人读书和我们现代人读书有什么不同？古代的小学都有什么课程？什么叫训诂（gǔ）？什么是句读（dòu）？训诂和句读对于学习古文，为什么特别重要呢？

　　读书需要哪些基本技能和训练呢？"凡训蒙，须讲究，详训诂，明句读。"训蒙就是启蒙教育，只要是启蒙教育，就必须要讲究，讲究什么呢？训诂和句读。什么叫训诂？这个话题太复杂，简而言之，就是用当前的话语来解释古代词的意义。什么叫句读呢？就是标点断句。下面用例子来阐释训诂和句读。

　　先讲训诂。《论语·阳货》里面有这么一件事情，孔子和一个叫阳货的人交往，阳货按照礼节来拜见孔子，可是，孔子对阳货总觉得有点儿不爽，不大想见他。然而，古人讲究的是，如果有人来拜他，他必须回拜，不然就是失礼。孔子是很讲究礼的，就琢磨，怎么能够不见他，但又不失礼呢？孔子想了一个办法，叫"时其亡也而往拜之"。什么意思呢？这里面就有两个训诂方面的问题：第一，"亡"是指等到他死了才去拜他吗？当然不是。"亡"是指离开。第二，"时"怎么讲？大家一定要知道，繁体字"時"右面是寺庙的"寺"，等待的"待"字右边也是"寺"。所以，这两个字的古音，都读作 dài。实际上，这个"时"字就是等待的"待"。那么这句话就是指待到他离开家了孔子才去回拜他。这样的话，孔子到底想做什么我们就明白了，不然，孔子是什么意思我们都不知道。这是一个训诂的例子。所以，训诂学实际上就是研究如何正确解读古汉语。

　　再说句读。古书没有今天的标点，需要我们明白句读。但是，句读可是一门大学问，大家千万别小看标点古书，弄不好就破句。而且，不同的句读，有时候会把同一句古文弄成完全相反的意思。《论语·泰伯》里有一句很有名的话："民可使由之不可使知之。"这句话要点断，怎么点？如果你把它点成"民可使由之，不可使知之"，那就是说，老百姓啊，只可以叫他干活，差遣他，驱使他，可不能让他知道这么做的道理。多么愚民的政策啊！这就是一种句读法。还有一种句读法："民可使，由之；不可使，知之。"意思就是说老百姓愿意被驱使的，愿意去干活的，让他们去吧，不要打扰他们了；老百姓不愿意干活的，不愿意听差遣的，让他明白道理，向他解释。前后两种完全不同的意思，这就是句读的学问了。

我们现代的小学生刚开始上学的时候，有语文课，有数学课，要从拼音和加减法开始学起。那么古代的学生刚入学的时候，是从什么开始学起的呢？

《三字经》告诉我们："为学者，必有初，小学终，至四书。"学习总归有一个开始的地方，小学读完了，才可以去读"四书"。其实古代的小学和今天的小学不是一回事。古代的贵族子弟八岁开始上学，这就叫上小学。先学基本生活规范，即：洒扫、应对、进退。这个很复杂，比如我们今天见到同辈亲属的孩子，很多称呼对方为"大侄子"，这在古代就很没礼貌，过去要叫"世兄"。先把自己降一辈，还要把对方再抬高一点点，叫"世兄"。如果称人家"大侄子"，人家马上觉得这个人一点儿教养都没有。比如称对方的女儿为"令爱"，或者"女公子"，没有说"你闺女"的，这都是大白话。称别人的父母是"令尊"、"令堂"，倘若要一起问，那就是"令尊可安？令堂好吗？"那就是问对方的父母大人好不好。称上一辈的女性就应说"老夫人"、"老太太"，过去，"老太太"是尊称，没有多少人有资格被称为"老太太"。称自己的父母"家父"、"家母"。这都有一套规矩的，是中华民族很好的传统，不是繁文缛节，对一个人的教养是大有好处的。一般跟老人家说完话要站起来，走时应该先倒退着或者侧着身走。这就是古代小学先要学的规矩。这不仅是对生活技能和礼貌的培养，更重要的是对人格的培养。

八岁，开始认字，开始学写字。写字容易吗？应该用一种什么样的态度去写字啊？今天还有多少人这么讲究啊？我教书时经常碰到好多学生写错别字，缺一点，少一撇。现在的学生常用电脑，已经很少写字了，其实写字是有规矩可循的。我给大家讲一个故事，就是"四书"的编纂者，宋朝大儒朱熹的故事。

朱熹（公元1130年—公元1200年），字元晦，号晦庵，徽州婺源（今江西婺源）人。在一个桃花盛开的季节，他的老父亲要求小朱熹抄写唐诗："桃花潭水深千尺，不及汪伦送我情。"朱熹那时候还小，当然也很调皮："桃花正盛开，我还在写桃花，还不如出去看桃花呢。"一急，把这个"桃"写成了"挑"，就变成"挑花潭水深千尺，不及汪伦送我情。"父亲回来，一检查，什么也没多说，只是很严肃地说了一句话。什么话？就是："心正则字正，心不正则字不正。"意思是说一个人如果心端正了，那么他的字自然就正了；如果心不正，字就是歪的，或者就是错的。朱熹非常羞愧，赶紧把这个"桃"字抄了一千遍，交给父亲，请父亲原谅。这是非常有名的"朱熹写桃字"的故事。可见，古人对写字是多么的重视。古人强调，一个人的字写得如何，是和这个人的品德修养密切相关的。

中国的汉字，是世界上历史最悠久的文字之一。因为有了文字，才开始了书面记载历史。所以，古人认为，汉字是神圣的。而写字不仅是为了认识字，更是一种对人的品格和性情的熏陶和磨炼。那么，古人在小学时期除了写字还要学习什么呢？

小学阶段，还要学习六艺：礼、乐、射、御、书、数，要学习这六种技能。这六种技能，我们后来也不太讲究了。相反，在日本却延续了下来，只不过日本将它们转化为了八道：茶、艺、花、书、剑、歌、柔、香。日本的这几个道，一般认为是中国六艺的某种延续和改变。

按照中国传统教育来讲，十五岁升入大学。那时候没有中学，小学直接进大学，进入大学后才开始有老师讲解"四书"。那么，"四书"是哪四部书呢？就是《论语》、《孟子》、《大学》、《中庸》。

　　"四书"不仅影响了中国人的思想，甚至可以说，"四书"塑造了传统中国人的精神。那么，"四书"中每一部书的情况究竟如何？我们应该怎么去读呢？

在古代社会，"四书"是读书人科举考试的必读书目，包含了中国传统文化的精华，承载着中华民族数千年的核心价值观。那么，"四书"中每一部书的情况究竟如何？我们应该怎么去读呢？

"四书"就是中国传统文化当中四部最重要的文化典籍：《论语》、《孟子》、《大学》、《中庸》。

按照《三字经》的顺序，首先要讲《论语》。"《论语》者，二十篇，群弟子，记善言。"《论语》这部书一共有二十篇，孔门有好多弟子，记录下那些非常有教益的语言。字面意思似乎是清楚的，但是，要仔细琢磨起来，就不那么简单了。

第一点，"论语"的"论"，是一个动词，不是今天我们讲的某某理论的意思。"论"是编纂的意思。"语"是语言、话语、讲话的意思。"论语"的意思是什么呢？就是把孔子讲的话，孔子和他弟子讲的话，弟子们辗转听说的孔子讲的话，编纂到一起。

第二点，《论语》作为一个书名，是在这部书编成的时候就已经有了的，这部书是在孔子去世以后不久编成的。

《论语》虽然篇幅不长，其中却出现了一些重复的语言，这是为什么呢？而号称"弟子三千"的孔子，到底有多少弟子呢？

《论语》一共只有一万二千七百来字，放到今天就是薄薄的几页，但是，为什么会出现那么多重复呢？那就要谈到《三字经》介绍《论语》

时的后面六个字，叫"群弟子，记善言"。它编纂的过程，就是由孔子的弟子，或者再传弟子聚在一起，把善言记录下来。当时的情况应该是这样的：几个弟子每个人手上拿着竹简，你的简上记录了孔子的一句话，他的简上也记录了孔子的一句话。首先把不重复的，咱们都留下来。重复的话呢，咱们对一对，或者讲同一个主题，但是言语并不完全一样；或者讲同一件事，却有不同的讲法，大家也都把它们保留下来，没有把它们剔除掉，所以就出现重复了。这种编纂方法，其实跟佛经的编纂方法有相似之处。

孔门弟子据说有三千人，实际上未必有那么多。好多研究孔子的著名学者都认为，孔子的弟子，大概也就是七十二人。孔门的这些弟子年龄差别也极大，比如，子路只比孔子小九岁，而子张比孔子要小近五十岁。

孔门弟子基本上可以分为两批，哪两批呢？这就跟孔子一生的命运有关。孔子早期，满怀着政治热情，他要用自己的学说，去辅佐君王，去说服国君，来实行仁政。他早年奔波于列国，希望能够得到国君的赏识，自己能够得到一片舞台，来施展自己的才华，来将自己的力量化作社会政治的现实，使百姓能够过上比较好的生活。所以，孔子的前一批弟子，基本上都是从政的。孔子几乎没有当过什么大官，但有的弟子的官，当得比孔子还大。不过，我们知道，孔子一生，在实现政治抱负的旅途中，是郁郁不得志的。后一批弟子，也就是他中晚年这批弟子，几乎都是从事我们今天讲的文化事业。如今每个大学都有中国语言文学系，"文学"这两个字，在《论语·先进》中也有，即"文学：子由、子夏"，就是熟悉古代文献的意思，子由、子夏正是孔子的后一批弟子。

孔子的弟子大概分为两批，并且在年龄上差距很大。那么，是哪些弟子汇集了孔子的言行并最终编订完成了《论语》这部书呢？

到底是哪个弟子，或者是哪一些弟子编订了《论语》，给我们这个民族留下了一份文化瑰宝？绝大多数学者认为，是曾子和曾子的门徒，最后编订了《论语》。这个曾子，就是故事"曾子避席"中的那位曾子。但是，孔门的这位弟子流传下来的故事不仅仅是避席。当然，曾子避席，很雍容、很文雅。

另外一个关于曾子的故事，叫"曾子杀猪"。这是个什么故事呢？有一天，曾子的夫人要到集市上去买点儿东西。曾子的儿子，就吵着带他出去玩，缠着妈妈不让走，又哭又闹。曾子的夫人就告诉他："你不要闹着跟妈妈去，妈妈回来给你杀猪，让你吃一顿好吃的。"我们知道在古代中国的农村，一年也吃不上几顿肉。孩子当然很高兴，就没有随曾子的夫人一起去。等曾子的夫人回到家里的时候大概已经是傍晚了，看见丈夫在那儿磨刀，这一下子把曾子的夫人惊到了："你这是干吗？"曾子说："杀猪啊。"曾子的夫人说："我这是随便哄孩子的话啊。"曾子讲："不能这样教育孩子，因为孩子最早接触的是父母，如果父母言行不一，那就会影响孩子一辈子为人处世的方式。"曾子的夫人当然是很明事理的，就和曾子一起把猪杀了，给儿子做了一顿肉吃。这就是"曾子杀猪"的故事，这个故事过去在民间流传更广。由此可见，曾子确实是一个"言必信，行必果"的方正君子。《论语》就是在曾子及其门徒手上最后编纂定稿的。

《三字经》用短短十二个字概括了《论语》，让大家有了一个基本的认识，也为大家进一步学习《论语》打下了基础。

在今天看来，《论语》教给我们的是一种人生的境界，一种人生的智慧，一种人生的态度。正是在这个意义上，可以说《论语》有穿越时空的永恒价值。但是《论语》也不是一部万宝全书，只要读了《论语》就可以解决我们面临的一切问题。从来都没有这个说法，古人也没有留给我们这样的经验。

《论语》是"四书"中的第一部，但我们用整整一讲来讲述《论语》这一部书，我相信，这和《论语》在中国思想史、中国文化史上的地位是完全相称的。

孟子继承了孔子的思想，成为仅次于孔子的一代儒家宗师，有"亚圣"之称。那么，孟子究竟是一个什么样的人？

《孟子》一共七篇。道德、仁义是《孟子》的核心词语，用今天比较流行的话来讲，就是关键词。

孟子（公元前372年—公元前289年），名轲，战国时邹国人，仅次于孔子的一代儒家宗师。孟子像孔子一样，曾经想投身于政治活动，也曾周游列国，遍访国君。同时，也像孔子一样，他的学说不怎么能够满足当时国君的要求，因此不被重视。有一次，孟子的故国邹国和孔子的家乡鲁国之间发生了争执，两边打起来了。结果，邹国的官吏死了三十三个人，而邹国的老百姓却在旁边袖手旁观。邹国的国君指责老百姓：官吏死了那么多，怎么老百姓一个都没死？孟子怎么看待这件事情呢？孟子对邹穆公讲："活该，谁叫您和您的臣子平时那么残忍地对待老百姓？你们的老百姓，以牙还牙，以眼还眼，今天总算是找到报复你们的机会了。"这是孟子的看法。孟子甚至还主张，坏的君主、不仁义的君主，是可以废掉的，是可以被好的君主替代的。这些思想的光芒，穿越两千多年的时空，依然能够让我们激动。孟子有一句话，经常被我们引用："民为贵，社稷次之，君为轻。"人民是最宝贵的，社稷第二位，国君是最不重要的。大家看看，这是什么样的思想？这在先秦诸子里边真正可以说是绝无仅有的。

孟子在很多情况下，没有办法让统治者接受，更不必说讨得统治者的欢心了。明朝的皇帝朱元璋因为读到"民为贵，社稷次之，君为轻"而勃然大怒，虽然《孟子》在那个时候已经是科举考试的必读书了，但他断然采取了两个措施：第一，下令将孟子的牌位撤出孔庙。原来孟子是在孔子那儿陪祭的，是配享的。这就等于剥夺了孟子的地位。第二，下令把《孟子》里面类似的话全给删了，编成一个所谓"干净"的《孟子》节本，当然这是他所谓的"干净"。

《孟子》有三万五千多字，占据了"四书"篇幅的百分之七十，可以说是"四书"中篇幅最大、部头最重的一本书。那么《孟子》究竟是一本什么样的书？它有着怎样的特色呢？

　　和《论语》的简约、含蓄相比，《孟子》有非常多的长篇大论，气势磅礴，逻辑严明，尖锐机智，而又从容舒缓。所以，《孟子》一直代表着中国传统散文写作的高峰。

　　我们今天来读《孟子》，可以看到好多精彩的地方。我在这里选取孟子和两个国王的谈话。

　　一个例子是孟子和齐宣王的对话。有一天，孟子去劝说齐宣王施行仁政。齐宣王心里是不大愿意干这个的，他觉得孟子迂腐。其实当时的人也都这么认为。但是，齐宣王又不愿意背负这个恶名，于是，他就耍无赖。他跟孟子说："寡人有疾，寡人好货。"我有个毛病啊，我比较好财，我施行不了仁政。孟子说："好啊！你好财好啊！周族祖先公刘也喜欢财物。可是，他老人家和百姓一起富国强兵。大王您如果能和百姓分享财物，这不就是施行仁政了吗？"齐宣王一想，好像光说自己好财，还挡不住孟子，于是又说："寡人有疾，寡人好色。"我还有个毛病，我好色，所以我施行不了仁政。孟子回答说："好啊，好色有什么关系啊？假如国王您能够把自己好色之心推广开来，能够使普天下内无怨女、外无旷夫，您不也能施行仁政吗？"孟子又听说齐宣王喜欢音乐，就说："好好好，如果大王能够喜欢音乐，那么齐国就有指望了。"孟子的思路是非常独特的。哪知道齐宣王的回答也很有意思，他说："寡人非能好先王之乐也，直好世俗之乐耳。"我不是喜欢先王高雅的庙堂音乐，我喜欢的是一般流行的音乐。孟子说："好啊，国王您只要真正喜爱音乐，先王之乐和现在的流行音乐是一样的，齐国有救了，齐国有希望了。"齐宣王这一下不明白孟子的意思了。孟子说的是什么呢？"独乐乐，与人乐乐，孰乐？"就是你一个人享受音乐快乐呢，还是与别的

人一起享受音乐快乐呢？齐宣王回答："不若与人。"那当然不如和别人一起快乐啦。孟子又问："与少乐乐，与众乐乐，孰乐？"与少数人一起享受音乐快乐，还是与多数人一起享受音乐快乐呢？齐宣王一看，已经被孟子套进去了，只能回答："不若与众。"那肯定是跟多数人一起快乐了。大家看，孟子是多么会诱导人，多么会说服人啊！但是，孟子很无奈，他并没有能够说服齐宣王。

另外一个例子是孟子跟梁惠王的对话。孟子去找梁惠王，也是要说服他把国家管理好。孟子以什么为切入点呢？孟子问："大王，用木棍打死人和用刀剑杀死人，有什么不同吗？"梁惠王也不傻，说："这能有什么不同呢？"孟子说："既然两者没什么不同，那么请问大王，用刀剑杀死人和用政治害死人，有什么区别呢？"他把这个逻辑建立起来了，梁惠王也只能回答："那没什么不同。"孟子接下来就直接教训梁惠王："国王，您的厨房里现在挂满了那种皮薄膘厚的肥肉，您的马厩里有健壮的马，可是您的百姓面有饥色，野外躺满了他们的尸体，这等于是居高位的人，驱赶野兽来吃人啊。"就是说，您是国王，却不施行仁政，驱赶一群野兽来吃人。看到两只野兽自相残杀，人都感觉到恶心，都不愿意看，何况做百姓父母官的，居然驱赶野兽出来吃人，您怎么能够做百姓的父母官呢？

大家看，这就是孟子和两位国王的对话。这样的对话在《孟子》里比比皆是，多么的机智，多么的雄辩，多么的仁厚，又是多么的无奈！

《中庸》原来只是一篇三千多字的小文章，但是宋朝大儒朱熹却把它从《礼记》中提取出来，变成了单独的一部书，并且把它推崇到了极高的地位。那么"中庸"究竟是什么意思？现代人还应该不应该提倡"中庸之道"呢？

我们讲了"四书"里的前两部，一部《论语》，一部《孟子》。那么，"四书"里的其他两部《大学》和《中庸》，它们的情况又是怎么样的呢？其实这两部书，我们在以前多少都涉及过，因此，在这里我们要花比较多的篇幅，换一个角度去讲述了。《三字经》首先讲的是《中庸》：
"作《中庸》，子思笔，中不偏，庸不易。"这十二个字的内容含量很大，解释起来也很困难，里边有许多东西需要加以说明。《中庸》的作者是谁？《三字经》很明确地说了，是子思写的。子思，孔子的孙子，儒家代表人物。其实，在孔夫子去世以后，儒家有八个主要的派别，子思这一脉的儒家就是八派当中的一派，现在看来还是相当重要的一派。《中庸》的重要性就在于：它在儒家典籍里边，理论层次最高，理论色彩最为浓厚。

大家也许会问，能不能用尽量浅显、明白的语言，来说一说《中庸》究竟在理论上有什么特别高明之处？有什么特别的贡献？我想，最好的办法，就是用《三字经》的六个字来讲："中不偏，庸不易。""中不偏"还比较好讲，就是讲处世、做事，不偏不倚，不走极端，以一种比较持中的态度来处世，来做事。"庸不易"就不那么好讲了，历来的解释有两种，这两种解释多少有点儿差距。一种解释是，"庸"是指经常、永不变化、持久、永恒的意思。如果按照这种解释，"中不偏，庸不易"，就是讲不走极端这种德行，这种品德，是放之四海而皆准的，是永恒的。另一种解释是，"庸"是庸常之意，用我们今天的大白话来说，就是普普通通、平平常常。平庸才能长久，普通才是伟大。如此看来，两种解释都有一定的道理。宋朝的理学大儒程颐曾经说过："不偏之为中，不易之为庸。"那么，《三字经》的这两句很有可能是从程颐的话里面总结出来的。我认为，大概是前一种解释比较稳妥一点儿。换句话说，处世做事不偏不倚，不走极端，乃是永恒的德行。

《大学》只有一千七百多字，在"四书"中篇幅最小。然而，朱熹却把《大学》列为"四书"之首。那么，《大学》为什么如此重要呢？《大学》又有什么需要我们进一步解释的呢？

对于《大学》，《三字经》用了十二个字："作《大学》，乃曾子，自修齐，至平治。"书名《大学》，有什么特别的意思呢？这里当然不

是指今天的"大学"，关于这个书名，我们的前人也有两种说法。一种说法认为"大学"就是广博之学的意思，即非常博大的学问。另一种说法认为这个"大学"是相对于"小学"讲的，指君子达道从政之学。那就等于说"大学"讲的是君子去从政这么一种学问。这也就是古人所谓的"大人之学"。我想，这两种说法其实可以互补，并不见得就有什么冲突，不必非要否定一种，肯定另一种。

《大学》的重要性就在于，它提出了中国文化中非常重要的"三纲领"和"八条目"，这两个概念成了中国传统社会的一种核心观念。对于"三纲领"和"八条目"，我们今天怎么评价都不会过高。什么是"三纲领"呢？那就是《大学》的第一句："大学之道，在明明德，在亲民，在止于至善。"意思是说，《大学》的宗旨，就是在于弘扬光明正大的品德，在于使人弃旧向新，在于使人的道德达到最完善的境界。什么是"八条目"呢？《大学》讲："古之欲明明德于天下者，先治其国；欲治其国者，先齐其家；欲齐其家者，先修其身；欲修其身者，先正其心；欲正其心者，先诚其意；欲诚其意者，先致其知；致知在格物。"《大学》非常强调这个"八条目"，并且怕后人忽略，紧接着把这个顺序倒过来又讲了一遍，即"物格而后知至，知至而后意诚，意诚而后心正，心正而后身修，身修而后家齐，家齐而后国治，国治而后天下平"。到现在为止就很清楚了，这个所谓的"八条目"，就是格物、致知、诚意、正心、修身、齐家、治国、平天下。

那么，这个"八条目"的最关键的环节在哪里呢？《大学》也明白无误地告诉我们："自天子以至于庶人，壹是皆以修身为本。"即上到天子，下到平民百姓，大家都要以修身为本。

那么，《三字经》还举出了哪些中国传统典籍，希望学子们能够进一步去阅读呢？请看下一章。

第九章

《孝经》①通，四书熟，如六经②，始可读。

《诗》③《书》④《易》⑤，《礼》⑥《春秋》⑦，号六经，当讲求⑧。

有《连山》⑨，有《归藏》⑩，有《周易》，三易详。

① 《孝经》：书名，儒家经典之一。
② 六经：儒家六部经典的总称。
③ 《诗》：《诗经》。
④ 《书》：《尚书》。
⑤ 《易》：《周易》。
⑥ 《礼》：《礼经》。
⑦ 《春秋》：相传孔子整理删订而成的编年体史书。
⑧ 当：应当。
⑨ 《连山》：书名，相传为伏羲氏所作。
⑩ 《归藏》：书名，相传为黄帝所作。

　　《三字经》认为，熟读"四书"之后，要先学《孝经》，然后就该学习"六经"了。我们平常说"四书五经"，而《三字经》当中为什么说"六经"？在中国传统社会中，为什么历代帝王都非常推崇《孝经》？而以鲁迅为代表的一些著名学者，又为什么要猛烈抨击《孝经》？对于充满神秘色彩的《易经》，我们又该如何认知呢？

　　"《孝经》通，四书熟，如六经，始可读。"《孝经》学通了，"四书"熟悉了，所谓熟悉，在古代一般来讲就是能够背出来，然后才可以学习"六经"。当然，大家要注意，《孝经》是一部很特别的经典，传统中国的统治者都非常喜欢《孝经》，都大力弘扬《孝经》。道理在哪里呢？因为《孝经》讲的不光是孝道，它还指出，孝是一切德行的根本，并由此推出忠君思想。

　　每一个人先对自己的父母或者自己的直系长辈有一份孝心，然后把这个孝心从自己的家族当中推广出去，最后推广成忠君，就是要把国君也视做自己的父母，要用孝顺父母的心来培养出忠君的思想。这么一来，就将作为一切德行最根本的孝和忠君的思想紧密地联系起来，变得密不可分。如此看来，哪一个国君会不喜欢这部经典？但是，学术界或者一些著名的学者，对于《孝经》的评价却历来很低。在"十三经"里头，对于《孝经》的评价恐怕是最低的。有的学者干脆说，《孝经》这部经花半个小时看看就够了。这在老一辈学者对待经典的态度当中，绝对是一个非常奇怪的特例。

中国一些学者对待《孝经》的态度，鲁迅先生是最有代表性的。鲁迅有一篇文章，专门对宣传孝道的《二十四孝图》，进行了猛烈的抨击。孝道本是中华民族优秀的传统美德，但为什么这些著名学者会反对《孝经》呢？

这种情况当然和"五四运动"以后的"非孝"思潮有关系。那个时候，我们提倡反封建，并认为封建社会里面有一点很关键，就是孝道。如果不把这个孝道反掉，忠君的思想也就反不掉，因为它们是紧密联系在一起的，剥离不了的。所以，五四时期兴起过"非孝"的态度。当时专门有这种文章，有的题目就叫《非孝》。当然，这样的一种态度，放到今天的话我们可以商榷。这就导致好多学者，特别是近现代的学者，对《孝经》的评价极低。这就和皇帝的倡导形成了一种鲜明的对比。这一点，也是这部经的一个非常独特、非常奇怪的地方。

和《孝经》有关的故事很多，历史上有两个真实的故事很有趣。

第一个是东晋孝武帝和《孝经》的故事。根据《晋书》讲，孝武帝是很聪明的，"幼称聪悟"。他从小在《孝经》的教育下长大，自己也很早就开始宣讲《孝经》。但是，当他的父皇驾崩了，他根本不哭，完全不悲痛。旁边好多大臣实在看不下去了，说："皇上，根据《孝经》，您起码要哭一哭的。"大家知道孝武帝是怎么回答的？"哀至则哭，何常之有。"换成今天的话就是："我真要悲痛到受不了了，我会哭的，难道我经常要哭啊？"这就是说一套做一套的孝武帝，暴露出他根本不懂孝道以及他那虚伪的本质。

第二个故事叫"诵《孝经》以退黄巾"。汉朝有一个很奇怪的人叫向栩。每当朝廷里面讨论军国大事，他都一脸正气，大义凛然，弄得别的臣子见到他有点儿怕，都觉得这个人一定有思想、有本事。后来，黄巾军遍地起义。那么，宫廷里面自然要讨论了，商讨出兵去镇压。这向栩却在那儿说："不用出兵。"别人就问他："有什么高招？"他说：

"但遣将于河上,北向读《孝经》,贼自当消灭。"意思是就不必派兵了,派一个将领到黄河岸边上,朝着北面朗诵《孝经》,贼自然就消灭了。这就叫"诵《孝经》以退黄巾"。当时有个宦官叫张让,在旁边早就看他不顺眼:他不是说诵《孝经》以退黄巾军吗?明摆着他是不打算让朝廷发兵去剿灭黄巾军了,看样子他跟黄巾军有勾结嘛!干脆就把他下狱给弄死了。

向栩以为读读《孝经》,就可以退兵,这当然十分可笑,但由此也可以看出,《孝经》是一部劝人向善的经典。我们今天应该以正确的态度来看待《孝经》,既不能由孝推出愚忠,也不应该丢掉孝道的传统美德。

> 《三字经》讲,"四书"、《孝经》读好了,接着就应该读"六经"了。顾名思义,"六经"应该是指六部经典。那么,这是指哪六部经书呢?

"《诗》《书》《易》,《礼》《春秋》,号六经,当讲求。"没有接触过《三字经》的,或者没有认认真真读《三字经》的人,一读到这里可能有些不解了。《诗》、《书》、《易》、《礼》、《春秋》,怎么"号六经"啊?这不才五部吗?难道是《三字经》中出现了错误?还是有什么其他的原因?

《三字经》流传了那么多年,在这方面是不会出错的。这个问题就出在"《诗》《书》《易》,《礼》《春秋》"中的"《礼》"上头。《三字经》里边的"《礼》"指的是两部经,一部叫《周礼》,一部叫《礼记》。所以,《三字经》的"《诗》《书》《易》,《礼》《春秋》"中,"《诗》、《书》、《易》、《春秋》"每部确有所指,而这个"《礼》"却是指两部经。

《诗》——《诗经》

《书》——《书经》,也称《尚书》

《易》——《易经》,也称《周易》

《礼》——《周礼》、《礼记》

《春秋》——《春秋》

不少学者认为，这六部经，在中国文化史上，各占了一个"第一"，也就是说，这六部经有六个第一的地位，哪六个第一呢？

《诗经》——第一部诗歌总集

《书经》——第一部历史文献

《易经》——第一部经典

《周礼》——第一部组织管理和典章制度著作

《礼记》——第一部文化资料汇编

《春秋》——第一部编年体史书

所以，这六部经在中国文化史上具有无可替代的崇高地位。

"六经"在中国传统文化中，占有非常重要的地位。古人认为，熟读"六经"，可以使人气质温厚，通达世事，端庄有礼，聪慧有为。如此之好的"六经"，难道还会有什么负面的影响吗？

这就要看我们怎么去学习，怎么去理解"六经"。假如学习不得法，假如我们的理解有偏颇，"六经"有时候也会产生一些不良的影响。这一点，并不是我们现代人才注意到的，古人就有这个智慧。《礼记·经解》中有："故《诗》之失愚，《书》之失诬，《乐》之失奢，《易》之失贼，《礼》之失烦，《春秋》之失乱。"意思是，《诗》教的流弊在于愚昧不明，《书》教的流弊在于言过其实，《乐》教的流弊在于奢侈浪费，《易》教的流弊在于迷信害人，《礼》教的流弊在于烦苛琐细，《春秋》的流弊在于乱加褒贬。

> "六经"虽为儒家文化的经典之作，但如果理解不当，也会产生负面作用。所以我们在学习古代经典著作时，一定要注意"当讲求"。那么这六部经应该怎么去读？每部经又各有什么特点呢？

"有《连山》，有《归藏》，有《周易》，三易详。"按照《三字经》的排序，第 部是《易经》 《易经》实际上有三种，一种叫《连

山易》，一种叫《归藏易》，还有一种叫《周易》。大家一般只知道《周易》，因为《连山易》和《归藏易》早就失传了。今天，咱们在路边买到的《连山易》、《归藏易》都是后人编的，都是假的。现在我们留下的，能够被学者承认的，只有《周易》。所以，我们就只能先讲《周易》。

《周易》是什么时候的作品？具体的时间虽然说不上来，但是可以肯定，其中主要的部分写成于西周初年。《周易》是博大精深的著作，是一部包罗万象的著作，这当然不是我们在这里能够详细讨论的。我们要注意的是什么？我们要注意的是，利用《周易》，或者打着《周易》的幌子，用来算命的这种行为。我们首先要明白，古人是怎么看待《周易》的？这个大概是最重要的。

孔子如何对待《周易》，实际上就是古人对待《周易》最好的例子。孔子在晚年，曾经花了大力气去读《周易》。孔子的学生看见觉得有点儿奇怪，就问老师："您也相信这个占卜啊？"孔子说："《易》里面有好多古人的哲理。我读它并不是钻研占卜，我是要研究其中的道理。"孔子对待《周易》的态度是值得我们思考的。

《易经》是中国历史上最早的一部经书，也是中国哲学思想的源头，我们学习《易经》，应该努力去理解其中深刻的哲理。但《三字经》中说："有《周易》，三易详。"这"三易详"是什么意思呢？

"三易详"这句话应该怎么理解呢？有两层意思：一层意思是，这是一句总结的话，我前面讲过了，有《连山易》、《归藏易》、《周易》。"三易"还有一层意思，就比较深远了。我们知道，《易经》这个"易"在甲骨文里头怎么写的？上面一个"日"，下面一个"月"，什么意思呢？

第一，简易。就是像太阳和月亮一样，抬头就能看见。真理往往非常简单，真理往往非常明了。

第二，变易。就像太阳和月亮一样，是不停地运转的，每天都在变化的，每时每刻都在运动的。所以它告诉我们，要明变，换句话说应当与时俱进。上智之人，就是有最高智慧的人、最聪明的人，知道变，会去适应变。中智之人，有中等智慧的人，就跟着变。而下智之人就不懂得变，在那儿待着就什么都不管了。

上智之人——适应变

中智之人——跟着变

下智之人——不知变

第三，不易。太阳和月亮永远不会相撞，所以这里边还有一种不易，是指永恒的意思。总之，《周易》博大精深，需要我们花大力气去研究、去领悟。

至于《三字经》中有关其他经典的内容，请看下一章。

第十章

有典^①谟^②，有训^③诰^④，有誓^⑤命^⑥，《书》^⑦之奥^⑧。

我周公^⑨，作《周礼》^⑩，著六官^⑪，存治体^⑫。

① 典：《尚书》文体之一，主要记载典章制度。

② 谟：《尚书》文体之一，主要记载大臣谋士为君主建言献策的事迹和言辞。

③ 训：《尚书》文体之一，用于记载贤臣训导君王的言行。

④ 诰：《尚书》文体之一，是君王的政令。

⑤ 誓：《尚书》文体之一，是君王出师征伐时誓师的文辞。

⑥ 命：《尚书》文体之一，是君王对大臣的训令。

⑦ 《书》：《尚书》。

⑧ 奥：深奥难懂。

⑨ 周公：周武王的弟弟姬旦，西周初年的著名政治家。

⑩ 《周礼》：书名，亦名《周官》。

⑪ 六官：《周礼》分天官、地官、春官、夏官、秋官、冬官等六个部分叙述周代的典章制度。

⑫ 治体：政治体制。

在《三字经》中的这六经，尤以《尚书》这部书的命运最为坎坷，那么，《尚书》是一部记载什么内容的书？它的作者又是谁？为什么它的地位如此重要？历经岁月沧桑，一部书的命运变化，又折射出怎样的时代变迁？

《尚书》是什么意思呢？"尚"指年代久远，"书"指历史文献。《尚书》就是年代久远的历史文献，它是中国现存最早的历史文献的汇编。

《尚书》大概到战国晚期才汇编成书，我们根本就不知道谁是编纂者，也不知道最早究竟有多少篇。《三字经》讲的典、谟、训、诰、誓、命，这六类都是《尚书》的文体。典是记载嘉言懿行和典章制度的。谟是大臣为君主谋划，如何来治理国家的言谈。训指的是贤臣训导君主的言行。我们今天讲的训，往往是以上对下叫训、训令、训斥、教训，这跟《尚书》里的训有点儿不同。诰就是君主的政令。誓就是君主讨伐叛逆时誓师、发兵的文告。命是君主对大臣的训命。

《尚书》这部书的命运非常独特。它是战国后期开始成书，正好遇上秦始皇"焚书坑儒"。秦始皇不是什么书都烧，种树的书、医学的书、占卜的书他不烧，要烧的重点是六国史籍，就是记载着楚、魏、赵、韩、燕、齐这些国家的档案材料，为的是把过去那些国家的历史给抹杀掉。像《尚书》这样的书，正是要烧的重中之重，因为它记载的是古代的文献资料。秦朝的焚书令很严酷，如果某人偶尔在街上讲六国史籍和类似于《春秋》的书，即要弃市，当场被砍了扔在街上。所以《尚书》这一烧就烧残了，到了西汉初期，《尚书》只剩下了可怜巴巴的二十八篇。那么，这二十八篇是怎样躲过秦始皇的焚书而保留下来的呢？

《尚书》是一部十分有价值的历史文献，从内容方面看，类似现代国家的政府档案，它可以使我们了解当时的历史。也正是因为这本书的重要，所以当年秦始皇焚书坑儒的时候，《尚书》才成了焚烧的重点。然而世事难料，后来到底发生了什么事情，谁使这部书得以保留下来了呢？

这里面就有一个很感人也很凄凉的故事。

有一个儒生叫伏生，他十岁开始拜师学习，并研读《尚书》。非常刻苦、十分用功。他甚至把自己关在一间阴冷而潮湿的石头房子里，这样的房子不可能睡得很舒服，所以他就逼迫自己经常醒过来读书。他在这个房子里反复地诵读《尚书》。他在自己腰上系一根绳子，背一遍《尚书》他打一个结，很快这根绳子就被打满了结。《尚书》自然也就被他背得滚瓜烂熟了。

秦朝初年，秦始皇刚统一六国的时期，伏生因为非常精通《尚书》，声名卓著，被选为儒学博士。但是到了公元前213年，也就是秦始皇统一六国以后的第八年、第九年的关口，秦始皇采纳了李斯的意见，开始焚书坑儒。伏生就冒着生命危险，把书抄在竹简上，藏在夹壁里。藏好了以后，伏生就逃命去了。汉朝建立以后，伏生辗转回到老家，第一件事就是打开这个墙壁找《尚书》。但是经过那么多年，书已经损毁了，这部书的一大半都没了。伏生就只能凭着记忆，整理这部残书。当时伏生岁数已经不小了，记忆力衰退，所以这部藏书恐怕也已经被他遗忘了相当一部分。

汉文帝时，政府弘扬和提倡经典研究，伏生保存《尚书》的事迹传到朝廷后，就被征召到朝廷去当官。但是，伏生在那个时候已经是九十多岁的老先生了，他已经不可能出远门了。老先生既然来不了，朝廷就派了一个非常著名的人，上门学习《尚书》。这个人就是晁错，他主张加强中央集权，提出"削藩策"，七国叛乱时被汉景帝错杀。等晁错赶到伏生那里时，伏生已经没有什么精力了再教育这个弟子了。伏生的女儿跟着父亲多少学过一点儿《尚书》，就由女儿口授给晁错。这一口授，大家想想，恐怕又得打点儿折扣。《尚书》非常佶屈聱牙，晁错用汉朝流行的隶书文字，把《尚书》记录了下来，结果是二十八篇。后又在民间发现了零零碎碎的一篇。所以，今文《尚书》一共是二十九篇。不过，这只是一部分《尚书》的命运。

> 虽说经过伏生的努力，《尚书》总算重见天日，但毕竟还是残缺不全的。那么，是否还能够找到《尚书》的完整版？历经岁月沧桑，《尚书》的命运，还会发生怎样的变化？

到了汉武帝的时候，在鲁国曲阜有个刘姓王，即鲁恭王刘余。他想扩建自己的宫室，而他的隔壁就是孔子的故居。鲁恭王打算把孔子故居的墙壁给拆了，把王宫扩建过去。哪知道，这一拆，发现夹墙里面居然有孔子的子孙藏的竹简，其中也有《尚书》。但是，这个《尚书》是用古文字写的，不是用隶书写的，所以就叫古文《尚书》，它正好五十八篇，比今文《尚书》多出一倍。说到这里，也许大家会觉得，《尚书》虽然命运坎坷，但是，毕竟传下来了，应该值得庆幸。只是《尚书》命运的故事还没有完。

在汉代已经有了两部《尚书》，今文《尚书》和古文《尚书》，保存下来了。但是，到了西晋初年，战乱开始，社会动荡，《尚书》又一次散失了。因为古代的书每种都没有几部，不像今天批量印刷的书籍。逃到南方的东晋王朝建立以后，有一个人叫梅赜（zé），献了一部《尚书》，这部《尚书》全长二万六千多字。因为《尚书》又被找到了，中国第一本古代历史文献汇编又重见人世，大家都很欣慰，朝廷也大力提倡。所以，这部《尚书》就一直流传了下来，我们今天的《尚书》就是从这个本子来的。

然而谁都没有想到，一些学者，特别是清朝初期的学者，居然找到了确切的证据证明这部《尚书》是伪造的。所以，我们今天的《尚书》是个伪本。但根据学者的意见，其中还是有一部分是可以接受的。

> 　　中国的传统文化认为，礼教有利于人格的修养。孔子一生提倡克己复礼，就是希望恢复《周礼》，以建立有秩序的礼仪社会。那么，《周礼》是一部什么样的书？它的作者又是谁呢？

　　《周礼》的作者是谁？传统的儒家一般都认为是周公作的。周公，姓姬，名旦，是周文王的第四个儿子，也是周武王的亲弟弟。"武王伐纣"的故事很有名，但武王在建立了周朝以后很快就病逝了。继位的成王，是武王的儿子，只有十三岁，周公就是成王的叔叔。周公鞠躬尽瘁，尽心尽力辅佐成王，可是周公的两个兄弟——管叔、蔡叔，出于嫉妒心和各种各样的心理动机，在外边散布谣言，说周公暗藏野心，觊觎王位。此时商朝被灭不久，商纣王的儿子武庚还在，被周朝封为殷侯，被周朝长期监视。武庚心里一直不快，一直在找机会颠覆周朝，盼着周朝发生内乱，推翻周朝，恢复商朝，重登王位。于是武庚就跟管叔、蔡叔串通，不仅联络了商朝的残余势力，还煽动了其他几个部落，发动了一次大规模的叛乱，这给新生的周朝带来了巨大的威胁。武庚、管叔、蔡叔制造的混乱，使召公，一个非常贤明的贵族，也开始怀疑周公了。成王年纪还小，不怎么懂国家大事，分不清楚是非，也开始有点儿怀疑叔叔，对叔叔不放心。因此，周公首先和召公长谈了一次，说明自己没有任何野心，希望大家能够同舟共济，顾全大局。感动召公以后，召公就站在周公这一边。三年后，周公平定了武庚叛乱，建立了不朽的功勋。他挽救了周朝，也正是因为他的治理，周朝站稳了脚跟。等到周成王年满二十岁的时候，周公就把统治权力毫不犹豫地交还给了成王。正是周公主持整理了周朝以前的文化，建立了典章制度，确定了国体，才开创了周朝八百年天下的基业。

> 《周礼》是儒家文化的经典之一，传统的儒家也一直都相信《周礼》这部书是周公所作。但是后世对此争论很大，那么，《周礼》这部书，到底是不是周公所作？书中都记载了哪些内容？对于后世的政治制度产生了怎样的影响？

《周礼》刚一出现就引起了很大争论，别人觉得太奇怪了：这部书竟然能逃过秦朝的焚书，到西汉中期才被发现，而且形态还相当的完整。所以，一开始有的人干脆就认为《周礼》是一部伪书。后来的学者经过研究发现，《周礼》所记载的行政机构根本就不是周代现实的政治制度。一般认为，它是春秋战国时代的思想家，根据西周的旧制度，加以理想化的结果，现实社会中并没有这样的制度。当然，它还是吸收了一些周代的典章制度的资料，所以具有相当的史料价值。我们今天想考察古代中国的田制、兵制、学制、刑法等，都不可能离开《周礼》。再说，它终究还是儒家的经典，对后来历朝历代的政治制度产生了深远的影响。尤其要强调的是，后来中国历史上的王莽新政、王安石变法等无一不是深受《周礼》的影响，描摹《周礼》的制度的。那么，《周礼》对后来的政治制度到底有哪些影响呢？这就必须说到六官。六官就是：天官冢宰、地官司徒、春官宗伯、夏官司马、秋官司寇、冬官司空；以天、地、春、夏、秋、冬来分，各配上一套官。

天官冢宰，在明、清的时候就是吏部，相当于今天的组织部、人事部。地官司徒，明、清的时候叫户部，相当于今天的财政部，还有公安部户籍管理的那一部分。因为我们现在的户籍管理归公安部。春官宗伯，明、清的时候叫礼部，相当于今天的外交部、教育部、文化部。夏官司马，明、清的时候叫兵部，相当于今天的国防部。秋官司寇，明、清的时候叫刑部，相当于今天的司法部和公安部的一部分。冬官司空，明、清的时候叫工部，相当于今天的建设部、农业部等。

如此看来，《周礼》对于后来的管理体制、管理机构设置的影响，实际上一直影响到今天。当然，随着历史的进步，体制和机构会有所调整，但是，大致的形态还是如此。

《周礼》是中国第一部组织管理与典章制度的专著，内容极为丰富，涉及到社会生活的所有方面，所记载的礼的体系也最为周全，对于后世政治制度的建立影响深远。那么，这么重要的一部著作，为什么没有被列入"四书五经"之中呢？这其中的奥妙在哪里呢？这必须要回到《孟子》当中去寻找答案。"其详不可得闻也，诸侯恶其害己也，而皆去其籍。"意思是说，详细的情况不得而知，但是，各个国君都非常厌恶它。为什么呢？他们都认为《周礼》对自己有害，对自己不利，所以皆去其籍。大家都共同行动，把这个《周礼》给搁在一边，甚至毁掉它。

接下来的《三字经》还是讲"礼经"，这就讲到了早就成名的《礼记》，关于《礼记》的部分，请看下一章。

第十一章

大小戴①，注《礼记》②，述圣言③，礼乐备。

曰国风④，曰雅颂⑤，号四诗⑥，当讽咏⑦。

《礼记》和《诗经》都是儒家文化的重要经典，也许很多人没有读过这两部书，但书中的许多成语和词汇，却被我们经常使用着，这是为什么呢？孔子说："不学《诗》，无以言。"意思就是，不学《诗经》，就不会说话，真的是这样吗？是谁整理编订了这部《诗经》？《诗经》中的风、雅、颂是怎么分类的？而《诗经》中的诗歌，不仅语言凝练优美，而且记载了周朝诸侯国所发生的许多故事。接下来要讲的《新台》和《二子乘舟》两首诗，是如何对卫宣公荒淫无耻的行为进行嘲讽的？

在汉代研究仪礼的学者当中，有两位最有名，一个叫戴德，一个叫戴圣，这就是《三字经》讲的"大小戴"。为什么叫"大小戴"呢？因为戴德是叔叔，戴圣是侄子。大戴注的叫《大戴礼记》，小戴注的叫《小戴礼记》。《大戴礼记》在当时就出现了一些散乱，也混进了并不是大戴学说的内容，而且逐渐淡出我们的视野，我们用得最多的是《小戴礼记》。所以，我们今天讲的《礼记》实际上是《小戴礼记》。

《小戴礼记》全书接近十万字，如果我们要用一个字来形容《小戴礼记》的话，就是"杂"。它不仅是一部描写典章制度的书，也是一部关于仁义道德的教科书，其中最有名的篇章有《大学》、《中庸》、《礼运》首段等。我们日常使用的许多成语和词汇，就是出自于这部《礼记》，比如"苛政猛于虎"、"瑕不掩瑜"、"放之四海而皆准"、"至死不变"、"诚意正心"、"格格不入"、"天下为公"，等等。所以，《礼记》里的好多观念和思想，已经通过这些挂在嘴边的成语和词汇，深深地融入到我们的传统思维和行为准则当中。

接着《三字经》开始讲一部非常有趣的经，一部充满了浪漫色彩和文学色彩的经典，这就是中国的第一部诗歌总集《诗经》。

《诗经》是我们比较熟悉的一部经典，那么是谁整理编订了《诗经》中的诗歌并分为风、雅、颂三类呢？风、雅、颂又是怎么一回事呢？

　　今天我们看到的《诗经》，是经过孔子整理、编订，甚至删改过的。

　　《诗经》里有一类诗歌叫国风，风是带有地方色彩的作品，国风就是当时各个诸侯国的民歌。我们知道周朝的疆域已经很辽阔了，底下有好多诸侯国，这些诸侯国都是独立行政或半独立行政的，拥戴周天子作为天下共主，但是有自己的军队和自己的官员。周天子为了掌握每个国家的情况，创设了一个制度，即设立专门的官员搜集民歌，叫采风。同时，每个诸侯国也有义务把自己国内的某些诗歌定期采集，汇报给周天子。国风就是由这两部分组成的。汇总到周天子那里以后，专门有乐官掌管，配乐变成歌词。所以，这些国风可供周天子掌握天下大事，了解各个诸侯国的民生情况。

　　雅和颂也是《诗经》的类别和分类。雅一共有一百零五首诗歌，分成大雅和小雅：大雅是诸侯觐见周天子进献的诗歌；周天子和来朝见的诸侯举行宴会时所奏响的乐歌则叫小雅。颂主要是在宗庙祭祀的时候，对祖先和各种神灵的一种颂歌，一共有四十篇。

　　《诗经》在带给人们知识的同时，能够提高人各方面的修养。古人就经常讲："腹有诗书气自华。"孔子也曾语重心长地对儿子孔鲤说："不学《诗》，无以言。"就是说，不学《诗经》，你怎么能说出非常优雅的话呢？

　　《诗经》具有重要的文学价值，其史学价值也不容小觑，其中好多诗歌反映了公元前 11 世纪到公元前 6 世纪的许多重大的历史事件。

《诗经》分为国风、大雅、小雅、颂四个类型，所以《三字经》说："号四诗，当讽咏。"讽咏的意思，就是对《诗经》中记载下来的事件有嘲讽，有颂咏。我们通过下面两首国风就能看到。那么，这是两首什么样的诗呢？

第一首诗叫《新台》：

新台有泚，河水弥弥。燕婉之求，蘧篨不鲜。

新台有洒，河水浼浼。燕婉之求，蘧篨不殄。

鱼网之设，鸿则离之。燕婉之求，得此戚施。

这是一个什么样的故事呢？东周时代的卫国有个公子晋，他淫纵不检，修养很差。他在还没有继位的时候，就和父亲卫庄公的妾夷姜私通，生下了一个儿子叫伋，并把伋藏到了民间，偷偷地养起来。卫庄公过世，卫国宫廷大乱，经过残酷复杂的宫廷斗争，公子晋在公元前718年成为卫宣公。他当了国君，马上就冷落了自己的原配夫人邢妃，公然宠幸自己的庶母夷姜。而且还把伋接回来，立为嗣子。伋十六岁到了可以婚娶的年龄，打算去聘娶齐僖公的长女。此时，卫宣公还不改坏毛病。他听说齐僖公的长女很漂亮，所以就动了坏心，派世子伋出使宋国，又赶紧在淇河边上造了一个高台，叫新台，装饰得非常华丽，并亲自到新台去迎接齐僖公的长女。他一看这个女子亭亭玉立，貌若天仙，干脆把她娶为自己的夫人。齐国是以姜为姓的，所以，这个齐女叫宣姜。

在《新台》后面还跟着一首诗，叫《二子乘舟》：

二子乘舟，泛泛其景。愿言思子，中心养养。

二子乘舟，泛泛其逝。愿言思子，不瑕有害。

《新台》嘲讽了卫宣公先与庶母私通，又强娶未来儿媳的荒淫无耻，《二子乘舟》表现的是人们对两位公子深深的思念，那么这两首诗之间有什么关系？《二子乘舟》又讲了一个什么样的故事呢？

这首诗是接着《新台》讲的。这里的二子是两个公子，一个是世子伋，就是公子伋，另一个是公子寿。世子伋出使宋国回来，满心欢喜，以为父亲给自己把媳妇娶好了。但他发现原来要给自己迎娶的宣姜，现在已经成了自己的庶母。他没有任何怨言，因为他早年一直被养在民间，身上没有贵族公子常有的骄纵，反而从民间汲取了非常好的道德滋养，他恪守孝道，非常温和。宣姜一连给卫宣公生了两个儿子，即公子寿、公子朔。公子寿和公子朔虽是亲兄弟，性格却完全不一样。公子寿和世子伋兄弟两个虽然是异母所生，却非常友爱。公子朔非常狡诈阴险，一心想当国君，这样就面临着两个障碍，一个是世子伋还没废掉，一个就是他嫡亲的哥哥公子寿。

> 公子寿与公子朔虽是亲兄弟，但哥哥公子寿善良温和，弟弟公子朔却野心勃勃。公子朔和母亲宣姜一起，不停地向卫宣公说世子伋的坏话，卫宣公终于下定决心要除掉世子伋。那么卫宣公会采用什么方法去杀害世子伋？而结果又是怎样呢？

公元前 701 年，齐僖公攻伐纪国。女婿卫宣公派兵共同讨伐，他命令世子伋出使齐国，并且把一个使节授予了他。过去使节是使者的身份标志，现在我们讲的外交使节就是从这个地方来的。在卫国到齐国的路上，卫宣公和公子朔安排了杀手，准备把世子伋杀了。但公子寿有一次探望母亲宣姜的时候，得到了消息，所以就私下见世子伋，劝他赶紧避出去："你不要出使了，赶紧逃掉吧，留一条性命。"然而，世子伋的回答是："为人子则从命为孝。"作为儿子，必须听从父亲的命令，这样才是孝。"弃父之命即为逆子。"如果把父亲交给的使命扔在一边，自己跑掉了，那就是逆子。所以他做好了一切准备，不听公子寿的劝告。公子寿心想："如果哥哥这次真的被人杀了，那么父亲就要立我为世子了。我将来怎么对天下人呢？"就决定先走一步，替哥哥去死，希望自己的父亲，能够由此感悟，饶过哥哥。于是，公子寿又找来一艘船，世子伋一艘，公子寿一艘，这就是"二子乘舟"的故事。因为世子伋马上要出使齐国了，公子寿就陪他喝酒，为他送行。公子寿心里明白自己的计划，控制住了酒量。但世子伋心情很郁闷，因为他完全知道这个阴谋，却只能去死，所以心情很坏。这心情一坏，喝闷酒很快就醉了。公子寿就拿了他的使节，开着船先走，并留了一封信给哥哥。当然，这一走就碰到了事先安排好的那些杀手。那些杀手就把公子寿给杀了，把脑袋割下来放在盒子里。世子伋酒醒过来一看：弟弟的船怎么不见了？再看弟弟留给他的信，大吃一惊，赶紧下令随从开船，去追赶公子寿。这就是"二子乘舟"这个故事的由来。

世子伋的船往前追，看到公子寿的船，正好迎面向自己驶来。此时，世子伋不知道公子寿已经被杀，他很聪明，就喝问："主公交给你们办的事情办好了没有？"杀手以为是卫宣公派来的密使，就捧上盒子说："我们办好了，已经把世子伋杀了。"世子伋打开一看，里边装着弟弟的头颅，非常哀痛，当时就叫冤枉。旁边的杀手觉得很奇怪："父亲杀儿子，有什冤枉的？"世子伋就回答："我才是真正的世子伋，我得罪了父亲，父亲要杀我，但这是我的弟弟，他有什么罪？你们为什么要杀他？"这些杀手这时才知道搞错了。世子伋告诉杀手："我不会跑的，我跑你们也没有办法交差，干脆把我的头也砍下来，完成国君交给你们的使命，也好弥补你们的误杀之罪。"于是，杀手就把世子伋也杀了。他们把这两个公子的头装好，回到卫国，向卫宣公复命。卫宣公听到世子伋和公子寿同时被杀的消息，当场就昏过去了，大叫："宣姜误我。"不久，卫宣公因为痛心和悔恨病倒在床，很快就死了。卫国的人非常同情这两位公子，但又不好明说，因为这两个公子之死，完全是自己国君下令做的。可是，任何阴谋终究是瞒不过百姓的，所以卫国的百姓就写了这首《二子乘舟》在民间传唱。

春秋时候，各个诸侯国宫廷继位的问题不断发生，有血缘关系的亲属之间的仇杀，从未停止过。因此，这个时代被孔子视做是天下大乱的时代。既然天下大乱了，孔子有什么办法吗？请看下一章。

第十二章

《诗》①既亡，《春秋》②作，寓褒贬③，别善恶④。

三传者，有《公羊》⑤，有《左氏》⑥，有《穀梁》⑦。

① 《诗》：《诗经》。

② 《春秋》：书名，相传是孔子根据鲁国的史书编写而成。

③ 寓：寄托。

④ 别：区分。

⑤ 《公羊》：书名，即《春秋公羊传》。

⑥ 《左氏》：书名，即《左传》，也称《左氏春秋》。

⑦ 《穀梁》：书名，即《春秋穀梁传》。

孔子认为《诗经》的精神是非常美好的，所以说："诗三百，一言以蔽之，曰：思无邪。"但是，"《诗》既亡，《春秋》作"。《诗经》中美好的精神为什么会消亡呢？孔子是在什么情况下编订《春秋》的？《春秋》中寓褒贬、别善恶的重要作用，又是如何体现出来的？后来的人们常把"春秋"作为史书的代名词，但为什么这部史书叫《春秋》而不叫《冬夏》呢？《春秋》还有一个名字叫《麟经》，这里面又有什么样的故事呢？

孔子在编订《诗经》的过程当中，心中有一种哀怨，他觉得里面记录了好多血淋淋的故事，好多伦常之变。孔子认为天下大乱了。那么，面临这样大乱的世界，在政治上从来没有得志过的孔子，手中只有笔和竹简，有什么办法来应对这个大乱的世界呢？他只有一个办法，编订《春秋》。编订《春秋》不仅仅是为了记录这一段历史，而是要把褒贬之意、把要表扬的和要批判的东西包含在《春秋》里，把他对善良和丑恶的区分蕴涵在《春秋》里。

首先我们要说明，什么叫"《诗》既亡"，难道诗歌都没有了吗？当然不是这个意思。我们今天不是还能够看到这三百零五首诗歌吗？《孟子·离娄下》里有一段话："王者之迹熄而《诗》亡，《诗》亡然后《春秋》作。"实际上是指诗的精神，就是我们前面讲过的，《诗经》的精神消失了。这种美的东西、善的东西、柔的东西、和谐的东西没有了。这样，这部《春秋》就通过孔子的编订而出现在世间。

周幽王"烽火戏诸侯"，虽然博得褒美人一笑，却失去了作为天子的信用，最后导致了国破身亡的结局。周幽王虽然死了，但周王朝并没有因此而结束，那为什么说从此就天下大乱了呢？

　　"《诗》既亡"的历史背景是什么？从哪个时间开始？从哪一个事件标志着天下大乱，标志着《诗经》的精神终结了呢？这又是一个和女性相关的故事。在中国的传统社会中往往把各种各样的罪过推诿于女人，毫无疑问这是不对的。这个与女性相关的故事标志着中国历史进入新的一页，标志着天下大乱的开始，这就是所谓的"烽火戏诸侯"。博得美人一笑之后，周幽王大为高兴，重赏了出主意的虢石父。当时虢石父主持朝政，引起了国人的怨恨。周幽王过于宠爱褒姒，又听信了褒姒的话，废掉了正后申侯之女和太子宜臼，把褒姒正式立为王后，立褒姒之子伯服为太子。宜臼逃回申国，激怒了申侯。公元前 772 年，申侯联合犬戎，那可是西北非常彪悍的少数民族，开始进攻西周。周幽王下令点起烽火。可是，这一下诸侯谁也不来了，一个救兵也没到。京城的兵马本来就不多，只有一个叫郑伯友的带头出去抵挡了一下。但是，这个人所带兵马太少，而且一出去就被叛军乱箭射死。京城被攻破，周幽王被杀，褒姒被掳走后也不知所终。

　　原来被废的太子宜臼成为天子，就是周平王。周平王把都城迁到了洛邑（今河南洛阳），这成为中国历史的一个分水岭。周幽王之前叫西周，周平王把国都迁到了比较靠东的洛邑，这以后叫东周。东周开始于公元前 770 年。东周又分为春秋和战国两个阶段，这个时代的特征是什么？四个字：天下大乱。为什么？因为没有人再拥戴周天子了，周天子就是一个傀儡。周天子只能躲在洛邑，而对那些日益强大的诸侯束手无策。这天子有什么用啊？各国诸侯怎么会把这样一个天子放在眼里呢？于是，各国当然就不采风了，这个制度就取消了，国风就没有了。那些诸侯国也不去拜见周天子了，大雅消失了。周天子也没有诸侯来宴请了，谁都不来看他了嘛，小雅也消失了。谁还会在意去祭祀自己的祖宗呢？乱世啊，庙都没人管了，颂消失了。风、雅、颂都消失了，《诗经》的精神当然也就消亡了。"世衰道微，邪说暴行有作，臣弑其君者有之，子弑其父者有之。"到了这个份儿上，完了，世道乱了。于是，"孔子惧，作《春秋》"。孔子看到世道乱成这个样子，人几乎要变为禽兽了，孔子害怕了，于是就作《春秋》。所以叫"《诗》既亡，《春秋》作"。孔子没有什么办法，他就是一介文人，一介书生，他唯一的办法就是编订《春秋》。

> 《春秋》是一部编年体史书，所以后来的人们常把"春秋"作为史书的代名词，但这部史书为什么叫《春秋》而不叫《冬夏》呢？又为什么说孔子是编《春秋》，而不是说写《春秋》呢？

为什么《三字经》说"《春秋》作"？这个"作"，为什么不能理解为今天的"写"？只能理解为今天的"编"呢？因为我们知道，《春秋》实际上是在比孔子更早的时代就已经有的书，是一种编年体的史书。为什么叫《春秋》不叫《冬夏》呢？因为古人特别重视春、秋两季。春天播种，秋天收割。所以就用"春秋"来形容时间的流逝。就好像我们去买东西，为什么说"买南北"就不行呢？据说，那是因为东西对应的是金木，南北对应的则是水火，过去买东西拿个篮子，买块金属或木头可以拎回去，但是，能买一篮子水和火回去吗？这有五行学说在里面的。所以古人的一些称谓，背后都有非常特别的思想，不是随便叫的。

那么，孔子是怎么修订《春秋》的呢？根据《史记》记载，孔子完全按照自己的意思和标准，对历史事件和人物下断语、作评价，希望以此来确定是非、善恶的标准，希望通过历史来确定什么是对的、什么是错的，什么是善的、什么是恶的，什么是应该做的、什么是不应该做的。孔子已经没有办法了，他只希望通过自己的笔，给后人留下一种标准。孔子觉得这才是最严重的事情。所以《三字经》讲："寓褒贬，别善恶。"每个字都有它的立足点，都不是随意讲的。"别善恶"还好理解，因为记一件事情，会把一件好事记下来，比如这个人拾金不昧，一般认为这个人总归是好的。可是，怎么去"寓褒贬"呢？怎么把褒贬能够蕴涵在一部历史学的著作里呢？孔子又是怎么做的呢？那就是"春秋笔法"。

> 《春秋》与此前的史书相比，最大的不同之处，就是它有着寓褒贬、别善恶的重要作用。而这种作用，主要是通过春秋笔法体现出来的。那么什么叫"春秋笔法"？它又是怎样寓褒贬、别善恶的呢？

"春秋笔法"就是用间接的、表面上很平淡的、不带个人感情色彩的文字，寥寥几笔，对历史事件和人物作出结论。孔子在这方面用词就极其讲究。比如"弑"，古人对于杀人有好几种说法，弑就是其中一种。如果孔子讲甲杀乙，这就是一个事实，那么，估计孔子也不去分辨到底是甲对还是乙对。但是，如果说甲弑乙，那么，甲一定是有罪过的。因为弑是指以下杀上，以小辈杀长辈，以坏人杀好人。就这一个字，褒贬就出来了。再比如说"讨"，说甲讨乙，那就说明甲是有道理的，因为讨是以有道伐无道，甲讨乙一定是乙有问题。这个就叫"春秋笔法"。"一字之褒，荣于华衮（gǔn）；一字之贬，严于斧钺。"《春秋》有一个字赞扬某人，某人就荣耀得不得了，就好比穿上国君赏赐的华贵的服饰。如果《春秋》对某人有一个字的贬斥，那么，这甚至比被斧子砍脑袋还惨，比死还难受。因为死是一时一刻的，但是，名声流传下来了，在人间活八十岁，死了，但是，臭名还在传播呢。自己死了不要紧，子孙也抬不起头来。这就叫"一字之贬，严于斧钺"。所以孟子讲："孔子成《春秋》，而乱臣贼子惧。"孔子把《春秋》编好了以后，乱臣贼子都害怕。但是，真正的乱臣贼子谁怕《春秋》的评价啊？该干什么还不是照样干？这只不过是儒家传统的一种美好梦想，希望灌注着中国文化传统的文字，有至高无上的力量。可惜，历史证明这只能是一种希望而已。

> 孔了作《春秋》，用心良苦，寓意深刻。直到今天，我们仍能从《春秋》之中感悟到孔子对那个时代中各种事件的鲜明态度。但《春秋》为什么又被称为《麟经》？这里面有一个什么样的故事？又为什么说这个故事标志着中国一个时代的结束呢？

鲁哀公十四年（公元前 481 年）的春天，孔子七十岁，正好在修订《春秋》，编《春秋》是孔子晚年最重要的工作。这个时候，有个猎人捕获了一只谁也不认识的野兽，就去请教孔子。按照中国古代的传统，儒者是什么都要懂的。孔子一看，眼泪就流下来了，哀叹道："这是麒麟啊，麒麟啊！麒麟啊！你到这个乱世来干什么啊？"麒麟是中国传统当中的一种神兽，它代表着祥和、幸福、太平。孔子认为，这个时候天下大乱，麒麟在乱世跑过来，这不是被人打死了吗！因此，孔子就停笔了，《春秋》没有再编下去，就停在这一个时间上。两年以后，孔子去世。

《春秋》上起鲁隐公元年，即公元前 722 年，下迄鲁哀公十四年，就是麒麟出现的那一年，即公元前 481 年，而公元前 479 年孔子去世。全书记载了鲁国十二位国君在位的二百四十二年间各个诸侯国的历史。这个二百四十二年原来只不过是东周历史上的一段，并没有专门的名称，就因为《春秋》被称为"春秋时代"。我们都知道，这个年代的古书，都是写在或者刻在竹简上的，又有所谓"春秋笔法"的限制，所以文字非常简略。整部《春秋》记载二百四十二年的历史，总共才一万八千多字。也就是说平均每年不到八十个字，平均每个月不到七个字，平均每个星期不到两个字。《春秋》简略到这种地步，后人读起来怎么会容易呢？怎么会不需要解释和注解呢？

《春秋》作为一部史书，在历史上有着非常重要的作用，但因为当时各种条件的限制，短短的《春秋》读起来却十分难懂，所以就有后人为《春秋》作注解，也被称为传记。那么历史上主要有哪三个人写的传记？这三个传记又各有什么特点呢？

所以《三字经》接着讲："三传者，有《公羊》，有《左氏》，有《穀梁》。"《三字经》的作者非常明白，仅仅去看一万八千来字的《春秋》原文是没法看的，必须根据后人的注解才能阅读《春秋》。在汉代，讲解《春秋》的主要就是上面讲的三家。《春秋公羊传》的作者叫公羊高，《春秋穀梁传》的作者叫穀梁赤，都是属于今文学派。他们都比《左传》的作者要晚一百来年。按照宋代学者的说法，《公羊传》和《穀梁传》是传义不传事，偏重于解释《春秋》的微言大义。它们的重点不在于补充说明《春秋》背后的历史故事，主要是阐释《春秋》所特有的道德的意义、评断的意义、是非善恶的意义。但是，《左传》不同，它属于古文学派，主要是通过历史的事实来说明《春秋》的笔法，并且补充了好多《春秋》没有记载的事实，所以《左传》特别受到史学家的重视。《左传》的作者是左丘明，他本身是鲁国的史官，和孔子亦师亦友。孔子没有来得及为《春秋》作传就去世了，孔子门下的弟子也没有谁有能力来给《春秋》作传。左丘明主动接过孔子的工作，为《春秋》作传。而作传的时候，左丘明已经失明，《左传》是他口授，由他的弟子整理成书的。《左传》以叙事为主，文笔生动，渲染表达能力极强，几千年来吸引着无数的人。《左传》描写战争场面的文字特别有名。除此之外，《左传》还特别擅长刻画人物，比如描写晋文公、楚灵王，都是神来之笔。人物性格都非常丰满，曲折复杂，这对后来中国的小说产生了深刻的影响。

《春秋》是《三字经》所讲的最后一部经。那么接下来应该读什么呢？请看下一章。

第十三章

经既明[1]，方[2]读子[3]，撮[4]其要[5]，记其事[6]。

[1] 经：儒家经典。

[2] 明：明白、懂得。

[3] 方：方才。

[4] 子：诸子百家的著作。

[5] 撮：摘取。

[6] 要：要点。

　　《三字经》作为儒家思想的启蒙教材，在将儒家的经典全部讲完以后，开始介绍先秦诸子的思想。诸子百家各抒己见，言论观点各不相同，尤其是对于一些社会问题和人生问题，都提出了自己独到的见解，而这其中尤以儒、道、墨、法、名五家的思想，对于后世的影响最为深远。那么，这其中都包括哪些思想？它们的代表人物又是谁？又留下了哪些有趣的故事？

　　"经既明，方读子，撮其要，记其事。"这些话从表面上看很清楚，也就是说"经"都给大家讲明白了，这才开始读诸子之书。怎么读呢？"撮其要，记其事。"也就是说大致记住里面的要点，记住里面记载的一些事件就行了。表面上看没有什么需要解释的，实际上恐怕未必如此。《三字经》的作者，无论如何是一位笃信儒家学说的学者。那么，作者就认为儒家以外的诸子学说不那么纯粹，诸子学说里边固然有值得学习的东西，但是，也有需要防范的东西。

　　《三字经》作为儒家思想的启蒙教材，将儒家的经典全部讲完以后，开始介绍先秦诸子的思想。诸子百家各抒己见，言论观点各不相同，那么，这其中都包括哪些思想？它们的代表人物又是谁？历史上"百家争鸣"的局面又是如何形成的呢？

　　春秋中期，在中国的文化史上发生了一场巨大的变动，什么变动呢？从学在官府变成了学在民间。在春秋中期以前，假如一个人想要学习什么东西的话，都只能到官府里去跟随官员学习，在民间是没有办法学东西的。而到春秋中期以后发生了变化，各种学问、各种学说在民间开始传播。到了战国时代，社会又剧烈动荡，战火纷飞，整个社会不太平。各个学派的代表人物在民间渐渐形成了自己的思想，议论政治，讨论时事，激扬文字，这就是著名的"百家争鸣"。

"百家争鸣"是中国文化史上非常辉煌的一页。这个"百家"是不是真有一百家呢？这个家不是流派，一个流派里边会有好几家，比如儒家里边，孔子、孟子、荀子，这就是三家，当然还不止这三家。所以，这个"百家"是指成名成家之家，并不是指流派。而在当时，主要的流派是儒家、道家、法家、墨家、名家、纵横家、杂家，这么几个流派是"百家争鸣"里面最重要的。当然还有别的一些流派，相对就不那么重要了。

在《三字经》里面，主要讲的就是儒家，接下去也会讲到道家。在诸子部分里面，我特别想给大家简单介绍一下墨家、法家和名家。为什么我选择这三家跟大家讲呢？这是有依据的。国学大师章太炎先生就认为，除儒、道以外，这三家最重要。

> 先秦诸子是中国传统文化思想的代表人物。诸子们对于社会问题和人生问题，都提出了自己独到的见解，而这其中尤以儒、道、墨、法、名五家的思想，对于后世的影响最为深远。那么，在这五家中墨家的主要观点是什么？与孔子为代表的儒家学派又有什么不同？

墨家的创始人据说是墨子，墨子不仅是一位杰出的思想家，同时他在中国古代科学家中也堪称佼佼者。墨子主张兼爱、非攻，他的思想不仅体现出人文主义关怀，同时还闪耀着人道主义的光辉。墨子的理论和孔子的理论大不相同。可以说，在战国时代，儒家的主要反对者就是墨家。墨家在当时的影响，丝毫不亚于儒家，两家的好多主张是针锋相对的。比如，儒家比较讲究慎终追远，比较讲究孝，讲究对祖先长辈的恭敬，所以，儒家就提倡厚葬。当人去世以后，要有非常丰厚的陪葬，丧

事要办得很风光、很隆重，有的时候往往流于铺张。但是，墨家旗帜鲜明地主张薄葬。人走了，随便裹裹埋了就是。又比如，儒家讲仁爱。仁爱是有等次之爱，比如，儿子对父亲的爱、儿子对爷爷的爱、儿子对叔叔的爱、儿子对阿姨的爱，那是不一样的，是有轻重等级的。所以，什么样的亲属去世了，要服丧的时间就长短不一，有的要服三年，有的只服三个月。墨家则主张兼爱。墨家的爱是没区别的，天底下的仁爱是一样的，无等次。所以，也有人攻击墨子无父无君，就是说他既然讲大家都是一样的，那么父亲和君主是不是也没区别，跟普通人也一样啊？

墨家还有一点非常有意思，即他们的思想方法和近代实验科学的精神很接近，对中国古代的几何学、物理学、光学、工程技术都有重要的贡献。

《墨经》记载了古代中国好多科学技术和科学思想的内容，有些很深奥，至今依然没有得到足够的解释，还有待于进一步研究。同时，墨家非常强调实践，有这样的说法，即"有赖其力者生，不赖其力者不生"，这个观念在当时也是相当特别的。墨家反对天注定，反对每个人的命都是定死了的。墨家对自己的要求极其严苛，这在《庄子·天下》中有描述。

法家是先秦诸子中对法律最为重视的一派，主张以法治国，而且提出了一整套理论和方法。这为后来建立中央集权的秦朝，提供了有效的理论依据。那么法家都有哪些主张？又有哪些代表人物？他们的学说对后世又产生了怎样的影响呢？

对于法家这个名字，我们大家都耳熟能详，法家相对来讲在民间的知晓程度要比墨家高。管子、商鞅、韩非是法家的主要代表人物，尤其后两者非常著名。"商鞅变法"有一个非常有名的故事。商鞅到了秦国，被秦孝公接纳，并被任命为左庶长，在秦国进行变法。商鞅很快就把变法的方案、各种法规给拟定了。但是拟定了却没用，为什么呢？因为秦国过去有好多法规，言而无信，朝令夕改，老百姓根本就不把秦国的法律当回事。商鞅看到了问题所在，就想改变老百姓的这种心态。怎么改变呢？他想了一个办法，在南边的城门竖了一根木头，这个木头也就一丈来高。那时的一丈来高也就比一个人高一点儿。他颁布左庶长令：有将这个木头从城南搬到城北者赏十金。老百姓看着法令很纳闷，这叫什么法令啊？这个木头又不重，扛着走一二十里地都没问题。城南到城北才二三里地，扛着这个木头走一次，就给这么多黄金，谁信啊？结果没人理。商鞅一看，法律的威严和信誉果然没有建立起来。于是又颁布一条法令：有人将这个木头从城南搬到城北去的，赏五十金。重赏之下必有勇夫，就出来一个人，把木头扛起来，从城南一会儿就跑到城北。商鞅就在城北等着他，二话没说，马上兑现，奖励五十金。从此，秦国的百姓都知道，左庶长商鞅颁布的法令不是开玩笑的，都是有信誉的。从此，秦国开始走向变法图强的道路。

至于韩非子，那更是集法家之大成的人物。韩非子的文笔干净利落，非常好。但是，我建议大家不要在半夜读，因为夜深人静的时候，会觉得阴森森的。怎么那么漂亮的文字下面，隐藏着那么深的心机呢？怎么会有那么苛刻的眼光和判断呢？比如，"防八奸"。所谓"八奸"就是有八类人很奸恶，君主要特别防范。哪八类啊？就是"同床"、"在旁"、"父兄"、"养殃"、"民萌"、"流行"、"威强"、"四方"。

什么叫"同床"呢？就是君主要把王后、妃子当做贼来防，因为她们太接近君主了，还要把她们的娘家人防住。

什么叫"在旁"呢？在旁边的人、亲近的人，越是跟你亲近的人，越是要把他像奸贼一样防住。

什么叫"父兄"呢？君主的嫡系亲属、血脉之亲，也要把他们像奸贼一样防住。正因为他们跟你有血缘之亲，也就随时可以威胁到你，有资格随时夺掉你的王位。

什么叫"养殃"呢？就是指臣下用美女、用各种各样的手段来诱惑君主。今天这个臣下进献个美女，明天那个臣下劝诱微服私行，这样的臣下要把他当贼来防。

什么叫"民萌"呢？就是指那些对老百姓施惠的臣子。如果有大臣对老百姓施以恩惠，老百姓很拥护，就得把他当贼防。因为老百姓将来只认他的好，不认君主的好。

什么叫"流行"呢？就是指臣下的权威很大，养着好多门客，养了好多学者，到处操纵舆论，应该把他当贼防。

什么叫"威强"呢？这是指如果某一个大臣家里供养着一些壮士，如果某一个大臣家里突然来了几个武林高手，来了几个亡命之徒，注意了，应该把他当贼防着。

什么叫"四方"呢？就是如果发现大臣当中有和外国的关系特别好的，经常往来的，就要把他当贼防。

这就是"八奸"。这种观点大家想想，冷酷不冷酷？不能说它完全没有道理，但是它把人情、人性看得太冷酷，以一种极度冷酷的眼光，来看待世间人情。

先秦时代"百家争鸣"。在这样一个氛围中，诸子们除了要有独到见解之外，还要具备一副好口才。而在诸子中，尤以诡辩见长的一家，就是名家。他们的言论常常令人瞠目结舌，哭笑不得。就连被称为语言巨匠的庄子，也甘拜下风。那么，名家这一学派是怎样形成的？他们都有哪些代表人物？在历史上又留下了哪些有趣的故事？

什么叫名家呢？孔子曾经讲过："必也正名乎！名不正，则言不顺；言不顺，则事不成。"就是首先要把一些概念，要把一些名称搞清楚，名家就是主要致力于辩明一些概念的。

这一派的著名代表人物有邓析、惠施、公孙龙。邓析是郑国的大夫，这个人好辩明概念，常跟子产这种高官辩论。因为他会诡辩，所以子产辩不过他，经常被他辩得张口结舌。邓析没有什么学说传承下来。

惠施是宋国人，比庄子的年龄略大。就连庄子那么有名的一个人，也特别害怕惠施这张嘴，惠施的著作没有保存下来，但是当时很多人引用过，所以，我们今天还能了解一点儿。特别是庄子，提到惠施的地方很多。比如，惠施有个理论，叫"天与地卑，山与泽平"。就是说天地是一样的，没有什么天高地矮，山和湖泊也是一样平的。大家一想肯定不对，山怎么和湖泊一样平啊？其实这有什么奇怪的，如果从宇宙的角度看，可不就差不多嘛，它们之间的差距不就忽略不计了吗？

惠施还有一个学说："我知天下之中央，燕之北、越之南是也。"就是说天下的中央，在燕国的北面，燕国就在今北京、河北这一带，越国就在今江浙这一带。这样的说法不是胡扯吗？这不是胡扯，惠施应该知道地球是圆的，只要用地圆的学说一想不就对了吗？当然找得到这一点，在南方的南方、在北方的北方，有这么一点是"天下之中央"。

公孙龙是赵国人，平原君的门客，其著作《公孙龙子》现存有五篇。他最有名的理论就是"白马非马"，即白马不是马。为什么说白马非马呢？白是描写颜色的，马是描写这个动物形状的，颜色和形状是两回事，白马就是白和马。这个理论实际上就类似于近代的逻辑学。这是什么意思呢？马的外延比白马大，因为马里面有红马、黑马；白马的内涵则比马大。所以，在他看来白马不是马。这种学说在当时的名家里边非常多。

名家有些命题听起来很有趣，比如"白狗黑"，这也是名家的一个理论。白狗怎么会是黑的呢？如果把黑的当初就叫成白的，白的和黑的不就是一样的吗？白和黑都是人命名的，如果说他穿的白衬衣当年叫黑衬衣，那么，他今天不是穿着黑衬衣、白西装吗？所以他说"白狗黑"。

《庄子·天下》中有一个非常著名的理论，叫"一尺之棰，日取其半，万世不竭"。一根短木棍一尺长，每天砍它的一半，一万年也砍不完，这就是无穷小的概念。但是，庄子就指出他们的问题："能胜人之口，而不能服人之心。"名家在跟别人辩论、在游说别人的时候，有时会弄得别人张口结舌。但是，大家心里都不服啊。在战国以后，名家的学说没有能够很好地传承下来，今天看来非常可惜。因为名家的学说里面有好多早期的逻辑思想，那是非常珍贵的遗产。我们都讲中国的传统文化缺乏一种逻辑精神，其实在先秦是有的，只是没有很好地传承下来。

对于我们应该读哪几家这个问题，《三字经》是有很独到的看法的。那么，它建议我们读哪几部呢？请看下一章。

第十四章

五子者，有荀扬^①^②，文中子^③，及老庄^④^⑤。

① 荀：荀况，战国时期儒家的主要代表人物。

② 扬：扬雄，西汉著名文学家和思想家。

③ 文中子：隋代的思想家王通。

④ 老：老聃，春秋末期人，道家的开创者。

⑤ 庄：庄周，战国时期道家的主要代表人物。

> 　　《三字经》告诉我们，读书求学必须遵守次第，要先通读儒家的经典之后，方可涉猎诸子百家的内容。接下来，《三字经》就推荐了诸子中五位重要的人物，他们分别是荀子、扬雄、文中子、老子和庄子。《三字经》的作者为什么只向我们推荐了这五位？他们的主要学说究竟是什么？为什么《三字经》的作者会对他们如此重视？他们的思想对后世又有怎样的影响呢？

　　荀子很有名。"扬"是指扬雄，这个"扬"历来有两种写法：一种是"杨"；一种是"扬"。"文中子"也是一位非常著名的人物。"及老庄"，即老子和庄子。《三字经》为什么特别推崇这五子呢？

　　荀子 (约公元前 313 年—公元前 238 年)，名况，赵国人，战国时期的思想家、教育家、文学家。当时的人尊称他为荀卿，后来也有写成孙卿的。为什么呢？因为中国古代要避讳，比如，做儿子的是绝对不能提到父亲名字的，也绝对不能提到母亲名字；做学生的不能提老师的名字。所以，为了避汉宣帝刘询的讳，荀卿就被人写做孙卿，"孙"和"荀"这两个字在古代的读音是很相近的。"避讳学"在古代非常重要，今天咱们已经不太讲究了，过去则是有一套规矩的。

　　荀况一生到过很多地方，他门下出色的弟子很多，韩非子和李斯都是他的学生。晚年到了楚国，历史上很有名的春申君黄歇就任命他担任兰陵令。兰陵大致相当于今天山东的苍山。他只担任过这么一个官，后来就在家写书，死后葬在兰陵。

荀子是继孔子、孟子之后又一位儒家的大师级人物。可是，荀子的两位学生韩非子、李斯，却是法家的代表人物。儒、法两家的学说完全不同，为什么身为儒家的荀子，却教出了两位法家的学生呢？荀子最主要的学说是什么？他的思想究竟给后世带来了怎样的影响？

荀子是战国后期儒家的主要代表人物，他最著名的学说就是反对天命，反对迷信，他提出一个重要的学说，叫"制天命而用之"。如果大家不熟悉这个的话，那么，"人定胜天"大家就应该熟悉了。"人定胜天"就是这位老先生的学说。在政治上，他主张礼治和法治并用，这是他和他的学生的不同之处。李斯、韩非子基本上是讲法治的，而荀子还没有那么极端，他还是重视王道，提倡礼仪的。儒家的学说基本上都主张"法先王"，即要学习过去的贤王。但是，荀子提出"法后王"。他认为以前那些君主离我们太远了，也未必像传说中的那么好，所以应该重视后面的这些王。这个学说是开了法家的先河的。他赞成用武力兼并天下，用法规、赏罚来治理国家，这种思想就决定了在他的那么多弟子里头著名的人物都是法家。

荀子最重要的学说，就是在人性问题上提出了性恶论。他公开讲，人性是恶的，"其善者伪也"。"伪"在这里是人为的意思，即善是后天培养出来的。也就是说人性本来是恶的，之所以善，是因为后天改造、后天学习的结果。如果放松学习，如果不重视学习，人性就要恶，因此终究是靠不住的。正因为如此，荀子非常强调学习和教育的重要性。在先秦诸子当中，荀子将对教育的提倡、对教育的重视、对老师地位的重视，提到一个前所未有的高度。

荀子虽是儒家之继承人，但他并没有盲目地将儒家学说全盘吸收。反之，荀子将儒家学说融会贯通、加以发挥，提出性恶论。荀子认为人的善良是后天教育出来的，如果不用礼法去约束，人的行为永远不会变善。那么，荀子在教育方面都有哪些独到的见解呢？对于我们现代人又有着怎样的启发呢？

在这里我特别想跟大家介绍荀子的《劝学》。《劝学》开宗明义告诉大家："学不可以已。"就是说学习必须持之以恒，不可中断。他非常著名的话就是："青，取之于蓝而胜于蓝；冰，水为之而寒于水。"这就是"青出于蓝而胜于蓝"最早的来源。

荀子认为，学习必须勤奋，要不急不躁，要持之以恒。他又善用比喻，所以《荀子》这部书是很好读的，当然我说的好读也是相对的，它毕竟是古籍。比如这一段："螾（yǐn）无爪牙之利，筋骨之强，上食埃土，下饮黄泉，用心一也。蟹六跪而二螯，非蛇鳝之穴无可寄托者，用心躁也。"什么意思呢？蚯蚓没有爪牙，但是，它居然可以上食埃土，下饮黄泉。在荀子看来，蚯蚓凭什么做到这一点呢？"用心一也"，即蚯蚓专心致志地往上钻往下钻。"蟹六跪而二螯"，蟹的身体两旁到底是不是六条腿，我觉得应该是八条，此外有两个大螯。那么，荀子少数两条。但是，"非蛇鳝之穴无可寄托者"，螃蟹只能住在蛇住过的洞里，螃蟹自己是不会打洞的。为什么呢？"用心躁也"，即螃蟹都比较急躁，不像蚯蚓那样，比较专心。这就强调学习必须埋头苦干，发挥蚯蚓精神，专心致志地去做事情。

荀子通过《劝学》告诉我们：只有持之以恒、专心致志地学习，重视每一天的积累，不能稍有松懈，人才会慢慢成为一个有学问的人，才会最终成为一个君子。我想，这也正是《三字经》的作者，特别强调荀子的原因所在。所以，我再三强调读古书，甚至包括读像《三字经》这样好像很浅的古籍，也得用心思量，不能把任何一个字，包括其间的顺序轻易地放过去。

扬雄（公元前53年—公元18年），字子云，西汉蜀郡成都人，西汉后期著名哲学家、文学家、语言学家。扬雄认为，"经莫大于《易》"、"传莫大于《论语》"，经里面最精典的就是《周易》，传里面最精典的就是《论语》。所以，他模仿《周易》写了一部书叫《太玄》，又模仿《论语》写了一部书叫《法言》。当时，扬雄得到过很高的评价。司马光曾经将扬雄的著作和《孟子》、《荀子》加以比较，司马光的结论是："《孟子》之文直而显，《荀子》之文富而丽，《扬子》（指《法言》）之文简而奥。"就是说孟子的文字直白，但是比较显露；荀子的文字非常的富瞻、非常的华丽；扬子的文字简明但是深奥。可见，在司马光的眼里，扬雄更深奥一点儿。

司马光的评论证明，扬雄起码到宋朝都是地位很高的。那么，人家也许会问，在宋朝地位那么高的一个人，后来怎么就变得好像一般人都不太知道他了？

主要的原因是，当时有不少人攻击他。而且，攻击他的人中有的地位还很高，其中给扬雄致命一击的就是朱熹。他在《通鉴纲目·汉纪》里面用了六个字："莽大夫扬雄死"，这就宣判了扬雄的死刑。"莽大夫"，说他是王莽的大夫，这就把他的人品给否定了。因为王莽是以外戚身份篡夺汉朝天下的人物，在中国历史上，不是一个正面人物。

朱熹在这里用"莽大夫扬雄死"，正是"春秋笔法"，一字之贬，严于斧钺。我们讲过"春秋笔法"："一字之褒，荣于华衮；一字之贬，严于斧钺。"这一斧子，基本上把扬雄砍死了。但是，历史上的扬雄究竟是什么样的一个人？

扬雄从小勤奋好学，精通《易经》、《老子》，善于写赋，文笔非常好。年轻的时候他非常仰慕屈原和司马相如，曾经以司马相如的赋为本，写了好多辞赋，辞藻非常华丽。他被汉成帝看中后就当了官。

他在当官的时候，恰巧与王莽是同一时代。王莽那时候也在当官，而且两人曾经同朝为官。王莽篡权建立新朝以后，扬雄依然在当官。但是，扬雄并不是一个趋炎附势、同流合污的小人。他甘于寂寞，不参与朝政，天天在天禄阁校书。天禄阁是汉朝藏书的一个地方。那么，为什么朱熹还要称他为"莽大夫扬雄死"呢？为什么要用这样一种严厉的笔触在历史上给他下定论呢？扬雄就是一个天生的读书人，但是，他没有摆脱这种厄运，洗不尽他跟王莽的干系。这又是怎么回事呢？

刘歆的儿子，也是汉朝的一个学者。刘歆跟扬雄也是同朝为官的，他的儿子为了讨好王莽，就伪造了一道符命。什么叫符命呢？在中国古代，假如要拍某人的马屁，就说早就发现这个人将来可能要当皇帝或者当大官，于是就伪造一样老天传下来的东西，上面说，这个人比较有用，他将来能当皇帝或大官。诸如"苍天已死，黄天当立"，这就是黄巾军起义的时候在民间流传的符命；李自成起兵以后，一些读书人也伪造了一个符命，就说"十八子当主神器"，即姓李的注定要掌握最高的位置。

刘歆的儿子就把伪造的符命进献给王莽。哪知道，这个马屁拍得太心急了。王莽是中国历史上最著名的一个伪君子，他那个时候还没准备好当皇帝呢，堂而皇之地把一个符命进献给他，这不是要他的命吗？所以，王莽大怒，刘歆的儿子拍马屁拍到马蹄上，就被抓起来流放了。而刘歆的儿子是拜扬雄为师学古文字的，这就牵连到了扬雄。治狱的官员就到天禄阁来抓扬雄，扬雄自杀未遂。之后的他便一直默默无闻，活到了七十一岁。

由此，扬雄在中国文化史上就被快速遗忘，特别在宋朝理学兴起之后。

荀子和扬雄都是在儒家传统文化思想的基础上，进行自己的创新和发展，从而建立了自己全新的学术思想，对后世影响也极为深远。那么，接下来要介绍的这位文中子又是何许人也？为什么《三字经》的作者会如此重视他呢？

文中子（公元 584 年—公元 617 年），即王通，字仲淹，门人私谥曰文中子，隋朝绛州龙门（今山西河津）人，著名教育家、思想家。

王通从小家学渊源，十五岁时他已经把"五经"读完了，之后就开始教书，边教书边学习。十八岁的时候有四方之志，游历访学，开始周游天下，遍访名师同道。这个人读书极其刻苦，"不解衣者六岁"，据说六年都没有脱过衣服。这可能有点儿夸大，但是，也正说明他极度勤奋和刻苦。

隋文帝仁寿三年（公元603年），王通参加科举，考取以后就来到了长安，很受隋文帝的赏识。这样一个少年才俊，他接下来的命运会怎么样呢？他起初受到朝廷大臣的排挤。后来，也当过一些很小的官，但他对这没什么兴致，所以早早辞职回家写书。他志向极高，写书的目的是为了接续"六经"。所以，他用了九年的时间，写成一部书叫《续六经》。《续诗》、《续书》与《礼论》、《乐经》、《易赞》、《元经》合称为《续六经》（亦称《王氏六经》）。王通写这些书的时候恐怕也就二十多岁，他写书的宗旨是："服先人之义，稽仲尼之心。天下之事，帝王之道，昭昭乎"。就是说，写《续六经》是为了尊崇先人的经义，探究孔夫子最深刻的思想；天下之事，帝王之道都在这部六经里边，非常明白了。

如此年轻的一位学者，在写六经的同时，还聚徒讲学。当时，他的名声之大，门下弟子之多，以至于他的门下专门叫"河汾门下"。"河"就是黄河，"汾"就是汾河，因为他家就在今天山西那一带，所以用这两条河来称呼。后来在唐朝鼎鼎大名的一些人，都是他的学生，比如魏徵，千古名臣，后来辅佐唐太宗。

后来开了唐朝盛世的一批人，很多都是这位年轻的文中子的弟子。他一直致力于在魏晋动乱和儒学衰败之际重新振兴孔学，为儒学在隋唐之际的发展和重兴打下了基础。在他死后，他的弟子，包括当时的好多人，都称他为"至人"，也就是至高无上的人。还有的人，干脆称他为"王孔子"。

这么一讲，我们就明白，《三字经》强调他是有道理的。尽管今天记得他的人不多，但是他的地位极其重要，他是以董仲舒为代表的汉代大儒和以"二程"（程颢、程颐）、朱熹为代表的宋代大儒的中间环节。

理学当中好多重要的概念、重要的范畴、重要的治学方法、重要的修身方法都是王通首倡。

很可惜的是，王通三十三岁就去世了，但是，谁还能对他有更高的要求呢？就凭借着在人世间短短的三十三年，文中子王通就奠定了他在中国传统文化史上的崇高地位。

王通死后，弟子为了纪念他，就模仿孔子门徒编撰《论语》的做法，编了《中说》这部书，也叫《文中子》、《文中子中说》，用讲授记录的形式保留了王通讲课的主要内容，书中也有他和弟子、朋友的对话，一共分为十个部分。

> 老子和孔子是同一时代的人，孔子是怎么评价老子的呢？老子所写的《道德经》，虽然只有五千多字，却被誉为中国传统文化中最重要的经典之一。那么，《道德经》是老子在什么情况下写成的呢？

老子，姓李，名耳，字伯阳，曾经当过周朝的守藏史，不是很大的官，类似于今天的国家图书馆馆长，是负责保管周朝的图书、经籍的。老子生活的年代，大致在春秋末期。

老子怎么会写《道德经》呢？现在我们知道的大致情况是，公元前520年左右，周王室大乱，周景王死了，他有个庶子叛变，带着大量的典籍逃到楚国。大家别忘了，老子是负责这些书籍的，那就脱不了干系，只好辞职，离开周朝的都城，打算从此隐居。走到函谷关，函谷关有个关吏叫尹喜子，就请求说："先生，您要隐居了，请您为我们后人留下点儿东西吧！"老子应这位关吏之请，口授《道德经》。原本这样一段历史事实，后来被演绎成一个非常精彩的故事。

《道德经》仅五千余字，但文约义丰，博大精深，涵盖天地，很难读懂。自韩非子的《解老》、《喻老》至今，据说《道德经》的译注本不下千种。《道德经》不仅对中国的传统文化产生了深刻的影响，而且在现代社会也引起了世界上许多著名学者的关注。但是，这部经典为什么会起名叫《道德经》呢？因为它的上篇开头的第一句是"道可道"，取了一个"道"字；下篇的开头是"上德不德"，取一个"德"字，所以，这部经叫《道德经》。不过有一件事情非常有意思，在长沙的马王堆，出土了西汉时期老子的一部抄本，上下篇的顺序正好跟今天相反。如此说来，《道德经》在西汉的时候可能叫《德道经》。

> 中国传统文化主要是受儒、释、道三家思想的影响，儒家思想最主要的代表人物是孔子和孟子，而道家思想最主要的代表人物就是老子和庄子了。那么，庄子是一个什么样的人？他的哲学思想是什么？他又给我们留下了哪些经典著作呢？

庄子（约公元前 369 年—公元前 286 年），名周，字子休，他是老子思想和学说的继承者和发扬者。在中国传统文化中，历来把他们并称为老庄，就像称孔孟一样，正好是配对的。

庄子的性格特征，或者主要的处世方式，有这样一些特点：淡泊名利，修身养性，清净无为，顺应自然。

庄子和他弟子的思想主要体现在他的著作《庄子》里。《庄子》一书共分内、外、杂三篇。其中，集中反映庄子思想的主要有：《齐物论》、《逍遥游》、《养生主》。庄子写文章的方式和先秦诸子不大一样。他有一种独特的"庄周的风格"，就是大量使用寓言。庄子是给你讲寓言，他不通过人讲，而是通过某种动物来讲，让你自己去思考、去感悟。这就决定了庄子的思想像水一般地流淌，很难被别人断章取义。因此，庄子的思想不惧怕后人的肢解，这是第一点。第二点，庄子的观点不容易被历史所湮没。这是为什么呢？因为这些都是非常有趣的寓言，都是一则一则发人深省的小故事，我们屡读屡新，所以不易遗忘。

《庄子》里最重要的一个故事，也是接触到我们人生最根本问题的故事，就是"庄周梦蝶"。有一次，庄子做了一个梦，在梦里突然发现自己变成了一只蝴蝶，这只蝴蝶在梦里飞舞。但是，他很清楚地知道，这只蝴蝶所有的思考方式，蝴蝶在做的事情，就是他本人要做的事情。等他一觉醒过来，发现自己又是庄子，而不是蝴蝶了。所以，他就提出了这样的问题："不知周之梦为蝴蝶与？蝴蝶之梦为周与？周与蝴蝶，则必有分矣。此之谓物化。"意思是到底是我在梦中变成了蝴蝶呢，还是我是蝴蝶在梦中变的呢？但是，庄周与蝴蝶总归是不一样的。于是他得出一个结论："此之谓物化。"

> 庄子在梦中变成了一只快乐的蝴蝶，梦醒之后，庄子开始怀疑，到底是自己做梦变成了蝴蝶，还是蝴蝶做梦变成了自己？而得出来的结论就是："此之谓物化"。那么，"物化"是什么意思？这个寓言隐含着一个什么道理？又为什么说"庄周梦蝶"是对人生终极问题的思考呢？

这个故事是中国哲学史、思想史上一个永恒的话题，已经被后来无数的学者诠释了上千年，但是，至今还未必能完全讲得清楚。实际上，这个故事讲得并不一定是梦，庄子只不过借梦来比喻死和生，庄子对于人生的处境有深刻的体会，生死就是庄子对人生体会最深刻的内容之一。

我们都说庄子达观，他追求自由，而达观实际上正是对某种无可奈何的处境的态度，或者说一种处理方式。抛开无可奈何这个前提而言，也就无所谓达观不达观了。那么，生死正是每个人所必须面对的一种无可奈何的处境，生死你避得了吗？生不是你选择的，死也不是你想逃就能逃的。庄子在这里要告诉我们的是：生和死的确是有分别的。就像蝴蝶和庄子、梦和醒，终究是有分别的一样。那么，庄子用什么来解释呢？或者庄子要告诉我们什么呢？就是要告诉我们"此之谓物化"，也就是说要顺应变化。

不要逆着干，不要觉得非要怎么样，非要活个三百岁来瞧瞧，庄子认为没有必要。梦里的庄子是蝴蝶，可以充分享受作为蝴蝶的一种自由自在的乐趣；醒来的我是庄子，那么不妨实实在在地去过庄子应该过的生活。至于孰生孰死、孰梦孰觉、孰为蝴蝶、孰为庄周，又何必斤斤计较呢？进一步说，庄子想告诉我们的是，死既然是不可知的，干吗去恐惧它？正如西方哲学家维特根斯坦所说，死亡既然不是生命中的事件，又何必过多地去担心它呢？现在需要知道的就是，我就是活着的庄子，就要尽到活着的庄子的本分。死后，或者变为蝴蝶，或者最后化为黄土。那蝴蝶也自有它的本分事，黄土也自有它的本分事，跟活着的庄子没有什么关系。庄子就用这样一个故事，来讲述一个很难讲清楚的却在每个人心间都存在着的问题。这也就是《庄子》这部书有无穷魅力的原因所在。

死亡，是大部分中国人所避讳而不愿谈论的问题。当孔子的学生向孔子请教关于生死的问题时，孔子说："未知生，焉知死。"意思就是说，生的事情还没弄明白呢，为什么要考虑死的问题呢？颇有些避而不谈的态度。而庄子却敢于直面生死，那么庄子对于生与死，到底是如何理解和思考的呢？

讲生死的问题，庄子也用比喻。一天，庄子到楚国去，在路边看到一个死人的头盖骨，他就在路边敲着头盖骨说道："哎呀！老兄啊，如今你这番样子，是不是因为你活着的时候太纵欲、太荒唐了？或者是你的国家破灭了，你受了斧钺之苦被人砍杀的呀？或者是因为你过去有什么不轨的行为，给家族丢脸了，然后被扔在这里啊？还是你受不了冻，挨不了饿，倒毙在路旁的？还是你年寿已高，寿终正寝在这里的啊？"庄子就捧起这个头盖骨，枕在头底下睡觉。半夜，他又做梦了，这次不是梦见蝴蝶，而是这个头盖骨托梦，来见庄子："哎，这位老兄，白天你敲了我半天了。从白天你那番话看来，你这个人能言善辩。不过，好像你境界不行。听你所说的都是活着的一种忧患，只有活着，才会有死亡的恐惧。你别管我，你别管那么多闲事，别管我是正常死亡还是非正常死亡，反正我死了，我死了以后怎么还会有死的恐惧呢？要不要听听关于死亡的哲学啊？"在梦里庄子讲："好，洗耳恭听。"这个头盖骨就侃侃而谈，头盖骨讲："死亡的王国里没有高高在上的国君，也没有在下的臣子，也没有春夏秋冬四季，自由自在，无拘无束，能与天地同存。这份快乐，人间的帝王也比不了。"这头盖骨就跟庄子讲死亡的快乐。在梦里，庄子就不相信，死比生还要快乐。他就对这个头盖骨讲："哎呀！老兄，咱俩有这个缘分，我可以叫司命之神，来恢复你的身形，让你长出骨肉、肌肤，让你回到你的父母、妻儿、邻里、朋友那里，去享受人伦的快乐，你愿意吗？"在梦里，这个头盖骨，也不知道怎么回事，突然皱起眉头来说："谢谢你，我怎么能放弃死亡王国的快乐，而回到人间去备尝辛劳呢？你这个人，我真是不能跟你讲道理。"这个头盖骨一边说一边就在梦里面一溜烟地跑了。这是庄子的故事，也是庄子的一个梦。这个梦告诉大家的也是关于生与死这种非常终极的问题。所以我讲，阅读《庄子》是一种非常特别的享受。

　　庄子通过他的寓言故事，把死亡理解成一件快乐的事情，甚至比生还要幸福。所以，庄子在妻子去世之后，竟然鼓盆而歌，毫不悲伤，他认为妻子是到另外一个快乐的王国去了。庄子对于死的态度如此独特，那么，庄子对于生又是一种什么态度呢？庄子所代表的道家学说，在中国传统文化中，能起到什么作用呢？

　　庄子认为，人生的最高境界是逍遥自得，是一种精神的自由，绝对不要太在意俗世的名利。他认为名利会成为一种枷锁，把你牢牢地绑住。人在追名逐利的途中，给自己绑上了一道道绳索，带上了一副副锁链。

　　这种本于自然的人性论和伦理观，为后来的中国知识分子提供了另外一种选择的可能性。中国后来的知识分子，基本上都是按照儒家文化的传统培育出来的。如果只有儒家学说作为他们的价值观、世界观、人生观，大家想想会是什么样子？中国很多知识分子，在非常得意的时候，修齐治平，出将入相，立功、立言、立德，追求三不朽，成为一代名将、一代名相。但是失意了呢？人生不如意事常八九，如果你达不到自己的目的呢？庄子就此提供了另外一种选择，就是不妨独善其身，跳出名利的框框，追求内心世界的一种自由，追求精神的自由。所以，庄子的思想和儒家的思想，在中国的文化传统中成为互补的一种形态，这就使得中国的文化传统呈现出一种比较稳定的状态。

庄子对后世的中国产生了重大的影响。如果说儒家学说代表官方的意识形态的话，那么，庄子就对后世的非官方的意识形态产生了重大影响。传统当中，另外还有一个世界，那就是江湖！"江湖"这个词就出自《庄子》。庄子实际上提供了某种民间意识形态的一个规范和标准。

同时，庄子还有一个非常重要的思想，即"天人合一"。用庄子的话来讲，天地与我并生，万物与我为一。"天人合一"这样的一种精神境界，就是把人和人所存在于其中的大自然结合起来。他认为人和大自然是和谐共处的，是互为一体的。这个思想近年来受到了高度的关注。我们知道，在台湾去世的著名的国学大师、一代大儒钱穆先生，临终前的最后一篇文章讲到，他想了一辈子，也研究了一辈子中国的学问，最终认为中国精神和文化的最高境界是"天人合一"。而在我们祖国的大陆，也有一位大师级的学者季羡林先生同样得出了这样的结论：中国文化能够贡献于这个世界的最重要的学说和精神就是"天人合一"，以及"和谐"的观念。

《三字经》到这里就把"四书"、"五经"、诸子讲完了。接下来，《三字经》就用寥寥的两百多字，为我们讲述了一部完整的中国历史。请看下一章。

第十五章

经子通，读诸史，考世系，知终始。

自羲农，至黄帝，号三皇，居上世。

唐有虞，号二帝，相揖逊，称盛世。

《三字经》认为，经书都读通了，就应该学习历史了。《三字经》中的历史，是从被称为"三皇"的伏羲、神农和黄帝讲起的。伏羲为什么被尊为中华民族的人文始祖？神农对中华民族的发展，又作了哪些巨大的贡献？而关于"三皇"之一、"五帝"之首的黄帝，又有哪些神奇的传说呢？"尧舜之治"作为后世德政的典范，又流传着哪些神奇的故事呢？

从这章开始，《三字经》进入了中国历史部分。前面的引子虽然表面上看来非常平淡，实际上相当有深意。《三字经》的作者认为，读史有一个前提和要求，就是必须熟读儒家经典，并大致把握儒家以外其他诸子的重要学说。以此为基础，就可以在读史过程中，逐渐形成一套比较可靠的标准，来甄别历史事件和历史人物的善、恶、功、过，来判定哪些是我们应该吸取的经验，哪些是我们应该警惕的教训。只有这样，才能够把读史转换成一种非常有益的活动，而不仅仅是看历史故事，不仅仅是看热闹。

古今中外的政治家也好，教育家也好，思想家也好，都非常强调历史教育。我们早在先秦时代就有"殷鉴不远"、"前车之鉴"的说法。那么，就让我们来看看《三字经》是如何为我们讲述中国历史的。"自羲农，至黄帝，号三皇，居上世。"这里的"皇"不能理解为我们通常认为的皇帝，而"三皇"这个说法，更是到战国后期才出现的。至于"三皇"是哪三皇，中国传统的说法也不一致，有的说法是"女娲、伏羲、神农"，还有的说法是"燧人、伏羲、神农"。《三字经》的说法是"伏羲、神农、黄帝"。所以，《三字经》的说法也只是诸多传统说法中的一种而已。

伏羲创制的八卦，成为后来《易经》的基础。中华民族的文明史，就是从伏羲开始的。那么，被尊为中华民族人文始祖的伏羲，为人类文明的发展作了哪些贡献呢？

相传，伏羲是古代华夏部落的杰出首领。他根据天地间、阴阳间的变化创制了八卦，用八种简单而又寓意深刻的符号，来概括天地间的万事万物，概括它们之间变化的道理。

根据传说和史籍记载，伏羲作为华夏子孙的人文始祖，主要功绩有如下几点：

第一，他教会人们织网打鱼和驯养野兽，更好地解决了人的饮食问题，这就提高了当时人类的生产能力。

第二，他变革婚姻习俗，倡导男聘女嫁。开始建立男聘女嫁这一套婚姻制度，而且由血缘婚改为族外婚，即不同氏族之间才能结婚。这种制度结束了长期以来子女只知其母不知其父的状态。伏羲时代实际上意味着中国开始从母系氏族向父系氏族转变。

第三，他创造书契，用于记事，取代了以往结绳记事的风俗。

第四，他发明了陶埙、琴瑟等乐器，开始创作歌谣。将音乐带入人们的生活，这样就使人有了一种艺术的、超越现实生活的追求。

第五，他将统治地域分而治之，开始任命官员进行社会管理。

第六，他创造了古代历法。

当然，最重要的是他创制了八卦。

我们知道了伏羲是华夏子孙的人文始祖，那么，神农是一个什么样的人呢？他为中华民族的发展作出了什么重要的贡献，而被人们尊为"三皇"之一呢？

神农是我们农业和医药的发明者。远古的人们，过着很原始的生活，神农发明了耒（lěi）耜（sì），即用木头做的农具，教会人们进行农业生产。神农时代则代表着中国从渔猎和采集的社会向农业社会转变。因为古人生存主要是靠打猎、抓鱼、采集，生活来源不稳定，有了上顿没下顿。有了农业生产当然就不一样了，有播种，有收割，不管产量有多低，基本上可以有一种预期，大致清楚明年这块地上有什么吃的东西，人们的生活当然就比较安定了。古籍上是有记载的，比如汉代的一部典籍《白虎通义》就有记载："古之人民，皆食禽兽肉，至于神农，人民众多，禽兽不足，于是神农因天之时，分地之利，制耒耜，教民劳作，神而化之，使民宜之，故谓之神农也。"意思是说古代人们是吃禽兽肉的，人多了，动物被吃光了，生存问题就出现了。于是神农出现了，教人们发明了农具，教人们根据天气、土地的情况来耕作。

神农尝百草，这在古籍当中就有记载，民间也有传说。我们知道，上古时代各种植物都长在一起，没有像现在这样这一亩是稻子，那一亩是麦子。哪些东西可以吃，哪些东西有毒，哪些东西可以当药，这是没有人知道的。神农看到了老百姓的疾苦，就率领老百姓进山寻药。途中，一些凶猛的野兽，把神农一行围住了。神农下令随行的人，用鞭子去抽打这些野兽，打走一批，又上来一批，打走一批，又上来一批，传说整整打了七天七夜。当时好像所有的野兽，都上来挨两鞭子打，今天的很多野兽身上都有一条一条的斑纹，据说都是神农给打出来的。好多人劝神农回去，说不能去了，野兽太多，山也太高，爬不上去，但神农拒绝了。神农还教会了人们伐木。古代的树都很高，神农组织人们搭起架子，往更高的山上爬，而这些架子有人说就是脚手架的来源。神农一共挑选了三百六十五种药，而这些药，后人就把它总结成了《神农本草经》。神农在山上待了很久，等他要下山的时候发现，脚手架都已经长成树了。这就是今天的神农架，神农架的名称就是这么来的。

黄帝是"三皇"中对中华民族影响最大的一位，他不仅是"三皇"之一，而且也是"五帝"之首。那么，关于黄帝都有哪些传说呢？黄帝对于中华民族的发展，又都有哪些巨大的贡献呢？

"三皇"里面的第三位，当然也是今天影响最大的、占据地位最高的黄帝。黄帝姓公孙，曾居住在轩辕之丘，所以又得姓轩辕。黄帝是古代传说中的人物，关于他的传说最有名的是战争，就是黄帝和炎帝的战争、黄帝和蚩尤的战争。最终，都是黄帝取得了胜利，后被各部落拥戴，成为华夏民族共同的祖先。黄帝主要的功绩是什么呢？推算历法；发明数学；组建军队，从黄帝开始，有比较正规的一支军队了；发明音乐，据说黄帝时期定了五音十二律；研究医药；创建文字，据说我们的汉字是从黄帝开始的；开始采铜铸造货币，黄帝之前没有货币这个概念。另外，我们现在认为舟车、弓箭、房屋都是黄帝发明的。还有衣服，从黄帝开始，人们才学会纺织，并开始穿衣服，之前都是拿兽皮或树皮披一下。

黄帝在位时间很长，尧、舜、禹、汤都是黄帝的后裔。所以，黄帝被奉为中华民族的始祖，和炎帝并称"炎黄"。我们因此称自己为炎黄子孙。

"三皇"以后，要接着讲"五帝"。所以《三字经》接着讲："唐有虞，号二帝，相揖逊，称盛世。"也就是说，在我们华夏民族的历史上，第一个盛世开始了。根据司马迁的《史记·五帝本纪》，五帝的顺序是黄帝、颛（zhuān）项（xū）、帝喾（kù）、唐尧（yáo）、虞舜（shùn）。《三字经》在这里就是讲了《史记·五帝本纪》里的后面两位：尧和舜。

千百年来，凡属史籍经典、民间传说，对尧无不颂扬。尧既是伦理道德方面的理想人格典范，又是治国平天下的君主楷模。尧的时代，天下安宁，政治清明，世风祥和，整个华夏民族一片太平盛世。那么，尧为什么能够把国家治理得这么好呢？

尧是中国古代传说当中的一位圣王，黄帝的玄孙，帝喾之子，名放勋，号陶唐，中国上古"五帝"之一。因为封在唐这个地方，所以也叫唐尧，这个"唐"字在古汉语里有伟大的意思，实际上这个称号就叫伟大的尧、大尧。

尧非常礼贤下士。政治之所以清明，是因为他曾经到汾水的北岸，去拜访过四位有道之士：方回、善卷、披衣、许由。这也说明他把贤人看得很重，把人才看得很重。古籍中记载最多的是尧访问许由的故事。尧知道许由很贤明，就去拜访他，而许由却到处躲着尧，有人就问许由："尧是个很贤明的王，你躲他干吗？"许由讲："尧这个人轰轰烈烈地推行仁义，我怕尧将来要被天下人耻笑。"旁边人就问他原因，许由讲："尧的后世，恐怕会有人吃人的事情发生。"为什么呢？许由讲："尧现在把他的希望寄托在贤人的身上，我看靠不住，这种想利用一个人的决断来管理天下的想法是危险的。尧只知道贤人的好处，他不知道贤人会有坏处。"许由的见解非常深刻，他在这里其实反对的是人治。你尧在的时候可以一个人推行，你走了恐怕就靠不住了，恐怕就会人吃人了，百姓就会逃散了。可见，中国那么早就有这样一个人，已经注意到人治的弊端。

许由躲来躲去终于没躲过尧，被尧撞见了。尧见了许由以后，讲了这么一段话："太阳出来了，火把还不熄灭。在光照宇宙的太阳光下，火把不就是多余的吗？"可见，尧把许由比喻成太阳，把自己比喻成火把。"大雨下过了，我还去浇园子，这不是徒劳吗？"就是把许由比喻成沛然大雨，把自己比喻成一勺一勺的水。"作为天子我很惭愧，占据的地位不合适，请允许我把天下托付给先生，先生如果接了天下这个重任，天下必然太平。"尧也很有意思，随时都不想当王，随时都想把位置让掉，而当时的贤人也很有意思，看着这个位置都躲着走。但是，尧给我们留下了很多尊重人才、礼贤下士的故事。当然，最为中国传统所珍视的、最为我们所称道的是尧传贤不传子的事迹。

尧在位七十年，他到晚年已经感觉到有必要选择一位继承人。他认为，自己的儿子丹朱"不肖"不可用，他对自己的儿子认识很清楚。因此他就跟四方的贤人商量，谁可以来接帝位？所有的人都推荐了舜。

尧礼贤下士，任人唯贤。在寻找合格的接班人的问题上，他更是不敢马虎。尧决定传贤不传子，想将王位禅（shàn）让于舜。可是，舜有没有能力接替尧呢？于是，尧在将王位传给舜之前，就对舜进行了一番严格的考察。那么，尧是如何考验舜的呢？

尧也真厉害，先把自己的两个闺女，一个叫娥皇，一个叫女英，嫁给了舜，把舜变成了自己的女婿，通过自己的女儿，来观察舜的德行，看看舜是不是能处理好家事。结果他发现舜处理得非常好，姐妹两个对舜都非常倾心，家庭和睦。尧又派舜去推行德教，将父义、母慈、兄友、弟恭、子孝这五种美德去推行给人们，向人们传输一种教化，人们都很乐意听从舜的教导。尧觉得不错，于是就让舜去总理百官，处理政事，百官又很服从舜的领导，政务无一荒废，井井有条。尧又派舜去管理明堂，明堂就类似今天的国宾馆，负责接待四方前来朝见的诸侯或者宾客，发现舜跟这些人都处得很好，而且这些宾客都非常敬重舜。最后，尧还不放心，就让舜一个人到深山老林里面去，经受大自然的考验。他发现，舜在暴风骤雨当中，不迷失方向，不气馁，一点儿问题没有，显示出非常强的抵抗灾难、独立处世的能力。经过三年各种各样的考察，尧对舜满意了，于是决定把这个位置禅让给舜。他在正月初一的时候，在太庙举行禅让仪式，把自己的位置让给了舜。

尧将王位禅让给了舜，舜继位之后，处处以身作则，任人唯贤，依靠道德的力量使人向善齐贤，从而达到治理国家的目的。那么，舜都采取了哪些独特的管理方式呢？他的这种管理方式对后世又有什么样的影响呢？

"唐有虞"，这个"有虞"就是指舜，名重华。舜也是传说当中的圣王。舜又称虞舜，因为他的国号是有虞。先秦有时就以国号作为姓氏，所以，他也称为有虞氏。

舜执政以后，他的一系列重大的政治活动对后世有很大的影响。比如重新修订历法，祭祀上帝，祭祀天地，祭祀山川群神。他非常看重祭祀，并且对诸侯进行了重新的管理。他怎么管理的呢？他找一个借口，把诸侯手上的信圭，就是当时的委任状全部收回来。之后，在黄道吉日重新召见诸侯，正式颁发信圭，这样就强调了对他们的管理权。而他在继位的当年就开始出巡，周游名山，召见诸侯，考察民情。并且规定每五年天子必须出行一次，以考察各地的政绩，以确定赏罚。也就是说，从舜开始，加强了华夏各个地域的联系，并开始统一管理。

舜在管理社会事务的时候，还规定了五种具体的刑罚。但是，他用流放用得比较多，不大采取肉刑，就是抽鞭子、打板子、砍头、剁脚、削鼻子。鞭刑和扑刑等，是对那些不肯悔改的、罪大恶极的人才会用。这就说明他很仁慈。

舜在年老的时候，真正地继承了尧的精神。舜也考察了自己的儿子商均，觉得"不肖"，能力不行，所以就确定了当时威望最高的禹作为继任者，并由禹先来摄行政事，负责常务工作，加以考察，最后，把位置禅让给了禹。据说，舜在尧之后在位三十九年，他去世的时候，正好在南方巡视，所以，他死于苍梧之野，葬在江南九嶷山，叫"零陵"。

舜是一个既仁又智的名副其实的圣人。那么，他身体力行地去创造和推行的这样一种良好的道德品质，对后世的文化思想产生了怎样的影响呢？

舜和尧一样，是先秦时期儒墨两家共同推崇的古代圣王。舜对于儒家有特别重要的意义。儒家的学说重视孝道，而关于舜的记载，关于舜的传说，最重要的就是孝。孟子在孔子之后对儒学的发展作出了很大的贡献，他就特别推崇舜的孝行。孟子再三倡导，大家要向舜学习，要向舜看齐，要做舜那样的孝子。孟子曾经讲过："舜人也，我亦人也。舜为法于天下，可传于后世，我由未免为乡人也，是则可忧也。忧之如何？如舜而已矣。"也就是说孟子讲，我是人，舜也是人，但是，舜已经成为天下人的楷模，而我还只不过是一个普通人，这样的事情实在太让我担忧了。我担忧怎么办呢？只有一个办法，向舜学习。

接下来，《三字经》依然为我们描述中国早期的历史，请看下一章。

第十六章

夏有禹[1]，商有汤[2]，周文武[3]，称三王。

夏传子[4]，家天下[5]，四百载[6]，迁夏社[8][7]。

[1] 禹：传说中远古部落联盟的首领，因治水有功而闻名。

[2] 汤：商朝的开国君主成汤。

[3] 文武：周王朝的周文王和周武王。

[4] 传子：传位给儿子。

[5] 家天下：把天下当做一家的私产，世代相传。

[6] 载：年。

[7] 迁：转移。

[8] 社：社稷，即国家政权。

到了这里,《三字经》开始讲述我国历史朝代的更替与发展,并在简洁朴素的语言当中,表达了后人对于历史人物的品评。大禹是和尧舜并称的古代圣王,那么,在中国传统文化中,什么样的君主才有资格被称为"王"?大禹"三过家门而不入"是一个什么样的传说?而在大禹之后,"家"天下怎样取代了禅让制?最终,又是谁断送了夏朝四百年的基业呢?

这里讲的夏商周和《三字经》前面讲的三皇五帝的时代不同,夏商周基本上都是考古发现和文献记载可以明确证明的朝代。夏朝还有一点点问题,但是越来越多的人相信,夏朝也是一个切实存在过的朝代。至于商和周,当然没有问题。

"夏有禹,商有汤。"是指大禹和商汤。"周文武"则是两个王,周文王、周武王,但接下来讲"称三王",这当然不是《三字经》的作者不会数数,而是因为他讲的是三个朝代的君王,这是第一;第二,周文王和周武王之间的关系,在中国历史上非常特殊,这一点,我们要留到后面来讲。

大禹在中国的文化传统当中,是一个家喻户晓的人物,是一个符合儒家传统的理想君主形象。孔子赞美的人不太多,他眼光很高,但是对于大禹,完全不吝赞美之词,在《论语·泰伯》里面就有这样一段话:"禹,吾无间然矣。菲饮食而致孝乎鬼神,恶衣服而致美乎黻(fú)冕(miǎn),卑宫室而尽力乎沟洫。禹,吾无间然矣。"这段话的意思很清楚,对于大禹,我没有什么好批评的。为什么呢?他吃得很不好,但是把祭祖先、祭神的祭品办得非常丰盛;他穿得很简朴,但是把祭祀时穿的衣服做得很华美;他住得也很简陋,不住好房子,但是却把力量完全用在水利建设上面。可以看出，在孔子的心目中，大禹的地位是多么崇高。当然，我们都知道，大禹最有名的事迹是治水，大禹治水已经成为我们文化传统的一个核心话题，具有一种永久的价值。

> 大禹治水"三过家门而不入"是大禹公而忘私精神的具体写照。公而忘私、坚忍不拔的精神，让大禹成为和尧舜齐名的古代圣贤，科学的治水方法体现了大禹丰富的劳动智慧。那么，大禹不同于前人的治水方法是什么？他的临终遗言又会是什么呢？

据说，大禹在新婚后的第四天就离开家去治水了。为了治水，大禹到处奔波，一离家就是十三年。在这期间，大禹没有回过家。在古汉语当中，"三"这个数字往往是虚的，形容多。所谓"三过家门而不入"讲的就是大禹多次经过家门而没有进家。

大禹之所以得到后人很高的评价，主要在于他治水的方法和前人不同。在大禹之前，也有好多治水的人，他们是怎么治的呢？两种方法：堵、塞。结果，大家可想而知，洪水大到一定程度，麻烦更大。而大禹是在中国的治水历史上，第一个采取疏导方法的人。疏导这两个字就是从大禹开始的。大禹把洪水疏导到海里去，彻底解除了水患。

正因为大禹治水有大功，所以就被当时的四方部落共同推举为部落联盟的首领。《庄子·天下》中墨子称道说："禹，大圣也。"

大禹生活得非常俭朴，根据《史记》的记载，大禹一路治水，一路巡查治水的结果。当大禹巡视江南的时候，在今天浙江绍兴的会稽山去世了，当时他已经是一百岁的高龄了。他留下了十六个字的遗言："衣衾三领，桐棺三寸，坟高三尺，勿伤农田。"意思就是，我死了以后，有三层衣服，就够了；用桐木做的棺材有三寸厚就够了，过去的棺木一般是很厚的；起个小坟堆就可以了，不要把墓修得太大，占了农田。这就证明，现在我们能够看到的，非常巍峨的、美轮美奂的大禹墓、大禹庙，应该都是后人为了纪念他修建的。

按照黄帝直至尧舜以来的传统，王位的更替一直采用推举贤能的方式，也就是禅让制，包括大禹也是依靠自己的才能和德行，才走上了王位。然而到了大禹即将离世的时候，禅让制度被打破了，中国历史从此进入了"家"天下的时代。

接下来《三字经》就要一一讲述夏、商、周这三个朝代。夏朝，《三字经》用了十二个字："夏传子，家天下，四百载，迁夏社。"我们知道，大禹是中国历史上最后一位真正的"相揖逊"的国君。什么叫"相揖逊"呢？很好理解，相互作个揖，很逊让，大家很客气，推举贤能，谁贤明、谁有贡献、谁有才能谁就来当首领，这就叫禅让。中国历史上最后一次真正实行禅让的就是大禹。

为什么说大禹是最后一个禅让的君主呢？因为大禹将他的首领的位置或者王位，传给了自己的儿子启，这就是"家"天下。原来天下属于大家的，谁当王没有说论血缘的，没有说你是谁的儿子就注定可以当王，而是要看贡献。到了大禹不是了，变成看血统了。大禹把自己的王位传给了自己的儿子。不过，从历史上看，这并不是大禹本人的意思。大禹并没有想把这个位置传给自己的儿子，他看中的是和他一起治水的助手伯益。但是问题出来了，出在哪儿呢？

第一，大禹的儿子启不是一个没有贡献的人，更不是一个没有本事的人，他应该也是一个杰出的人才。

第二，当大禹年老的时候，启的岁数已经很大了。大禹传说是一百岁去世的，那他这个儿子，也应该有七八十岁了，他也有自己的力量，也有自己的拥戴者。所以，在大禹死后，启和伯益之间就发生了冲突，结果是启取得了胜利。从此，首领的位置、国君的位置，就在某一个家族里代代传承。禅让制，彻底退出了历史舞台，成为一个遥远的梦想。

从大禹的儿子启废除禅让制亲临君王开始，差不多四百多年后，夏朝覆灭了。那么，又是谁断送了中国历史上的第一个"家"天下王朝？他到底是一个什么样的人呢？

夏朝到底传了多少代？夏朝到底有多少个王？这还不像后来的商和周那么清楚，有好多种说法，但是总的年数，应该是传了四百年左右。所以《三字经》讲"四百载"，《三字经》里的每一个字都是有来历的。

那么，夏朝是怎么灭亡的？这就要说到夏朝的末代王，那就是臭名昭著的夏桀。他在位的年数长达五十三年，是中国历史非常有名的暴虐荒淫的国王。但是，桀并不是一个没有本事的人物，他文武双全，不仅非常有文采，而且武功非凡。历史上记载，他徒手就可以把铁钩给掰直了。可见是一个很有力气的人。然而，他生性残暴，压榨百姓无所不用其极。根据中国古籍《竹书纪年》的记载："筑寝宫，饰瑶台，作琼室，立玉门。"造了非常漂亮的亭台楼阁，门是用玉石做的，非常奢侈，不像夏朝的祖先大禹那么刻苦。他藏了好多美女在后宫。而且，他还有很绝的一件事，就是造酒池糟堤取乐。这个酒池大到可以在里头开船。夏桀经常带着美女坐在船上，饮酒取乐。

还有比这更荒唐的。夏桀宠爱一个妃子，名叫妺喜。妺喜有一个怪毛病，喜欢听丝绸、布帛被撕破的声音。夏桀为了讨好她，居然就叫人拿了好多整匹的丝绸和布帛，天天撕给她听。妺喜一听就高兴，夏桀也很高兴。如此，夏桀开了中国历代昏君"女色误国"的先河，而妺喜也成了断送夏王朝的"红颜祸水"。其实，一个女子又怎么能够毁掉一个王朝？真正毁灭江山社稷的，是昏君的荒淫和残暴。那么，面对天下百姓的怨愤，夏桀又抱着一种什么样的态度呢？夏桀还有一种病态的自信心。他有一句很有名的话："天上有太阳，我就是太阳，你们谁看到太阳掉下来过呢？哎，没有吧，只有太阳掉下来，我才会灭亡呢！"当时的老百姓恨死他了，但是又不敢说，不敢骂这个夏桀，当时老百姓骂什么呢？骂太阳。老百姓怎么骂呢？"天上的太阳啊，你老人家什么时候给我掉下来啊？你快点儿掉下来吧！我们愿意和太阳同归于尽。"这是民歌，见于《诗经》和很多古籍。大家想想，到了这样的地步，哪个王朝能不亡？

夏作为中国历史上第一个"家"天下的朝代，统治时期大致相当于公元前 21 世纪到公元前 16 世纪。夏统治的中心区域当然不大，它就在今天的山西、河南一带。我们对夏朝的知识还不丰富，还有很多问题有待于解答，正在探索和研究当中。但是，考古发现已经告诉我们，在山西、河南那一带，确实存在过相当发达的文明。夏朝是一个真实存在过的朝代，而不是神话传说，这是可以断言的。比如，孔子就高度地称赞过夏朝的历法。夏朝的历法水平很高，我们今天用的农历、阴历，讲究的话叫夏历，据说这就是夏朝的历法。

那么，《三字经》接下来讲述的是什么？又是谁灭掉了夏朝呢？请看下一章。

第十七章

汤伐①夏，国号商，六百载，至纣②亡。

这里短短的十二个字，讲述了一个朝代六百年的盛衰兴亡。贤明的商汤成功讨伐了荒淫残暴的夏桀，建立了商朝，创造了辉煌灿烂的殷商文化。然而历史却惊人地相似，五百多年后，商朝出现了一个和夏桀一样的暴君纣王。商纣和夏桀都有哪些相似之处？对于商纣王的功过是非应该如何解读？为什么说殷商文化为世界文明的发展作出了杰出的贡献呢？

商原来是夏朝国都东方的一个小国。商原来应该就是一个部落的名称。汤是商灭夏后成立的商朝的第一位君主。商的活动区域，主要在今天的河南北部、河北南部、山东的西南。

商的祖先有的在尧的手下担任过负责教化的官员，有的又曾经协助过大禹治水，所以在当时众多的部落当中，商部落拥有特殊的地位。到了汤担任这个部落首领的时候，商的国力得到了很大的发展，开始强大起来。一个国家的强大，当然有多方面的原因。但是，商的强大，我们后来归结为，汤非常宽厚，非常仁爱。

《史记》记载着这么一个故事，说明汤的为人非常宽厚仁爱。有一次汤外出游玩，走进一片树林，看见一个人张网在那里捕鸟。古人抓鸟都是用网，因为古代的鸟比今天多。听见这个人在喃喃自语："不论天上来的、地面来的，还是四面八方来的鸟，都飞到我的网里来吧。"这时，汤听不下去了，就对他说："你太过分了，你这样不就网尽杀绝了吗？你撤掉三面，留下一面就可以了。"这也是成语"网开一面"的来源。汤就说："鸟啊，你们愿意往左的就往左吧，愿意往右的就往右吧，你们那些厌倦生活的，就钻到网里来吧！"汤对鸟都那么仁爱，对人当然就不用讲了。这样，汤的名声就被传播出去了，很多人来投靠他。在古代，一个小国或者一个部落，人口众多是非常重要的。商在汤的时候人口开始增多，势力开始壮大。

> 成为一个伟大的君王，光靠仁爱是不够的。那么，汤还具有哪些卓越的能力和胆识呢？在伊尹的大力协助下，汤扩大了自己的地盘，也扩大了自己的影响。接下来，伊尹又提出了什么样的计策？汤又是怎么做的呢？

汤还有一个重要的特点，就是擅长识拔人才，为他所用。在这方面最有名的佳话，就是识拔伊尹。也正是在伊尹的谋划下，汤开始从长计议，准备灭夏。

此时，夏桀已担心汤的势力过于强大而威胁自己。一天，夏桀就下令叫汤到夏的国都。汤当然不能违抗，他明知有危险，也只能去了。去了以后就让夏桀给扣留了。那个时候，伊尹在后方，拼命地贿赂夏桀身边的官员，用各种手段，让汤得以释放，回到了自己的商国。于是，汤就在伊尹的辅佐下，开始紧锣密鼓地行动。伊尹确实是一个非常有谋略的人，他先从剪除夏桀的羽翼开始入手，一方面扩展自己的实力，一方面看看夏桀有什么反应。

一段时间以后，汤就准备攻灭夏朝。但是，伊尹劝他暂缓攻夏，还是要看看反应。怎么看呢？汤就根据伊尹的谋划，停止进贡。夏桀就下令九夷族进攻商国。伊尹一看，九夷族还听从夏桀的命令，说明夏桀还有号召力，就赶紧叫汤道歉，写检讨，恢复进贡。又等了一年，时机终于到了。原来听从夏桀指挥的九夷族也开始民怨沸腾，逐渐和夏朝离心离德。这个时候，汤和伊尹才决心对夏朝大举进攻。夏毕竟已经"家"天下四百多年了，以商一个小国，想推翻夏的统治，不是一件很容易的事情。所以，汤和伊尹非常慎重，他们做了一件事情，在当时是不多见的。伊尹叫汤召集将士，由汤亲自领着将士誓师："我不敢进行叛乱，实在是这个桀作恶多端，老天的旨意要我消灭他，我不敢不听从天命啊！"

这是《尚书·汤誓》的记载。接着，汤宣布了非常明确的赏罚条例，有功怎么赏，有过怎么罚。商汤借着上天的旨意动员将士，再加上当时各国将士，也恨不得这个桀早点儿灭亡，只不过没有一个领头的，一看有领头的，大家当然积极响应。桀得到消息以后，马上率军赶到鸣条，御驾亲征。夏朝的军队和商国的军队，就在鸣条，也就是今天山西运城安邑镇的北边附近打了一仗。两军交战，桀就登到旁边的小山顶观战。这个时候，一场大雨从天而降，桀赶紧从山顶上跑下山去躲雨。夏朝的这些军队，本来就不愿意为夏桀卖命，一看国王带头跑，就一哄而散。夏桀只能仓皇逃到城内。商军在后紧追不舍，桀在国都里也不敢久留，就带着喜欢听丝绸被撕破声音的妹喜和珍宝坐船渡江，逃到了南巢，就是今天安徽的巢县附近。后来，汤派兵追上，就把他和妹喜给抓住了。汤很宽厚，他没有杀夏桀，而是把他们流放到了当时还很荒芜的安徽。

历史上，对于这次商伐夏的战争，有一个专门的名词，叫"商汤革命"。"革命"这个词最早就是用于这场战争的。当然，今天讲的革命跟当年商汤攻灭夏桀的革命，不是一个意思。当时的意思是改革天命：原来的天命在夏朝，现在的天命在商朝。

汤做部落首领大概做了十七年，做商朝的开国国君大概做了十三年，也就是在位三十年，病故。根据史籍记载，汤病故以后不封不树，一看就是一个非常贤明的王。什么叫不封呢？埋好了以后，不起陵墓。不树，就是指不在坟上种树。按照中国的传统，坟上要种树的。所以从严格意义上讲，后人没有办法知道商汤葬在哪里。

灭掉夏朝后，商汤对待夏桀的态度，再次表现了他的宽厚仁爱，而他对自己身后事的安排，也让我们再次想起大禹的薄葬爱民。正因为有了汤这样一位圣明君王，为商朝打下了坚实的基础，才有了后来辉煌灿烂的殷商文化。那么，商朝又是怎么衰落的呢？

商朝传了十代以后，商王盘庚将国都从今天的河南偃师，也就是玄奘的故乡，迁到了殷城，即今天的河南安阳。所以，商王盘庚以后的商朝叫殷商。现在的考古工作者，发现了殷商时期许多大型的贵族墓葬，出土了无数珍贵的文物，足以证明当时商朝拥有高度的文明。商朝总共传了十七代，三十一个王。这期间，当然也出了不少的危机，但是，这些危机都安然度过了。然而，到了最后一代国君纣王的时候，却出现了和夏桀一模一样的情况。

根据《史记》记载，商纣王和夏桀很像："帝纣资辨捷疾，闻见甚敏；材力过人，手格猛兽。知足以距谏，言足以饰非。矜人臣以能，高天下以声，以为皆出己之下。"可见，商纣王广闻博见，知识渊博，思维敏捷，身材高大威猛，力量无穷，可以徒手和野兽搏斗。他也是一个文武双全的人，他的智慧足以让他拒绝忠言，他的言谈足以掩饰过错。他非常善辩，明明做错一件事情，经他一说，好像立了功一样。他的能力足以向臣下自夸，他的声望足以轻视世人。除此以外，他跟夏桀的毛病一模一样："好酒淫乐，嬖于妇人。爱妲己，妲己之言是从。"他喜欢美女，而其中最有名的一个就是妲己，只要是妲己的话他都听。

另外，他还不祭祀，把祭祀鬼神的事情给忘了，这在当时是很要命的。一个帝王不祭祀，老百姓也认为你不合法，大家都会觉得你太过分。

历史惊人地相似，五百多年后，商朝的亡国之君纣王，和夏桀十分相似，同样文武双全，同样贪恋美色，同样傲慢无比。那么，商纣又有哪些是非功过呢？

他跟夏桀最像的地方在哪里呢？"以酒为池，悬肉为林。"极度荒淫腐化，极度奢侈。这个人还极度的残忍，怎么残忍？有两件事情，在中国历史上留下了千古恶名。

第一，炮烙之刑。拿一个铜柱子，底下架上柴火烧，令犯人爬行其上，犯人堕入火中而死。谁要向他进谏、谁要反抗他、谁要劝他别这么荒淫，就会遭受炮烙之刑。

第二，活剖比干。比干是商纣王的一个臣子，是中国历史上著名

的忠臣。比干看到商纣王那么荒唐，就向他进谏。商纣王就嘲讽他："来了个圣人嘛！我可是听说，圣人的心有七窍啊，把他的心剖出来我看看！"就把比干当场活剖："哦，原来你的心没有七窍，你算个什么圣人！"

他身边好多有才华的大臣，碰上这么一个暴君，就只能离开他逃掉了。其中一个重要人物是箕子，逃到了朝鲜半岛。一直有这么一个传说，朝鲜半岛上有一支人就是箕子的后代。另一个非常重要的人，即他的太师，他是一个很重要的大臣，带着祭祀乐器，投奔了周。祭祀鬼神的乐器、礼器，这些东西在今天我们看来并不重要，古人可不这么看。古人认为，祭祀的礼器是神圣的，把礼器给丢了，这个国家也差不多就完了。

比起夏桀的荒淫残暴，商纣王有过之而无不及，于是，在中国历史上。夏桀、商纣就成为暴君的代名词。商纣王也像夏桀一样，断送了先祖创立的王朝，但是也做了一些有益的事。那么，关于商纣王有哪些正面评价呢？

第一，商纣王经常派兵出去打仗，这个人孔武有力，想法也多，把当时的淮河下游、山东、长江流域给开发了。商朝疆域的扩展，促进了中原文明的传播，这当然有助于华夏大地生产的发展。

第二，商纣王也曾经推行过一系列改革的措施，反对神权，改革旧的风俗。

第三，他打破了奴隶主世俗贵族的世袭制，大量地提拔新人。

第四，学术界也有人认为，在某种程度上，商纣王为古代中国的最终统一，提供了思想和物质的基础，是统一中国的一位先驱。这些对历史的发展起到积极作用的事情，却导致了商朝的灭亡。为什么呢？因为要去开发淮河、长江流域，就要用兵，用兵就要消耗国力，就要征发百姓，就会导致民怨沸腾。所以，历史相当地复杂，不能简单地一概而论。

中华民族创造了灿烂的殷商文化，也创立了中国最早的文字——甲骨文。殷商文化不但为中华文明作出了重大贡献，也为世界文明作出了杰出贡献。

有一点请大家注意，《三字经》里边讲商朝六百载，不够准确。《三字经》不够准确的地方不多，这是其中一处。因为我们知道，商朝实际上延续了五百年左右，也就是说从公元前 17 世纪到公元前 11 世纪。此时，整个世界是什么格局？古代埃及王国进入极盛时期；两河流域的巴比伦王国正在兴起；古希腊的迈锡尼文明也在崛起。它们和商朝相辉映，对整个人类文明作出了重大的贡献。

我们前面提到过，据说商朝灭亡以后，一些商的移民到了朝鲜半岛。此外，今天还有人推测，甚至在国际学术界，也有一些人完全相信，商朝的一些移民到达了美洲，这就牵涉到后来玛雅文明的起源了，也牵涉到印第安人的来源。这一部分人到了美洲，对当地的文明发展作出了重大的贡献，因为商的文明程度比较高。这是商朝对世界文明的影响。而商朝对于中华文明最重要的贡献就是甲骨文。商朝的甲骨文，是我们迄今为止知道的最早的汉字的成熟形态，甲骨文以前，当然还有别的形式，但是不成熟，也不成体系，字的数量也不够，没有形成这种比较大的记载量。

纣王的腐败导致了商朝的最终灭亡，那么，是谁灭亡了商朝？商朝灭亡的过程又是怎么样的呢？请看下一章。

第十八章

周武王，始诛纣①，八百载②，最长久。

周辙东③，王纲坠⑤，逞⑥干戈⑦，尚⑧游说⑨。

始春秋⑩，终战国⑪，五霸⑫强，七雄出⑬。

商纣王昏庸无道，激起了各诸侯国的不满，而这时西北的一个诸侯国周国开始崛起。周文王不仅以仁爱治国，而且广招天下贤士。中国有句俗语："姜太公钓鱼，愿者上钩。"那么，姜太公钓鱼和周文王纳贤有什么关系？而孔子最崇拜的周公又是一个什么人物？周文王和周武王是如何前赴后继，终于伐灭商纣王，建立了周王朝的？周朝后来为什么要向东迁都洛阳呢？

商朝的最后一个王——商纣王，腐败、荒淫、昏聩，最终导致了商朝的灭亡。《三字经》里讲："周武王，始诛纣，八百载，最长久。"这就明白地告诉我们，周武王摧毁了商朝，建立了周朝。周王朝统治八百年，是中国历史上历时最长的朝代。

周人的文化底蕴深厚，和早期的商人一样，也拥有特殊的声望。周的始祖曾是尧的农官，后被舜命为后稷。后稷是中国的农神，而中国是以农业立国的，所以后稷的地位很高。

周在灭商之前只是中国西北地区的一个诸侯国，但周国农业发达，民风淳朴，国君仁爱，兄弟相让，国势渐渐强盛起来。那么，当时的商纣王对于日渐强盛的周国，会采取什么态度呢？

商纣王在位的时候，周朝正好是赫赫有名的周文王姬昌当政。《三字经》里讲的"周文武，称三王"，"周文武"是指周文王和周武王。周和商世代联姻，商王就将管理西北诸多小国的任务交给了周国，因此，周文王当时还被称为西伯。周文王对商纣王的行径实在看不惯，就在背后说了点儿批评的话。古代帝王都有一种控制、钳制部下的手段。商纣王也不例外，他有一套信息传递系统，类似于特务机构。他得知周文王在说他的坏话后，就立即把周文王抓起来，关了整整七年。周文王的臣子想方设法向商纣王的亲信行贿，终于将周文王救了出来，并且官复原职。周文王出狱后下决心灭商，他一方面向纣王献地，请求免除酷刑，并因此赢得了民心；一方面访贤任能，壮大国力。虽然周文王被释放后不久就去世了，但是，他给继位的周武王留下了足以与商朝对抗的物质基础和精神财富。所以，按照中国历史传统，很多人将周文王视做周朝的开国君主。

> 周文王留给周武王的最宝贵的财富，就是杰出的人才。周公和姜太公都是历史上的著名人物，那么，周公和姜太公都有什么样的才能呢？又为什么会得到儒家学者的高度赞美呢？

周公旦，姓姬，名旦，生卒年月不详，享年大概六十六岁。他是西周时期著名的政治家、军事家、教育家、思想家，被视为儒学的先驱，因当时受封于周原，也被称为第一位周公。他和武王是亲兄弟，武王死后，武王的儿子成王当政，周公旦摄政。他辅佐成王，平定叛乱，营建东都洛阳，制礼作乐。中国的礼乐传统，主要是由周公旦制作的。并且，当成王成年以后，他还政于成王。他在巩固和发展周王朝的统治上起了关键性的作用，对中国历史产生了极其深远的影响。

周公的言论至今还保留在《尚书》中。他被尊为儒学的奠基者，是孔子最崇敬的古代圣人。《论语·述而》讲："甚矣，吾衰也！久矣吾不复梦见周公。"意思就是说，惨啊，我老了，老到什么地步呢？很久我都没有梦见周公了。孔子认为梦不见周公是一件很不好的事。可以看出，周公旦在孔子心目中有很高的地位。

姜太公是家喻户晓的人物，几乎被神化了。其实，他是历史上真实存在过的一位了不起的人物，也是辅佐周武王灭商的第一功臣。他在没有被周文王重用的时候，躲在今天陕西渭水流域那一带谋生，正好是周族的领袖周文王姬昌统治的地方。姜太公为了引起周文王的注意，采取了"钓鱼"的方法。姜太公钓鱼很有名，经常在渭河边上钓。一般人钓鱼肯定用弯钩，而且上面一定有鱼饵。姜太公钓鱼，用的钓钩是直的，就一根铁针，夯拉着，上面也没有鱼饵。不仅如此，他还把铁针吊在离水三尺高的地方。非得有条找死的鱼奋不顾身跳上来，才能撞在他这根针上。他一面钓鱼一面自言自语："不想活的鱼啊，你们愿意就上钩吧。"有一天，一个打柴的人走到姜太公钓鱼的地方，看到姜太公这么作秀，就对他说："老人家啊，像您这么钓鱼，一百年也钓不到一条。"姜太公说："对你说实话吧，我这不是在钓鱼，我是在钓王侯。"慢慢地，他的事儿就传到了周文王姬昌的耳朵里。周文王没想到自己的领地居然有这么怪的一个人，于是就派一位士兵去请他。姜太公一看来了一个小兵，理都不理，嘴里说个不停："钓啊钓，鱼儿不上钩，虾儿来胡闹。"这当兵的一看挺没趣儿的，就回去禀告周文王，说："他不理我。"周文王一看："哟，这架子挺大，那行，派个官去吧。"于是就派个官去请姜太公。姜太公依然不理，一边钓一边说："钓啊，钓啊，大鱼不上钩，小鱼别胡闹。"周文王得知此情之后，认为在那儿摆出这副钓鱼姿势的人一定是个人才，看来需要自己亲自去请。周文王就吃了三天素，洗澡换衣服，带了厚礼，亲自去请姜太公。姜太公终于钓到王侯了，这个姿势也不摆了，把鱼竿一收，很高兴，答应出山。但是，姜太公还提了一个要求，他对周文王说："大王，我老了，走不动，我可以为您效力，但您要用车拉我，您也别派别人，您得自己拉。"

> 姜太公钓鱼的目的，就是要引起周文王的注意，也是为了得到周文王的重用。现在周文王终于来请姜太公了，但姜太公为什么还要让周文王亲自拉车呢？关于周文王拉车又有一个怎样神奇的民间传说呢？

周文王一想，礼贤下士嘛，二话没说，拉起姜太公就走。以周文王的身份，什么时候干过这样的活？拉了一段路，实在拉不动了，就停下来，回头对坐在后面的姜太公讲："老人家，我实在太累了，今天只能拉您到这里，您看成不？"姜太公坐在后面说："我早就听说周文王敬重人才，果然如此啊。今天你拉了我八百步，好，我保你周朝八百年。"周文王一听急了："好，我接着拉。"姜太公哈哈一笑，说："算了大王，天意如此，再拉也没用。"后来，姜太公辅佐文王兴邦立国，还帮助文王的儿子武王灭了商朝，而自己也功成名就，被周武王封在齐地。他就是齐国的第一位国君。

周武王继承了其父周文王的遗志。他首先在孟津与诸侯结盟。他把那些对商纣王都很反感的诸侯请到一起来，并派出间谍打探商朝的情况，做好起兵的准备。商纣王已经觉察到周朝对自己形成的威胁太大，决定对周朝用兵，先下手为强。然而，正在他想用兵的时候，东夷公开反叛。不得已的情况下，商纣王只能派人先去全力扑灭东夷的反叛，这样一来造成西北面兵力空缺。而与此同时，商纣王又干了很多不仁义的事，已经到了众叛亲离的境地。于是，周武王就向诸侯发出号召："殷有重罪，不可不征伐。"由于时代久远，史料缺乏，周灭商的年份，很难推算得十分准确，但是，在许多学者的多方考证下，这个年份大致确定下来了，一般认为是公元前1046年，还有一种说法是公元前1057年。

周武王伐纣，灭了商朝，建立了周王朝。周王朝统治中国八百余年，是中国历史上历时最长的王朝。周王朝建立以后，也发生过许多重大的事件，其中最重要的是公元前841年的国人暴动，周厉王逃奔到彘，国政一度由大臣执掌。公元前841年就是中国历史上的"共和元年"，从此有了"共和"这个概念。也就是从这一年开始，中国历史进入了一个有明确纪年的时期，这不仅是中国人的骄傲，也是对世界文明史的巨大贡献。

公元前770年，发生了一件使周朝由盛转衰的大事，那么，周王朝是怎么开始衰落的？周王朝衰亡之后又会进入哪一个历史时期？

周王朝历时八百年，成为中国历史存在时间上最长久的王朝。那么，周王朝是怎么开始衰落的？周王朝东迁之后，史称东周，东周又分为春秋、战国。而此时周天子一统天下的地位，已经名存实亡，各诸侯国争相称霸，战火四起。这就是《三字经》中所说的："五霸强，七雄出。"那么，"五霸"是指哪几个人？他们是怎么成就霸业的呢？

公元前770年，发生了一件使周朝国运由盛转衰的大事，这就是《三字经》上讲的"周辙东，王纲坠，逞干戈，尚游说"。"周辙东"，指周朝的迁都事件。"王纲坠"，即王法废弛，周天子管不了了。"逞干戈"，指大家不再讲仁义道德了，而是凭武力、凭国力来说话，不太在乎过去所讲的一些伦理道德。"尚游说"，即大家非常推崇游说甚至空谈，社会风气发生了变化。"周辙东"这个重大事件就发生在周幽王统治时期。这一时期社会动荡不安，周朝的国力日渐衰竭，而周幽王恰恰又是一个荒淫无道的昏君。他重用的佞臣虢（guó）石父，听信奸臣的话，在这个时候加重盘剥百姓，激发了社会矛盾。这时周幽王对外又攻伐少数民族戎狄，结果是大败。

有些大臣实在不忍看到周朝的灭亡，纷纷拼死上谏。在这些上谏的大臣当中，有一个姓褒的大夫，屡次劝谏周幽王。周幽王根本不听，还下令把褒大夫关押起来。褒大夫的族人千方百计要把他救出来，后来听说周幽王好色，就拼命寻找美女，终于找到了一个非常漂亮的姑娘，便将她买下来，教她唱歌跳舞，给她起名褒姒（sì）。这个褒姑娘，被族人打扮好、培训好，献给了周幽王以替褒大夫赎罪。褒姒长得非常美丽，《东周列国志》是这么描写这位褒姑娘的："目秀眉清，唇红齿白，发挽乌云，指排削玉，有如花如月之容，倾国倾城之貌。"周幽王一见褒姒，惊为天人，非常宠爱，马上就立她为妃，并且立即把褒大夫放了。周幽王得到了褒姒以后，生活也就更加荒淫无度。但根据史书记载，褒姒"艳若桃李，冷若冰霜"。周幽王便荒唐地悬赏："普天下有谁能够使我爱妃破颜一笑的，立赏千金。"于是，奸臣虢石父就想了一个主意——"烽火戏诸侯"。

> 周幽王为博美人一笑，点燃了报警的烽火，各国诸侯以为敌人入侵，马上带兵赶来勤王，到了之后才发现受骗了。后来犬戎真的来进攻时，周幽王又点燃烽火，但各国诸侯却不再来了。结果周幽王被杀，都城变成一片废墟。犬戎撤走后，各诸侯立原太子宜臼为周平王，向东迁都洛阳，史称东周。

为什么说"王纲坠"呢？难道迁都就意味着国君没有号召力了吗？周王室东迁以后，究竟发生了哪些改变？

第一，在周平王东迁过程中，秦、晋、郑等诸侯国立了保卫王室的大功，他们帮助王室完成了东迁。为了酬谢他们，周平王就将原来直辖的一些中心区域，奖励给他们，这就使这些诸侯国骤然强大起来。

第二，王室东迁以后，许多原来的制度、规矩没有了，这就是孔子讲的"礼崩乐坏"。诸侯之间动不动干戈相见，弱肉强食，相互兼并，许多小国随之消失了。从数字上看，西周初年中原地带就有三千多个诸侯国，到了春秋就只剩下一千八百多个，春秋末年则剩下二十来个，而到了战国，大家经常提及的也就是战国七雄了。

第三，周室东迁以后，原先由周王室经营的文化事业、经济事业都不再掌握在王室手里，本来附属于王室的人失去了固定的职业，成了"自由职业者"。所谓"皮之不存，毛将焉附"，这些人丢了铁饭碗后，有的从事教育，有的经商，还有的则在各诸侯国之间游说，充当诸侯的工

具，同时，也伺机实现自己的政治抱负，最突出的就是诸子百家的纵横家。这便是所谓的"逞干戈，尚游说"。

> 周平王东迁之后，史称东周，此时的周朝虽然还存在，但周天子一统天下的地位已经名存实亡了。各诸侯国争相称霸，战火四起，于是出现了春秋五霸。"五霸"是指哪五霸呢？他们是怎么成长为霸主的？最后又落得怎样的结局呢？

东周时"王纲坠"，即周天子的话没人听了，周天子也担任不了诸侯之间纠纷的仲裁者了。于是就由诸侯之中最强大的人来当霸主，替代周天子的地位。他们以什么形式来体现霸主的地位呢？开会，当时叫会盟，就是霸主召集大家都来开会，共同商量一件事情，实际上是霸主说了算。一般来说春秋五霸为齐桓公、宋襄公、晋文公、秦穆公、楚庄王。

先说齐桓公。齐桓公，名小白，春秋时期齐国的国君（约公元前685年—公元前643年在位），姜太公的后代。齐桓公任用管仲进行改革。管仲这个人了不得，是一位了不起的财政专家、行政专家，孔子对他有很高的评价。当时齐桓公打出"尊王攘夷"的口号，"尊王"就是尊敬周天子，"攘夷"就是抵抗外族入侵。

齐桓公还有一位大臣叫易牙。这个易牙，通常被称为烹调行业的老祖宗。根据《管子·小称》的记载："夫易牙者，以调和事公。"有一天，易牙又去伺候齐桓公，易牙问："您还有什么味道没尝过啊？"齐桓公说："蒸小孩还没吃过啊。"这易牙回去就把自己的长子给蒸了，献给齐桓公。

齐桓公四十一年（公元前645年），大臣管仲病重，齐桓公就问他："群臣当中，谁能够替代您做相国？"管仲老练，他先试探国君的想法，所以回答："了解臣下的，没有人比得过君主啊。"齐桓公问："易牙如何？"管仲回答："杀掉孩子来讨好君主，不合人情，不可以。"管仲一下说到底了。齐桓公又问："开方如何？"管仲说："背弃亲人来讨好君主，不合人情，也不行。"齐桓公又问："竖刁如何？"管仲说："阉割自己来讨好君主，不合人情。"但管仲死后，齐桓公没有听管仲的话，重用的恰恰是这三个小人。

管仲十分清楚地看到，这种不择手段讨好君主的人，不仅个人品德恶劣，而且一定有着不可告人的卑鄙目的。这样的小人一旦执掌大权，那将是人民的灾难，国家的末日。但是，齐桓公被这三个小人奉承得非常舒服，并因此失去了判断力。

齐桓公四十三年（公元前643年），齐桓公病重。他的五个公子，各率党羽争位，都想接替霸主的位置。在内乱中齐桓公被易牙等三个奸贼禁闭在寝宫里，活活被饿死。民间说这是报应，他吃了易牙的儿子，最后又死在易牙手里。而他的五个儿子忙于争夺王位，直到六十七日后在老臣的建议下才发丧。

在诸侯争霸的春秋时期，要想取得霸主地位，第一个条件就是要国力强大。宋襄公仅仅帮助齐孝公登上王位，就觉得自己有资格来争霸主之位了，别的诸侯国会同意吗？

第二个霸主是宋襄公（约公元前650年—公元前637年在位），他的称霸在今天看来是一幕滑稽戏。宋国的实力，在当时实在说不上强大，但是宋襄公却抵抗不了成为霸主的诱惑。齐桓公去世以后，宋襄公也一心想当霸主。前面讲齐桓公五个儿子彼此打来打去，其中公子昭在争斗中失败，来投奔宋襄公。宋襄公一看机会来了，霸主的儿子来投靠了。当然他本身也比较仁义，但政治人物的内心是很复杂的，在这种复杂的心境下，宋襄公收留了公子昭。

公元前642年，也就是齐桓公死后的第一年，宋襄公就自作主张，通知各国诸侯说："大家一起把公子昭护送回齐国当国君，你们各国都要派兵相助，壮壮声威。"各路诸侯一听是宋襄公，没人理会，只有几个比宋国还小的国家，派了一些兵马来。宋襄公就带着这么一支联军杀向齐国。当时的齐国正乱着呢，看见宋襄公带着兵马杀过来，而且里边好像还有好多别国的兵马，也不知道虚实，一下子就软了。公子昭这个人在齐国很有口碑，大家也都同情他。所以，齐国的人把几个奸臣杀了，把易牙赶跑，在当时的国都临淄迎接公子昭回国。公子昭当上了国君，这就是齐孝公。宋襄公由此认为，齐孝公是靠着他宋襄公，才当上齐国国君的，他自以为做了一件惊天动地的大事，到了有足够的威望来当霸主的时候，于是他也想召集诸侯把自己盟主的地位给确定下来。宋襄公就派使者先去楚国和齐国把会盟诸侯的事情先跟它们商量一下，先取得它们的支持。

当时楚国的国君楚成王，接到宋襄公送来的信，觉得太可笑了，说："世界上还有宋襄公这样不自量力的人啊？"本来他不想去，但是他身边有个厉害的军师，就建议他参加这个会，正好利用这个机会进军中原确定霸主地位。宋襄公十二年（公元前639年），楚、陈、蔡、许、曹、郑六国君都来了，只有齐孝公和鲁国国君没来。开会的时候，宋襄公首先发言说："我要模仿齐桓公的做法，订立盟约，共同辅佐王室。"楚成王心怀鬼胎，他说："没错，但是谁是盟主啊？谁是霸主啊？"宋襄公一听，心想：你还不把我当霸主啊？这会是我召开的啊。宋襄公就说："这好办，有功论功，无功论爵。"宋襄公认为自己有功，齐孝公是他送回去的，他把齐国的内乱解决了。退一步讲，即使认为他宋襄公没功，那么没功论爵吧，谁爵位高谁当盟主。楚成王明白，就说："那行啊，楚国早就称王了，你宋襄公是公啊，王爵在上头，你比我低一等，我看我来当霸主吧。"说完楚成王一下就坐在霸主位置上。宋襄公一看，这不瞎闹嘛，他涵养再好也忍不住，就拍桌子大骂："我的公爵是周天子封的，普天之下谁不承认啊？而你这个王是你们楚国自己封的，你有什么资格做盟主啊？"楚成王立即反击说："你莫名其妙，你说我这个王爵是假的，你把我请来干什么？这不是你请我来开会的吗？"宋襄公说："楚国本来是子爵，你今天假王压真公！"就在这个时候，只见楚成王带来的随从脱去长袍，里面全部是铠甲。参会人员猛然惊醒：楚成王是准备好了来的！

宋襄公高举仁义的大旗，真的能打败楚军吗？历史上的宋楚之战，到底发生了什么可笑的事情？而国力弱小，又始终没有能够真正成为霸主的宋襄公，为什么能够被列入春秋五霸呢？

在场的诸侯一看楚成王带着兵来了，都逃掉了。楚成王下令把宋襄公抓起来，然后，指挥五百乘大军浩浩荡荡杀向宋国。幸好宋国那时防备还比较充分，楚成王没能灭掉宋国，便率兵撤退，而且把宋襄公也顺便带回楚国去了。直到几个月后，在齐、鲁等国的调解下，他才把宋襄公放回来。从此，宋襄公就对楚国怀恨在心，一直想伺机报复。宋襄公听说郑国实际上是支持楚国做霸主的，因郑国很小，国力不强，宋襄公便想把郑国灭了以出口怒气。公元前638年的夏天，宋襄公不顾国内反对，出兵伐郑。郑国向楚国求救，楚成王便直接发兵杀向宋国。宋襄公这下慌了，这边郑国还没攻下来，自己老巢就快被楚成王打进来了，所以赶紧撤军。待宋军在泓水边扎好营盘，这个时候楚国的兵马也到了对岸。历史上最富戏剧性的一幕上演了。

宋襄公旁边的一个随从跟宋襄公讲："楚军只不过是为了救郑国，现在我们已经从郑国撤退了，咱们又打不过楚国，别打了，跟楚国讲和。"宋襄公说："楚国虽然人强马壮，可是楚国不讲仁义啊，说好开会不带兵的，他们却不守信用。我们虽然兵力单薄，可是我们宋国是讲仁义的，不义之兵怎么能打得过仁义之师呢？"所以宋襄公叫人特意做了一面大旗，上面绣着两个字：仁义。宋国打算举着这面大旗跟楚国决战。

楚兵开始过河，宋襄公率军在河对岸等着，宋襄公身边有个大臣建议："楚军白日渡河，等他们渡到一半的时候，我们就杀过去，一定能够取胜。"宋襄公回头非常庄严地指着那面仁义大旗说："人家还在渡河你就打人家？这算什么仁义之师啊？我们等他们渡完河再堂堂正正地打。"楚军渡完河在布阵时，这个大臣又劝宋襄公："主公啊，他们河都渡过来了，现在阵脚没稳，我们应该冲锋，把他们击垮。"宋襄公又庄严地指着仁义大旗说："你怎么老出歪主意，人家阵还没布你就去打，这叫仁义之师吗？"宋襄公的话刚说完，楚军已经布好阵，并一路杀过来。而宋襄公的确非常勇敢，他第一个带头往前冲，但是他这一冲直接冲到楚军的阵中间去了。宋襄公是个讲仁义的人，平时对下属不错，所以下属拼命把他救出来。而那面大旗也不知道丢到哪儿去了。宋襄公一瘸一拐地在那里唠叨："讲仁义的军队就是要以德服人，我奉仁义打仗，不能乘人之危。"

虽然宋襄公是一个堂吉诃德式的人物，是一个愚得可笑的人物，但是又的确愚得让人同情。公元前637年，受伤大败的宋襄公伤口感染，结束了他悲壮的一生。在春秋乱世中，他是那种不切实际地空谈古时君子风度的人，为了恪守迂腐的信条，在政治军事斗争中经常处于被动，把仁义滥用在敌国甚至敌军的身上，以至于他争霸的过程其实是一个不断受辱的过程。但是，也正是因为他的讲信用、讲仁义，才使弱小的自己名列春秋五霸的第二位。

> 重耳经历了十九年的流亡生活，颠沛流离、寄人篱下。但是在这种近乎逃难式的生活中，这个贵族公子也得到了锻炼，坚定了他复国图霸的心志。后来，重耳在秦穆公的帮助下，重新回到晋国当上了国君，并最终成为霸主。

春秋五霸中每一位霸主都有自己独特的故事，第三位就是非常有名的晋文公。晋文公（公元前697年—公元前628年），姓姬，名重耳，公元年636年至公元前628年在位。

当时，晋文公的父亲晋献公宠爱骊姬，要把国君之位传给她的儿子奚齐，为此设计逼死太子申生。之后，还要追杀重耳，重耳只好流亡国外。公元前644年，重耳听说齐桓公的相国管仲去世了，就跑到齐国想为齐国效劳。当然，他也希望能够得到齐国的帮助，或者是保护。到了齐国以后，生活很安逸，所以，他也就不怎么打算再有什么作为了。齐桓公送了他二十辆马车，还将自己的宗室之女齐姜嫁给了他。

齐姜是个很了不得的女子，她认为嫁给了重耳，那就是晋国的人，她的夫君不应该躲在齐国享受，而应该回晋国去有所作为。齐姜劝告重耳赶快想办法离开齐国，重耳却不肯。于是齐姜便联合他手下的一些希望他回国的人，把他灌醉后抬到马车上，离开齐国。重耳醒过来发现自己已经离开齐国了，大怒，便抓起一把长矛，追着他的手下要刺。

重耳离开齐国后，先到了曹国。曹国国君听说重耳的肋骨是连成一片的，于是趁重耳洗澡的时候偷看重耳的身体。重耳察觉后大怒，因此对曹国国君很反感。曹国国君的行为，让重耳感到无比羞辱，同时也让他尝到了寄人篱下的辛酸。重耳毅然决然地离开了曹国，继续流亡生涯。

后来他到了楚国，当时的楚成王，虽然也很热情地接待了他，但却问重耳："准备将来如何报答楚国？"重耳回答："谢谢您款待我，我将来一定会报答楚国，如果有一天晋国和楚国之间开战的话，我会命令我的军队退避三舍（即九十里）。"这就是成语"退避三舍"的来源。在落难的时候，重耳依然不卑不亢。当时，楚王身边有个大夫，就建议把重耳给杀了，因为这个人将来必定是楚国的大患。但是楚成王没有动手，让重耳走了。

最后，重耳到了秦国。秦穆公也很热情地接待了他，并将自己的女儿怀嬴许配给他。重耳在秦穆公的帮助下，重新回到晋国当上了国君，成为一代霸主。

中国民间的寒食节就与晋文公有关，那么，这个节日的由来是什么呢？

寒食节准确地说是因介子推而来。介子推是重耳的大臣。当时，重耳逃到了卫国，卫国不敢收留，于是他逃往齐国。但是在从卫国去齐国的路上他断粮了，只好以野菜充饥。重耳是个公子哥儿，他哪里咽得下野菜啊！这时候，介子推就割下自己大腿上的一块肉，煮成一碗肉汤献

给重耳，并且骗他说这是麻雀汤。后来，当重耳得知介子推对自己这般大义大忠时，大受感动，并且承诺，将来自己当了国君，一定重重报答介子推。

后来他果然当了国君，成了历史上赫赫有名的春秋一霸。当年跟他一起逃难的人，都受到了封赏，但是，独独忘了介子推。介子推也不愿夸功争宠，就带着自己的老母亲躲到了山里。当时有很多人为介子推鸣不平，写了诗歌，到处传唱，来讥讽晋文公忘恩负义。这些诗歌很快流传开来，最终也传进了晋文公的耳朵里。晋文公觉得很内疚，就亲自带着大臣，到介子推藏身的绵山去迎他。但是介子推拒绝出山。晋文公手下便出了一个主意——放火烧山，三面点火，留下一方，大火起时介子推便会出来。大火烧了三天三夜，终究未见介子推下山。晋文公便带着属下到山上察看，发现介子推和他的老母亲抱着一棵大树已被活活地烧死了。晋文公非常悲痛，就下令那一天不许点火，不许煮饭，只能吃冷食，所以被称为寒食节。

> 第四位霸主便是晋文公的岳父秦穆公。秦穆公作为一代霸主，最大的特点就是招贤纳士、任人唯贤，对于人才倍加爱惜。那么，秦穆公是怎样渴求人才的？历史上又流传着哪些关于秦穆公求贤的故事呢？

有两个故事体现出秦穆公求贤若渴。

第一个故事叫"羊皮换贤"。公元前655年，秦穆公派了一个叫絷（zhí）的公子，到晋国去求婚。晋献公就把自己的大女儿许配给了秦穆公，同时把百里奚作为陪嫁的奴仆之一送往秦国。百里奚是虞国的亡国大夫，晋献公本来想重用他，百里奚却宁死不从，所以就沦为奴隶。百里奚不甘心做奴仆，就在返秦的路上逃跑了。秦穆公手下有一个从晋国投奔过来的人了解百里奚，马上就跟秦穆公讲："谁跑都可以，这个人跑了对秦国是个损失，他可是个人才。"秦穆公一听是人才，就下定决心一定要找回百里奚。而百里奚一路乱跑，不久被楚人捉去，成为楚国的奴隶。秦穆公费尽心机，打听到百里奚没死，现在在楚国，就准备了一份厚礼，去请求楚成王把百里奚放回来。秦穆公手下有个大臣就赶快进言，说："主公万万使不得。楚成王还没有意识到百里奚是个有用的人才，您一下弄了那么一份厚礼去换一个奴隶，明摆着提醒楚成王这个人很值钱。楚成王还会把他放回来？各国国君都在网罗人才啊。"秦穆公一听，觉得有道理，就问这个大臣应该怎么办。大臣说："用五张羊皮换。"当时奴隶的价格就是五张羊皮，秦穆公按照市场价将五张羊皮送给楚成王，便把百里奚换回来了。百里奚被押回秦国后，被秦穆公拜为上大夫。因此，"羊皮换贤"成为秦穆公渴求人才的千古佳话。

第二个故事叫"伯乐相马"。春秋时期各国国君都在招兵买马、招贤纳士，以增强国力。而在那个时代有一种人才最被看重，那就是相马的高手。因为只有很好地改良马种，才能提高国家的作战能力。但是，千里马常有，而伯乐不常有。如今，伯乐年事已高，不能再帮助秦穆公相马了，所以秦穆公希望伯乐能给他推荐一个人，那么，伯乐会向他推荐谁呢？有一天秦穆公跟伯乐聊天，说："伯乐先生，您现在年纪大了，您的子孙能不能接您的班呢？"伯乐说："不行，我的子孙能相马，但是不一定能找到最好的马。我向您推荐一个人，他叫九方皋。"秦穆公召见九方皋，并命令他出去相马。九方皋三个月以后回来禀告说："好马找到了。"秦穆公说："在哪儿啊？"九方皋说："在沙丘。"秦穆公就问："什么样的马啊？"九方皋说："黄色的母马。"秦穆公一听大喜，派人去沙丘一看，却是一匹黑色的公马。秦穆公当时就暴怒了，他跟伯乐说："您老人家真够厉害，您说推荐一个能相马的，连公母都分不清，连颜色也分不清，他能相什么马啊？"伯乐答道："九方皋相马居然到这个境界了，那是千万个我也比不上啊。九方皋看中的是马内在的素质，而不在乎它的颜色、外貌和雌雄。"后来一试，这匹马的确是匹天下无双的好马。

楚庄王是春秋五霸中的最后一位霸主。而我们经常会用到的一个成语"一鸣惊人"，说的就是这位楚庄王。但是，他却是一个贪玩的君主，那么，他是怎样当上霸主的呢？"一鸣惊人"的典故，说的又是什么故事呢？

楚庄王当国君已经三年了，但是整天打猎、喝酒，不理政事。不仅如此，他还在宫殿门口挂起一个大牌子，上面写着六个字："进谏者，杀毋赦。"很多大夫实在看不下去，其中有一位叫伍举的大夫就来拜见楚庄王。楚庄王左手举着一个酒杯，口中嚼着鹿肉，醉醺醺地在观赏歌舞，一看到伍举就说："你是来喝酒还是来看跳舞？"伍举说："我来是因为有人让我猜个谜，我猜不出来，我来向大王您请教。"楚庄王醉醺醺地说："你说来我听听。"伍举说："楚京有大鸟，栖在朝堂上，历时三年整，不鸣亦不翔。令人好难解，到底为哪桩？"楚庄王其实是个很明白的人，当时他觉得自己还没有到成就霸业的时机，回答说："这不是一只普通的鸟，这只鸟三年不飞，一飞冲天；三年不鸣，一鸣惊人。"这就是两个成语"一飞冲天"和"一鸣惊人"的来源。伍举大夫一听心里有底了，他知道国君还在韬光养晦，不是一个昏君，这只鸟是要鸣的，这只鸟是要飞的。

过了几个月，哪知道楚庄王这只大鸟还是不鸣也不飞，照常打猎、喝酒，天天泡在歌舞中。又有一位大夫忍不住去劝谏。楚王一听，大怒，说："你这老头真是想找死，我早就说过，进谏者，杀毋赦，你明知故犯。"这位大夫非常痛切地跟楚庄王讲："我是傻，我明知死也来，但是大王您比我更傻，倘若您将我杀了，我死后还能够得到忠臣的美名，而大王您如果再执迷不悟，楚国早晚要灭亡，而您就是亡国之君，您不是比我更傻吗？"楚庄王把酒杯一扔，站起来说："你和以前几位大夫说的都是忠言，你们看错我了，我一定照你们说的办。"他当场下令解散乐队舞女，从此干出一番大事业，使自己成为春秋五霸之一。

第十九章

嬴①秦氏，始兼并，传②二世，楚③汉④争。

① 嬴（yíng）：秦国国君的姓氏。
② 传：传承。
③ 楚：西楚霸王项羽。
④ 汉：汉王刘邦。

经过春秋战国时期的兼并战争，诸侯国的数量大大减少。到了公元前249年，逐渐形成了七个最有实力的诸侯国，而其中地处西北的秦国异军突起，横扫六国，完成了统一大业。从此，中国历史进入了一个中央集权的帝制时代，秦始皇也就成为了中国历史上第一位皇帝。秦始皇完成统一大业后，采取了哪些巩固措施呢？为什么后人对他有着诸多的负面评价？

战国时期的开始是由几件很不寻常的事情作为标志的。这些事情并没有烽火连天，也没有干戈四起，但是，在中国历史上，它们却成了一个时代开始的标记。

第一件事情，是所谓的"三家分晋"，也就是晋国被韩、赵、魏三家给分掉了。周威烈王二十三年（公元前403年），韩、赵、魏三家派使者到洛邑（今天的洛阳），去见周威烈王，要求周天子把他们三家也封为诸侯。诸侯都是周天子封的，哪有自己去强烈要求当诸侯的？周威烈王也很无奈，因为这三家已经造成既成事实，完全控制了晋国，不如做个顺水人情。从此，晋国就变成了三个国家，就是后来战国七雄里面的韩、赵、魏。司马光在《资治通鉴》中记载了这么一件事情："周威烈王二十三年，初命晋大夫魏斯、赵籍、韩虔为诸侯……"司马光就把这一事件作为春秋和战国的分水岭。

第二件事情，是田氏代齐。春秋末年，齐国的贵族田氏逐渐控制齐国政权，并最终取代姜氏成为齐国的国君。田氏的家族里有个人叫田桓子，善于笼络人心。老百姓来找他借粮食，他用大斗出借，还的时候用小斗，让老百姓普遍得到了恩惠，民心就被他笼络过去了。于是大量的人就投奔到田氏门下，田氏的势力越来越强大。公元前386年，周安王正式册封田和为齐侯，称为齐太公。公元前 379 年，田氏在齐国的统治地位彻底确立。换句话说，周朝的分封制度彻底被破坏。这也充分表明，周王朝已经沦落成一个无足轻重的小王国，谁都不把周天子当回事了。

战国七雄是指：秦、楚、齐、燕、韩、魏、赵。战国早期，中国历史上著名的改革家李悝（kuī）登上了历史舞台。李悝变法，使魏国首先强大起来，并夺取了大量的土地。这引起周围的韩国、赵国的不安，于是他们就与齐国、秦国结盟。公元前 362 年魏国败给了秦国，失去了战略要地河西。第二年，魏国为躲避秦国兵锋，迁都大梁（今天的开封）。公元前 340 年，魏国再次败给了赵国、韩国、齐国，从此沦为一个二等国家。战国七雄里第一个衰弱下去的是魏国。

公元前 356 年，中国历史上最著名的改革家商鞅登上了历史舞台，并开始在秦国变法。商鞅变法是战国时代各诸侯国变法最彻底的一次，他以农富国，以战强国，使秦国迅速地从一个无足轻重的诸侯国发展成为一个强国。

当时齐国也很强大，形成了秦齐对峙的局面。这就引发了当时各国政客的分派，主要分成了两派：一派叫连横派，主要主张就是侍奉秦国，以求得自保；另一派叫合纵派，就是大家联合起来对付秦国。这种对峙导致了一百多年的连横合纵战争。在这个战争过程中，西北的秦国一直占据优势。到了公元前 241 年，最后一次合众攻秦失败，也就是说对抗秦国的政策经过一百多年的战争彻底破灭。之后，又经过二十年的战争，秦国灭掉了东方六国，也扫荡了那些无足轻重的小国，中国第一次在中央集权的专制政府下完成了统一。

谈到统一，我们当然要提到秦始皇。秦始皇（公元前 259 年—公元前 210 年），姓嬴，名政，出生在赵国，公元前 246 年继位。从秦孝公任用商鞅开始变法，到秦始皇已经六代人。在这六代人当中，秦国积聚了强大的实力。秦王嬴政亲政以后，继续坚持"远交近攻"之策，从公元前 230 年到公元前 221 年，在不到十年的时间里一举灭掉了六国。先后于秦始皇十七年灭韩，十九年灭赵，二十二年灭魏，二十四年灭楚，二十五年灭燕，二十六年灭齐，最终完成了统一大业。这个统一绝不仅仅停留在军事层面，应该说从根本上影响了中国的历史进程。

秦始皇对于文字、货币、度量衡等的统一，将一个多民族的国家，天然地融合到一起，这不仅有利于中央集权的加强，而且对后世影响深远。那么，秦始皇为巩固统一，都采取了哪些措施呢？

第一，书同文。殷商以后，文字渐渐普及，作为官方文字的金文（金文是指刻在铜器上或者铸在铜器上的铭文），已经比较统一了。但是，春秋战国时期的民间文字仍存在着巨大的差异，秦始皇就下令让李斯等人进行文字的整理。李斯就以战国时期秦国人所通用的大篆作为基础，吸取了齐、鲁等国通行的蝌蚪文的优点（蝌蚪文的特点是笔画比较简单），创造出一种形态上比较均匀整齐、笔画比较简略的新文字，叫秦篆，也就是我们今天讲的小篆，作为官方规范文字，同时下令废除其他的异体字。

据说，在当时有个叫程邈的人，因为犯罪被关在监狱里。程邈坐牢十年，一直对字体的变形进行研究和总结。他的举动受到了秦始皇的赏识，秦始皇就把他释放出来，还提拔为御史，命令他定书。于是他就创造出一种新字体，叫隶书。隶书打破了古代汉字的传统，奠定了楷书的基础，大大提高了书写的效率。

第二，度同制，即统一度量衡。战国时期各国的度量衡和货币制度是很不一致的，这为生产和生活带来了很大麻烦。秦统一后，规定货币分为金和铜两种：金称为上币，是地位比较高的货币，主要是供秦始皇赏赐臣下用的；民间通用的则是铜钱，铜钱定型为圆形方孔，也就是后来所说的"孔方兄"。秦始皇以秦国的度量衡为单位，淘汰掉与此不同的各种各样的度量衡单位。

第三，车同轨。战国时马车的形制是不一样的，轴的宽度也是不一样的，这辆马车到了另一个国家就不能跑了。秦统一后，规定车宽六尺，一车就可以通行全国，因为全国的道路都按照这个来修，这就很方便了。

第四，行同伦。就是要端正风俗，建立起统一的伦理道德和行为规范。举个例子，公元前 219 年，秦始皇统一后的第三年来到泰山脚下。这里原来是齐国的地盘，齐国被誉为礼仪之邦。秦始皇便与儒生商议，刻石颂秦德，其中就有："贵贱分明，男女礼顺，慎遵职事。昭隔内外，靡不清净，施于后嗣。"意思是，贵贱分明，男女都顺应礼的要求，谨慎遵照职事的要求去做。宫廷内外秩序井然，相安无事，可赐恩惠于后代。

除此之外，秦始皇还推行郡县制，修筑长城，把之前燕国、赵国的长城连接成一个整体。

当然，这个"千古一帝"也做了很多后来受到批评的事情，比如"焚书坑儒"；大兴土木，造了好多宫殿，生活极度的奢靡。所以后代对秦始皇有好多负面评价。总之，对秦始皇的评价分歧很大。

秦始皇受到的批判和赞颂一样多，但无论是褒还是贬，都不得不承认，这是一位了不起的皇帝，这是一个有影响力的人物。也就是这样一位君主，给自己确定了一个亘古未有的称号——"皇帝"。那么，秦始皇为什么会选择这两个字作为头衔呢？"皇帝"这两个字究竟代表着什么样的含义呢？

天下初定，秦王嬴政第一件事情就是给自己确定一个称号。在春秋战国时期，各国的君主都称为君或者王。战国后期，有些诸侯国开始用帝的称号，不过这个称号在当时不流行。秦王嬴政统一天下后，觉得称号得改一改，李斯就说，秦王的功绩"自上古以来未尝有，五帝所不能及"，而古有天皇、地皇、泰皇，泰皇最贵，刚开始的时候是建议用泰皇作为称号。但是秦始皇不满意，他认为自己"德兼三皇，功过五帝"，决定兼采"帝"号，称为"皇帝"。秦始皇是中国历史上第一个皇帝，所以他自称为"始皇帝"。他规定，自己的帝位传给子孙的时候，后面就称二世皇帝、三世皇帝，他希望自己的秦帝国能够万代不绝。

为了使皇帝的地位神圣化，秦始皇采取了好多尊君的措施，比如自称为朕。秦始皇之前没有哪个帝王称朕的，秦始皇之后，朕只有皇帝才能用，别人谁都不能用。

他还规定要严格避讳，就是在写文章的时候不能提到皇帝的名字，如果犯忌，就要灭族。而且提到皇帝和始皇帝的时候，要提行顶格，这个到清朝还是这样。

另外，从秦始皇开始，只有皇帝使用的、用玉雕刻的大印才能称玺，臣民的只能称"印"，且不能用玉雕刻。

这些规定都为了突出天子的特殊地位，强调皇帝独一无二，强化皇权在老百姓心目中的神秘感。秦始皇梦想用这种手段让他的"家天下"可以世世代代传下去。但是秦始皇过于迷信暴力了，他对自己的军事力量太自信，又整日生活在阿谀奉承当中，最终为他的秦帝国埋下了走向毁灭的种子。

公元前210年，秦始皇在巡游途中去世。继位的秦二世胡亥是在赵高等阴谋小人的协助下夺取帝位的，他上台以后杀戮亲属大臣，严酷压迫百姓。就在秦始皇死后的第二年，即公元前209年，陈胜、吴广揭竿而起，这就是中国历史上第一次大规模的农民起义。在陈胜、吴广的影响下，秦朝遍地烽火，不仅是农民起义，被灭掉的东方六国的旧部族也起来反抗，其中最有力量的就是由楚国的贵族后代项羽和平民刘邦率领的军队。中国历史就此进入了《三字经》所讲的"传二世，楚汉争"的阶段。

秦始皇统治后期，人们不堪暴政，揭竿而起，各地义军风起云涌，其中项羽和刘邦的军队逐渐成为灭秦的两大主力。秦朝灭亡后，这两支昔日的友军很快变成了争夺天下的对手。一直处于劣势的刘邦是怎样扭转被动局面的？对于胜利者刘邦和失败者项羽，后人又有什么样的评说？

秦始皇原来打算把皇帝的位子传到万世，但实际上，正如《三字经》讲的那样，他只传了两代。在他去世后不久，就爆发了陈胜、吴广领导的农民起义。反秦斗争发展到后来，形成两支最主要的力量，就是《三字经》讲的"楚汉争"，一支是由楚国贵族的后裔项羽率领的楚军，一支是由平民刘邦率领的汉军。楚汉相争的故事，长久保留在我们的文化记忆中。且不说京剧《霸王别姬》和其他的戏剧形式，单看中国象棋的棋盘就知道了，楚河汉界就是楚汉相争留在民族记忆当中的一个痕迹。

公元前208年至公元前207年，项羽以少胜多，在钜鹿（今河北平乡县西南）大败秦朝主力军，并迫使二十万秦军投降，秦朝名存实亡。公元前207年十月，刘邦则率领他的军队攻破了秦朝的国都咸阳，宣告了秦朝的覆灭。

在揭竿而起的抗秦大军中，项羽和刘邦的军队逐渐成为两支主力，最终推翻了秦朝。为了争夺天下，两支友军很快就变成了敌人，历时四年多的楚汉战争拉开了序幕。论实力，刘邦绝对无法跟项羽相比，可是刘邦到底是怎样扭转了被动局面呢？

灭秦战争主要都是项羽打的，但国都却是刘邦攻下的，所以项羽大为不平。公元前207年十二月，项羽率诸侯军四十万入关，意图消灭刘邦军。当时只有十万人的刘邦自知不敌项羽，于是还军灞上，并亲赴鸿门谢罪，示以诚意。鸿门宴以后，项羽正式率兵进入咸阳，自立为西楚霸王，封刘邦为汉王。刘邦的封地就在巴、蜀、汉中。与项羽的任人唯亲相反，刘邦非常注意招揽人才，他采纳萧何的策略，将封地治理得井井有条，成为非常稳固的后方根据地。公元前205年，刘邦趁项羽在齐国忙着打仗的时候，攻下了彭城，把项羽的老窝端了。项羽一看老家被打了，只能放下齐国赶来跟刘邦作战，结果刘邦大败。史书记载掉在河里淹死的汉军不计其数，连刘邦的老父亲和夫人都被项羽俘虏了。刘邦只能率军退到荥阳（今河南荥阳一带），收拾残兵。刘邦利用荥阳、成皋（今河南汜水镇）的有利地形，分兵扼守险要，以争取时间，发展自身实力。此后一段时间，楚汉双方在荥阳、成皋一线相持，进行了长时间的拉锯战。

公元前203年，项羽在东边打了胜仗，可是成皋失守，所以又率兵往西对付刘邦。楚汉两军在荥阳附近又开始对峙。楚军的后勤力量不足，而刘邦有萧何和陈平组织后勤。日子一长，楚军的军粮不够了，刘邦又躲着不打，项羽实在没招，就把刘邦的老父亲绑起来，搁在一个杀猪的案子上，说："刘邦如果不投降，就把你爹给宰了，剁了煮成肉羹吃。"这个时候，刘邦滚刀肉的本事就露出来了，说："行，反正我跟你曾经结拜为兄弟，那么我爹也就是你爹了，你如果非要把咱们的爹杀了吃了，那请分我一杯羹。"这就是"分一杯羹"说法的来源。项羽一看，这也激怒不了刘邦，就派使者传话："现在天下大乱，生灵涂炭，实际上都是因为咱们俩，咱们别打了，单独比个高下，谁输谁认命，这样老百姓可以有一个太平。"刘邦的滚刀肉接着滚，回答项羽说："我可以跟你斗智，不跟你比力气。"项羽实在没招了，就把刘邦叫到阵前对骂。刘邦口舌比较厉害，他不停地数落项羽的罪状，说项羽屠杀百姓、不讲信义。项羽说不过他，急了，就下令放箭，有一箭射中了刘邦的胸口。那刘邦真是一代枭雄，一看自己胸口被箭射中，怕手下的将士看见军心涣散，就破口大骂："小子，只是脚指头被你射了一箭！"汉军的将士觉得刘邦没有什么大碍，大家并不慌乱，只是把刘邦扶进了营帐。这时，张良这位非常著名的谋士，怕军心动摇，就劝刘邦再爬起来，到军营里面巡视一遍。汉军一看，原来真的射在脚指头上，还能够出来溜达，就都安下心了。

项羽听说刘邦没死，大失所望。正在这个时候，韩信在齐国大败楚军，彭越又截断了楚军仅有的运粮通道。刘邦又显示出他老谋深算的一面，因为他觉得还是打不过项羽，就派人跟项羽讲和，条件是把自己的老父亲和夫人吕雉放回来，楚汉双方以鸿沟为界。鸿沟在今天河南荥阳那一带，鸿沟以东为楚国，以西为汉国，这就是楚河汉界的来源。项羽一看，也没办法，就把他们放回去了，自己带着兵马回到彭城。实际上，刘邦的讲和只不过是一个缓兵之计。刘邦用了陈平、张良的计策，不出两个月便组织了韩信、彭越、英布三路人马会合，由韩信统领，追击项羽，楚汉战争的决战就在这个时候爆发了。公元前203年年底，楚汉重新开战，此时，刘邦兵力已十分强大，他率军将项羽重重包围在垓下（今安徽灵璧县东南）。弹尽粮绝的项羽在这个时候已经没有什么办法。此时，刘邦和他的智囊团又想出一绝招：他们把汉军里楚地的将士组织起来，用楚地方言的曲调唱歌。项羽及其兵团一听，四面楚歌，军心涣散，力量迅速瓦解。突出重围的项羽来到乌江边，自觉无颜面对江东父老，遂拔剑自刎。楚汉之争以刘邦的胜利告终，公元前202年二月，刘邦正式称帝，建立了西汉王朝。西汉加上后来的东汉，汉王朝一共统治中国四百零七年。

> 经过四年的楚汉战争，刘邦终于打败了项羽，建立了汉朝。虽然有句话叫"成者王侯败者贼"，但后世的人们，却给予了失败者项羽更多的赞赏和同情，这是为什么呢？

实际上，项羽在各方面都占有明显优势。当时流传着一句话，"楚虽三户，亡秦必楚"。楚国哪怕就剩下三户人家，最后灭亡秦朝的一定是楚国，可见楚国人的强悍，也足以证明楚国人与秦朝的血仇之深。秦末以后的很多人以楚为正统，陈胜、吴广的政权就叫张楚，就是发扬光大楚国的意思。项羽作为赫赫有名的楚国贵族，他的号召力是一介平民的刘邦难以比拟的，所以他在早期能够积聚起强大的军事和物质力量。但是，项羽最大的毛病是刚愎自用，优柔寡断，不能与人推心置腹，无法有效地调动和发挥自己的全部力量。而刘邦就不同，刘邦在得到天下以后，曾经有过一段总结："我之所以能够打下天下，完全在于我会用人：运筹帷幄，决胜千里，我不如张良；治理国家、安抚百姓，运输军粮，我不如萧何；统帅大军，攻城掠地，我不如韩信。"张良、萧何、韩信就是所谓的"汉初三杰"，也正是因为他们的协助，刘邦才开创了汉朝的基业。项羽是一个贵族，刘邦只是一个平民，项羽和刘邦是完全不同的两种人。项羽力拔山河，英勇无敌。刘邦论武不行，文化水平也不高。项羽讲义气，重感情，爱憎分明。刘邦贪婪好色，反复无常，狡黠多疑。《史记》伟大，就是因为司马迁的眼光独到、史实从真、史德高尚。司马迁写《史记》的时候已经是汉武帝时代了，而他依然将项羽写成末路英雄，将刘邦写成伪君子，且堂而皇之地为项羽立传，写成《项羽本纪》，并将《项羽本纪》放在《高祖本纪》之前。所以，在司马迁的心目当中，刘邦不如项羽。项羽平生战无不胜，却输了这关键一役。刘邦屡战屡败，却赢了这么一次，就因为最后的这一次决战，历史改观了。刘邦建立汉朝，在中国历史上不仅仅是开启了一个朝代，最主要的是，传达出一种信息，平民也可以打天下做皇帝。中国经过一个短暂的分崩离析的战乱状况，又一次回到了大一统的时代。那么，接下来《三字经》又如何讲述汉朝呢？请看下一章。

第二十章

高祖兴[1]，汉业建[2]，至孝平[3]，王莽篡[4][5]。

光武兴[6]，为东汉，四百年，终于献[7]。

[1] 高祖：西汉王朝的创建者刘邦，公元前206年—公元前195年在位。

[2] 兴：兴起。

[3] 业：基业。

[4] 孝平：汉平帝，西汉的末代皇帝刘衎（kàn），公元1年—公元5年在位。

[5] 篡：篡位。

[6] 光武：汉光武帝，东汉王朝的创建者刘秀，公元25年—公元57年在位。

[7] 献：汉献帝，东汉的末代皇帝刘协，公元190年—公元220年在位。

汉朝建立后，经过"文景之治"的休养生息，国力逐渐恢复，又经过汉武帝的开疆拓土、强力治国，汉朝走向鼎盛。但在繁荣的背后，朝廷却危机四伏。一个曾经得到皇室器重、得到天下百姓赞誉的"圣人"王莽，原来却是扼杀汉朝江山的伪君子。他究竟是一个什么样的人？他为什么能欺骗那么多人？在西汉灭亡不久，汉室得以恢复，史称"东汉"。那么，又是谁抢回了这个被夺走了的刘家天下？大汉王朝最终又是如何消失的呢？

刘邦在位七八年就驾崩了。太子刘盈继位（公元前 194 年—公元前 188 年在位），这就是汉惠帝，也是汉朝的第二位皇帝，但他也是个短命皇帝，仅仅在位七年就去世了。此后，吕后就重用自己娘家的人，几乎把汉朝变成了吕姓的天下。公元前 180 年，吕后去世，太尉周勃等一批追随刘邦的忠臣，把吕氏一门诛杀殆尽，恢复了刘氏政权。汉初二十年，皇室内部混乱不堪，虽然说不打仗了，但是社会并没有什么发展。真正给汉朝奠定了四百年基业的，是刘邦的小儿子——汉文帝刘恒。刘恒在吕氏集团覆灭以后继位，他宽厚、仁慈、节俭，是中国历史上的好皇帝。刘恒和他的儿子刘启，也就是汉景帝，开创了鼎鼎大名的"文景之治"。"文景之治"使社会、经济得到了发展，汉朝因此恢复了国力。

接下来这位皇帝更了不得，那就是汉武帝刘彻。汉武帝外除匈奴，内尊儒术。所谓"罢黜百家，独尊儒术"，就是利用儒家的学术学说来统治中国。这里的"儒术"是指儒学和法术，而法术指原来法家那套传统的严刑峻法和黄老之术的结合。所以，儒术的成分很复杂，绝对不是儒家学术的意思。汉武帝的这个政策对中国历史的影响非常大，其中的是非功过任后人评说，褒贬不一。

汉朝最突出的问题是外戚和宦官。我们不禁会问，外戚和宦官每个朝代都有，为什么就汉朝的外戚和宦官的问题特别严重呢？很简单，只要去看一看汉朝皇帝继位的年龄就知道了。汉朝起码有十个皇帝继位的时候年龄都很小，十七岁当皇帝算大的，还有一岁当皇帝的。年龄小，怎么可能管理国家呢？这就只能靠皇后的娘家人管理国家，这就是外戚专权。时间一长，谁能够保证外戚就不生二心？谁能够保证舅舅就不觊觎皇帝宝座？但小皇帝总会长大的，他长大了以后，怎么会容忍由外戚来掌握大权？皇帝别人信不过，只有信身边的宦官。宦官通常会发动宫廷政变，因为宦官都在宫廷里边。就这样没完没了地斗来斗去、杀来杀去，葬送了汉朝的江山。

经过"文景之治"和汉武帝的开疆拓土，汉朝进入了鼎盛时期。但表面的繁荣难以掩盖朝廷内部的混乱。在宦官和外戚不断的相互残杀中，一个手段极其高超的伪君子出现了，他就是王莽。王莽是怎样欺骗那么多人的呢？

《三字经》里讲的"王莽篡"，就是讲王莽篡夺了汉朝的江山。王莽（公元前45年—公元23年），魏郡元城（今河北大名东）人，汉元帝的皇后王政君的侄子。他是新朝的建立者，作为西汉和东汉之间的一个王朝，新朝仅存十五年（公元9年—公元23年）。要说王莽也真是挺不容易的，小时候，父亲王曼就去世了，不久王莽的哥哥也去世了。王莽年轻时给大家的印象是非常孝敬母亲，非常尊敬自己的嫂子，生活俭朴，饱读诗书，结交贤士，声名远播。王莽对他的伯父王凤，非常恭敬。王凤在当时是大司马、大将军，握有军政实权。王凤也很喜欢这个从小失去父亲的侄子。所以，王凤临死之前就嘱咐皇后王政君，要照顾王莽。公元前22年，汉成帝在位时王莽当官了，时任黄门郎，是宫廷里边的小官。王莽礼贤下士，清廉俭朴，经常把自己的俸禄分给门客或施舍穷人，甚至把自己的马车卖掉去救济穷人。所以，他深受人们的爱戴，甚至感动了他的叔父。他的叔父王商，也是当时的一个官员，就把自己的封地

割了一部分让给侄子。永始元年（公元前 16 年），王莽受封为新都侯。公元前 8 年，他出任了大司马，那一年王莽三十八岁。第二年，汉成帝驾崩，汉哀帝继位。因为汉哀帝的母亲姓丁，所以，丁姓外戚开始权倾朝野。而王莽是王政君的侄子，所以他只能隐居新野，躲起来了。这期间，王莽又做了一件事情：当时大官家里的家奴很多，但国家法律是有规定的，不能随便杀家奴。王莽的儿子杀死了家奴，于是王莽就逼迫儿子自杀偿命。能够如此狠心的人，也必定有着常人不具备的野心。这个假圣人，是怎样一步一步地实现自己野心的呢？

公元前 2 年，王莽回到了京城。公元前 1 年，汉哀帝驾崩无后。这个时候的王政君，开始掌管传国玉玺。于是，王莽又一次任大司马，掌管禁军，变成了警卫部队的首领。这时，王莽已经开始参与立皇帝了，他立的汉平帝得到了朝野的拥戴。公元 1 年，王莽在假意推辞再三后，接受了"安汉公"的爵位。随后，王莽又做了一件事——他把受封为公得来的俸禄分给两万多人，此事赢得了全国人民一片叫好。公元 3 年，王莽的女儿成了汉平帝的皇后，王莽就成了皇帝的岳父，地位又高了。公元 4 年，他的位子已经在诸侯王公之上，可谓是一人之下，万人之上。公元 6 年，汉平帝病死，王莽立仅仅两岁的孺子婴为皇太子。太皇太后王政君命王莽代天子执掌朝政，称为"摄皇帝"。王莽在朝中的势力如日中天，这引起以刘氏宗室为主的反对派的反弹，因此不断有人起兵反对王莽。待王莽扫除这些动乱后，便有人以各种理由向王莽劝谏，其实就是王莽安排的，说王莽你干脆自己当皇帝吧。公元 8 年，王莽接受孺子婴的禅让称帝，改国号为新，改长安为常安，开了中国封建史上通过篡位做皇帝的先河，他也因此在历史上臭名昭著。

新朝建立了，王莽的真实面目也暴露无遗。虽然王莽费尽心机登上了帝位，但天下百姓却不承认这个皇帝。刘氏家族也肯定不甘大权旁落，要奋起争夺。那么，刘氏是怎样夺回皇位的呢？

《三字经》接着讲："光武兴，为东汉，四百年，终于献。"光武帝，即刘秀，他和他的哥哥是南阳蔡阳（今湖北枣阳西南）的豪强，在乡间势力很大，占有大量的土地，还有大量的门客，逐渐发展起一支武装。古代的武装比较简单，拿根棍也能打仗，拿把锄头也能杀人。他们对王莽的所作所为非常不满，于是趁天下大乱的时候起兵。那时，绿林、赤眉、刘秀兄弟，三支人马相互呼应，打了好几个胜仗。

公元 23 年，绿林军趁王莽的主力向东攻击赤眉的时候，在今天河南的境内，歼灭了王莽的部分军队。而这个时候绿林军已发展到十万多人，并立刘玄为帝。王莽一看绿林军很厉害，就派大司空王邑率军赶赴洛阳，大司徒王寻率军四十余万南进，打算一举把绿林军消灭。王莽的军队到达颍川，就是今天河南的禹县一带，迫使刘秀的部队撤回了昆阳。当时昆阳的绿林军只有八九千人，一些将领看见王莽的五十万大军浩浩荡荡地杀过来，很多将领，准备率领这八九千人退回荆州，退回湖北去。刘秀这个时候提出："合兵尚能取胜，分散势难保全。"他说服各位将领，固守昆阳。这个时候，昆阳已经被王莽的军队围住，刘秀率领十三名骑兵，突出重围，到外面调集了一万多援兵赶回来支援昆阳。当时昆阳外面王莽的军队是几十万，刘秀亲自率领一千多名精锐的骑兵，反复冲杀，把王莽的军队冲垮。昆阳的守军见刘秀的援军到了，也打开城门开始攻击，这样内外夹攻，王莽军大败。所以，昆阳之战在中国古代战争史上是以少胜多、以弱胜强的著名战役。绿林军乘胜攻入长安，放火烧了未央宫的大门。王莽最后在战乱中被杀，新朝灭亡。

为了争夺皇位，在这些联合反抗王莽的义军队伍之间，始终存在着尖锐的矛盾。刘秀利用绿林和赤眉之间的矛盾，让他们相互攻杀，在他们两败俱伤之际各个击破。

公元 25 年，刘秀称帝，史称光武帝，定都洛阳。公元 27 年，各支农民起义军基本都被刘秀消灭了。公元 36 年，刘秀把各地的豪强、割据武装全部剿灭，恢复了中国的统一。刘秀来自民间，他比较了解民间的疾苦。他在位期间，多次下令释放奴婢，限制豪强霸占土地，减轻赋税，免除部分县的徭役，兴修水利，对各级官僚、官吏严加考核，罢免贪官，精简官员，裁并四百多个县。种种措施，使东汉初年出现了社会安定、经济恢复、人口增长的局面，因此，刘秀统治时期被称为"光武中兴"。

刘秀推翻了王莽的新朝，恢复了汉室江山，是一个难得的好皇帝。然而，几代以后，朝廷再次出现危机。那么，这个曾经被伪君子王莽拦腰斩断的大汉王朝又是如何消失的呢？

东汉在开始时发展得很快，但是，不久问题就暴露出来。一连好几代的皇帝都是刚会走路，甚至刚会爬的小孩子，这又陷入了外戚干政、宦官干政的混乱争斗当中。不仅如此，在东汉还有更复杂的问题，因为东汉出现了第三种势力——官僚士大夫，就是后面三国时袁绍这些几世几公的人物。他们对外戚和宦官都瞧不上，但是，如果让他们在两者当中选择，这些士大夫往往比较多地选择外戚，所以宦官对士大夫特别憎恨。

东汉中期，即公元89年至公元105年间，整个东汉的国势开始衰落，动荡不断。公元184年，以张角为首的太平道发动了大规模的起义，沉重地打击了东汉王朝。公元189年，汉灵帝驾崩，外戚诛杀宦官，宦官反扑，结果两者几乎同归于尽。这个时候，关西的军阀董卓进入京城，他废黜了刚立的小皇帝，重新立了一个小孩刘协为帝，这就是汉献帝。董卓的行为引起了很多官僚士大夫的不满，他们设计杀了董卓。董卓开了利用手中的军队控制政权的一个极其恶劣的先例，各地的官员群起仿效，彼此争斗，谁也不把皇帝当回事，全国一片混乱。当时都城残破到大臣坐在野草丛生的墙角开会的程度，千里无人烟。汉献帝到处流浪，几乎性命不保，皇帝当得很惨。公元196年，控制了中原的曹操，挟天子以令诸侯，把汉献帝留在河南的许昌，加以操纵，此后汉献帝做了二十多年的傀儡。公元220年，曹操之子曹丕正式废黜了汉献帝，自己称帝，成为大魏皇帝，汉朝正式终结，这就是《三字经》讲的"终于献"。

汉朝期间的中国发生了许多影响世界的事件。那么，对于大家耳熟能详的三国，《三字经》又是怎么论述的呢？请看下一章。

第二十一章

魏蜀吴，争汉鼎，号三国，迄两晋。

宋齐继，梁陈承，为南朝，都金陵。

① 魏：公元220年曹丕在洛阳取代汉献帝称帝，国号魏，史称曹魏。

② 蜀：公元221年刘备在成都称帝，国号汉，史称蜀汉。

③ 吴：公元229年孙权在建业（今江苏南京）称帝，国号吴，史称孙吴。

④ 鼎：喻指统治政权。

⑤ 迄（qì）：止于。

⑥ 两晋：西晋和东晋。

⑦ 宋：公元420年刘裕代晋称帝，国号宋，建都建康（今江苏南京），史称「刘宋」。

⑧ 齐：公元479年萧道成代宋称帝，国号齐，建都建康（今江苏南京），史称「萧齐」。

⑨ 梁：公元502年萧衍代齐称帝，国号梁，建都建康（今江苏南京），史称「萧梁」。

⑩ 陈：公元557年陈霸先代梁称帝，国号陈，建都建康（今江苏南京）。

⑪ 金陵：南京的古称。

北^①元魏^②，分东西^③，宇文周^④，与高齐^⑤。

① 北：北朝。

② 元魏：指鲜卑拓跋氏所建立的北魏。

③ 东西：北魏于公元 534 年分裂为东魏和西魏。

④ 宇文周：西魏后来被宇文氏所取代，国号周，史称「北周」。

⑤ 高齐：东魏后来被高氏所取代，国号齐，史称「北齐」。

两汉历时四百余年，在这段时期，中国发生了一些重大的历史事件，对世界文明史产生了重大影响。但汉末天下大乱，出现了魏蜀吴三国相争的局面，这就是中国历史上著名的三国时代。大家对三国相争并不陌生，但是《三字经》为什么把这种局面称为"争汉鼎"呢？最后，又是谁统一了中国，建立了晋朝？而晋朝又是怎么衰亡的？南北朝分裂的格局是如何形成的？南朝的宋、齐、梁、陈的开国皇帝都是谁？他们是怎么夺取帝位的？而这几个朝代又为什么都这么短命呢？

　　到了汉献帝，汉朝四百多年的统治降下了帷幕，中国的历史进入了三国时代。

　　《三字经》用十二个字，讲述了三国到两晋这段历史："魏蜀吴，争汉鼎，号三国，迄两晋。"为什么古人把夺取统治权叫夺鼎、争鼎？为什么把确定统治权叫定鼎？这反映了我们中国传统文化一些什么内容呢？根据《史记·封禅书》记载："禹收九牧之金，铸九鼎。"就是说大禹曾经收集天下的铜，铸了九个鼎，每一个鼎代表一个州，九鼎就代表九州，九州即中国的代名词。九鼎成了王权至高无上、国家统一昌盛的象征。这样，只有王室才有权拥有和使用。那么，一个国家倘若保护不了自己的鼎，倘若鼎丢失了，或者鼎被别人抢去了，那就等同于国家灭亡。夏朝末年，夏桀无道，商汤灭夏。据说，那个时候夏朝也有九个鼎，这些鼎竟自动飞向商都。而后来的商纣王荒淫无道，周武王伐纣，这九鼎又归了周。据说，每一个鼎要九万人才能搬动，所以周武王用了九九八十一万人，才把九个鼎运回都城镐京。到了春秋时代，春秋一霸楚庄王兴兵攻打洛水流域某地的时候，周朝天子周定王，派了一个大臣去慰劳他。那时候周室已经很衰微，周定王惹不起楚庄王。楚庄王就别有用心地问周朝的大臣："周朝的那几个鼎有多重啊？"这位大臣回答道："周朝虽然衰败了，周天子虽然不再强大了，但是天命未改，天命还在周天子，鼎的分量不是你能够问的。"而且他还用"在德不在鼎"等话语教育楚庄王，使楚庄王暂时收敛了自己的野心。所以，后来一直用"问鼎"来比喻一些人图谋皇位，比如"问鼎中原"。这就是"问鼎"典故的来源。在这里，《三字经》用了三个字叫"争汉鼎"。

> 魏蜀吴三国为争夺天下混战多年，虽然最后曹魏占据优势并消灭了刘备的蜀汉，但却被司马氏家族篡夺了权力。司马氏篡位后自立王朝，史称晋朝。晋朝又攻灭了偏安一隅的东吴，终于统一了中国。正应了合久必分、分久必合的历史规律。但是司马氏的晋朝，又维持了多久呢？

西晋并没有吸取三国灭亡的教训。一方面，司马家族大封同姓王，而且把兵权托付给这些人。他们认为，如果司马家族遭难，同姓的人可以来帮忙。另一方面，晋武帝司马炎统一中国后整天吃喝玩乐，不理政事。

司马炎的儿子于公元 290 年继位，是为晋惠帝，这是中国历史上典型的昏庸无能的痴呆皇帝，在历史上有个外号叫蛤蟆皇帝，他在位期间，闹出了好多笑话。

有一年夏天，他带着很多随从到花园里去玩，走到一个池塘边，听见青蛙"呱呱呱"叫。于是，晋惠帝就提出了一个问题，这个问题如果是脑子好的人来问，那可能是很深刻的。他问随从："那个呱呱呱叫的蛤蟆，它是为公还是为私啊？"随从一听，这叫什么问题？但是，不回答也不行，就说："陛下，在公家地里头叫的，它就是为公；在私人地里头叫的，它就是为私。"晋惠帝听后很高兴，觉得自己公私分明。

还有一个笑话也是这位皇帝闹出来的。有一年闹饥荒，老百姓没饭吃，饿死的人遍地都是。有人就报告晋惠帝："不得了，陛下，天下大乱，老百姓没饭吃。"晋惠帝回答："哎，没饭吃为什么不喝肉粥啊？"就这么一个皇帝！野心家们谁不打主意啊？不久，赵王司马伦就把晋惠帝软禁起来，自己称了帝。这个赵王司马伦，也为我们留下了一个成语，叫"狗尾续貂"。当时是什么情况呢？赵王司马伦把晋惠帝软禁了以后，大封同党为官。当时当官的帽子上是用貂的尾巴作为装饰的。由于官封得太多了，貂尾没了，只能用狗尾巴装在帽子上，表面看上去差不多。这就是"狗尾续貂"的由来。

公元307年，晋惠帝吃饼中毒而死。各地的诸侯为了争夺帝位，展开了残酷厮杀，这就是"八王之乱"。当初以为封同姓为王，可以保护王室，现在恰恰是这些手握兵权的诸侯王争夺帝位。公元307年，东海王立晋惠帝的弟弟司马炽为晋怀帝。就在这个时候，匈奴、鲜卑、羯（jié）、氐（dī）、羌五族来进攻中原，五胡之乱也开始了。公元311年，北方的匈奴贵族刘聪攻陷洛阳，俘获了晋怀帝，接着又攻下长安，杀了晋愍（mǐn）帝。至此，西晋灭亡。西晋总共不过祖孙四代，共五十多年。西晋灭亡以后，部分人南渡建立了东晋，北方则进入了五胡十六国时代。至此，中国再次形成南北分裂的格局，史称南北朝。

《三字经》先讲了南朝，"宋齐继，梁陈承，为南朝，都金陵。"公元420年，刘裕接受"禅让"做了皇帝，就是宋武帝。这个"禅让"当然是假的。宋武帝（公元363年—公元422年），从小母亲就去世了，他的父亲因为家境贫寒曾打算遗弃这个儿子。刘裕长大以后，"雄杰有大度，身长七尺六寸，风骨奇伟，不事廉隅小节"（《南史·武帝本纪》）。全然堂堂一个伟男子，不拘小节。因为刘裕从小家里贫苦，主要以编草鞋为生。当了开国皇帝后被人称为"寒人掌权"。虽然他自称是刘邦弟弟的后裔，但无从考据。刘裕这个人很残忍，他在中国历史上开了一个先例，把前朝东晋的皇族斩尽杀绝。

南朝的第一个朝代宋传了八位皇帝，共六十年。至宋顺帝在位时，被禁军统领萧道成篡位建立了齐朝。刘裕的直系子孙刘準（zhǔn）被灭门时，流着泪说了一句非常凄惨的话："愿身后世世，勿复生帝王家。"就是说但愿以后生生世世，再也不要生在帝王的家里了。但是，悲剧再次重演——刘裕一门被他自己的禁军首领萧道成斩草除根。齐朝更短，只有二十四年，就被同宗的萧衍夺了位，改国号为梁。梁朝的开国皇帝萧衍，就是鼎鼎大名的梁武帝。

> 刘裕原为东晋的大将军，他篡得帝位后，竟把东晋的皇族满门杀光。但只过了六十年，刘裕的禁军首领萧道成篡位，变宋为齐，又把刘裕子孙满门杀光。这正应验了民间所说的一报还一报！然而仅仅过了二十四年，齐朝又改换为梁朝。那么，这位也姓萧的梁武帝，又是一位什么样的皇帝呢？

梁武帝（公元464年—公元549年），多才多艺，学识广博，政治、军事才能杰出。他在学术研究和文学创作上也很有成就，史书对他的才华给予了很高的赞誉。他十分好学，所谓"少时习周孔，弱冠穷六经"，很小的时候就把儒家经典都读完了。继位以后，"虽万机多务，犹卷不辍手，燃烛侧光，常至午夜"。他还是"竟陵八友"之一，梁武帝萧衍与其他七位相比，还多了一样东西——胆识。他不是一个懦弱的文人，骑马射箭都很出色。他做了皇帝以后，初期的政绩是非常显著的。他吸取了齐二十四年就灭亡的教训，所以勤于政务，不分春夏秋冬，每天五更天就起床，批改公文奏章，甚至冬天冻裂了手也不停下。为了广泛听取意见、识拔人才，他还在宫门口设置了两个盒子，当时叫"函"，当官的有什么意见投在一个盒子里，百姓有什么意见投在另一个盒子里。

萧衍非常节俭。史书上讲他："一冠三年，一被二年。"一顶帽子戴三年，一条被子盖两年。他不讲究吃喝，经常每天只吃一顿饭。他对官员的考核也很严格。但是，他也有致命的弱点，就是疑心太重。梁武帝的皇位是篡夺来的，所以怕被别人篡夺，患了严重的疑心病，用各种方法害死了许多功臣。但也许梁武帝对早年的行径怀有愧疚，后来开始信佛。

他是历史上有名的信佛的皇帝，动不动就把自己施舍到庙里面去。比如，公元527年，他就到了同泰寺，在寺里当了三天的住持和尚。国家没有皇帝怎么办？大臣就要花大量的金钱，把皇帝从庙里赎出来，再当皇帝。过两天，他又把自个儿给施舍出去，又到了庙里，大臣还得把国库掏光，再把他赎出来。所以，南朝寺庙非常多。梁武帝到了晚年，没有心情再去管理朝政，而是潜心研究佛教理论。

梁武帝在位四十八年，活了八十六岁。但是，由于他晚年行为怪诞，错用侯景，导致了"侯景之乱"。最后，他以帝王之尊被活活饿死在台城里。

　　梁武帝死后仅仅八年，萧姓的天下就又被篡夺了，这就是南朝的最后一个朝代——陈。宋朝皇帝姓刘，齐梁两朝皇帝都姓萧，这第四位皇帝，姓和国号相同。宋、齐、梁三个朝代都是短命的，那么，陈朝的命运又会如何呢？

公元557年，陈霸先篡夺了萧方智的政权，建立陈朝，史称陈武帝。陈朝是南朝最弱小的朝代，这个弱小的朝代传了五代以后出了一个极为荒唐的皇帝——陈后主。陈后主（公元553年—公元604年），即陈叔宝。他的特点是"生于深宫之中，长于妇人之手"。在陈叔宝的眼里，国家大事跟他没关系。他认为和那些美丽的嫔妃一起游戏、作诗、作曲是他的正业，管理国家则是他的副业。

当隋兵攻到城下进入宫中才发现，告急文书居然连拆都没拆就被扔在床底下。陈后主竟然荒唐到这个地步！他对作为一个皇帝的尊严，也是没有概念的。一看隋兵杀进来，他和张贵妃、孔贵妃三个人抱成一团，躲在一口井里，就是不出来，到最后还是隋兵用绳子把他们一一吊上来的。这等君王主政，不亡国岂不怪哉？

南朝的历史一共一百七十年。那么，关于北朝，《三字经》又说了一些什么呢？

西晋灭亡，东晋退守长江以南，中国再次南北分裂，进入了历史上的南北朝时期。在这一时期，各王朝频频更换。北朝的情况如何呢？五胡十六国混战之后，鲜卑族统一了黄河流域，建立了北魏。但是，《三字经》中为什么称北魏为北元魏呢？这个"元"字，包含了怎样的历史事件？北魏后来是怎么分裂成北周和北齐的？

"北元魏，分东西，宇文周，与高齐。"公元386年正月，拓跋珪于牛川（今内蒙古呼和浩特西南）重建代国（北魏前身），迁都盛乐（今内蒙古和林格尔），至同年四月改国号为魏，史称北魏。那么，为什么又叫"北元魏"呢？这一个"元"字，透露出非常丰富的历史信息，它告诉我们，中国历史上发生过一次著名的改革——北魏孝文帝改革。

孝文帝（公元467年—公元499年），北魏的第七位皇帝，孝文帝是他的谥号。公元471年，孝文帝继位。公元490年，二十四岁的孝文帝开始亲政，并决心采取改革措施。他首先明确规定官员的俸禄标准，将俸禄制度化，并严厉地惩办贪官污吏，实行均田制。在中国历史上类似均田制的这种分田活动进行过很多次。北魏的均田制就是把荒地分给农民，成年男子每人四十亩，成年女子每人二十亩，让他们种植谷物，除此之外还给他们一些田种桑树，这样人们可以衣食丰足，同时也使土地有人开垦，有人耕作。当然，拥有这些地的人必须向官府缴纳租税，去服劳役。这样一来，北魏的国力开始强盛起来。

北魏在孝文帝之前的近百年中，定都平城（今山西大同东北）。孝文帝亲政后就下了一个决心——迁都，把都城从平城迁到今天的洛阳。这就进入了中原的心脏地带。孝文帝以洛阳为国都，不仅有利于控制整个中原地区，而且也可以更多地受到中原汉文化的影响，更有利于汉化改革的进行。那么，孝文帝下一步又进行了哪些移风易俗的汉化改革？而这些改革，给北魏带来了什么样的变化呢？

接着，孝文帝按原定计划，进一步推进改革。

第一，改说汉话。他下令鲜卑族三十岁以下的人必须改口说汉话，三十岁以上的人可以慢慢学。只要是三十岁以下当官的，一律说汉话，不说汉话就降职或者撤职。

第二，全部穿汉人的服装，同时鼓励鲜卑人和汉族人通婚。

第三，改用汉姓。北魏孝文帝叫拓跋宏，本来姓拓跋，现在改姓元。所以《三字经》里面才用"元"字，叫"北元魏"。而魏孝文帝从此改名叫元宏。

孝文帝大刀阔斧的改革，使北魏的政治和经济有了飞速的发展，而且以一种和平的状态，用主动融入的积极方式，促成了鲜卑族和汉族的大融合。但是，像孝文帝这样的皇帝，不可能代代都出。所以，孝文帝以后的北魏开始走向衰落。

公元 515 年，北魏孝明帝年幼继位，他的母亲胡太后辅政。胡太后非常奢靡，同时又笃信佛教，并举全国之力来弘扬佛教，为佛事花费了大量的人力、财力，大大削弱了北魏的国力。公元 528 年，胡太后毒死孝明帝，控制朝政。此后，内乱不止，直接导致北魏土崩瓦解。

北魏时期佛教盛行。那时开始修建的云冈石窟和龙门石窟，现在已经成为世界文明史上的珍贵遗产。但是，因为修建石窟耗资巨大，孝文帝改革后形成的强盛国力开始衰弱，北魏又出现了分裂。那么，北魏是怎么分裂成东西两个部分的？他们之间的争斗，如何给盛行的佛教带来了一次毁灭性的灾难呢？

后来高欢和宇文泰两个人分掌大权，控制了北魏，北魏慢慢地开始分裂。公元 534 年，高欢控制了东魏，定都邺（yè）城（今河北的临漳西南一带）。公元535年，宇文泰控制了西魏，定都长安，也就是今天的西安。这就是《三字经》里讲的"分东西"。当然，这两位权臣的后代最后都当了皇帝。东魏高欢之子高洋建立了北齐，也称高齐。西魏宇文泰之子宇文觉建立了北周，也称宇文周。这就是《三字经》里"宇文周，与高齐"的来历。

在他们打来打去的过程中，城门失火，殃及池鱼，引发了中国历史上非常著名的一次法难。

北周武帝宇文邕（yōng），鲜卑族，小名叫祢罗突，公元560年到公元578年在位，是宇文泰的第四个儿子。由于北周、北齐相互攻打，北周很多壮丁死于战乱，人口越来越少，自然灾害也不断侵袭。当时佛教很兴盛，寺庙里的和尚占了人口总数的十分之一，僧人的数量巨大。而这些僧人一不当兵，二不纳粮，三不生产。所以，北周武帝就觉得必须取消佛教。他希望把那些僧人全部还俗，让他们该当兵的当兵，该种地的种地。中国历史上的反佛，历代的法难，往往都是出于政治和经济原因考虑，并不是由于佛教的教义，或者倡导的观念和价值不对，而是因为僧人太多，佛教太盛，导致国家征税、征兵困难。公元577年，灭佛的确带来了实效，北周变得国力强盛，并灭掉了北齐。

北齐之所以被北周灭掉，外部原因是因为北周采取了各种发展措施，提高了国力，其中包括法难；内部原因是因为北齐自己不能自主自强。北齐这个朝代最著名的就是"盛产"无能昏庸的皇帝，其中最有名的是齐后主。齐后主高纬（公元565年—公元576年在位），奢靡无度，宠信奸臣，手段十分残忍。他手下有个宫廷乐师，叫曹僧奴。曹僧奴有两个女儿，都很漂亮，被选到宫里。大女儿大概比较端庄，史籍上讲"不善淫媚"，就是不大会去讨好皇帝，高纬就剥掉她的面皮，把她赶出宫去。小女儿曹昭仪善于弹琵琶，也非常懂得讨高纬的欢心，极受宠幸，所以高纬给这个小女儿大肆建造雕栏画栋。皇后穆氏就想方设法要把极受宠爱的曹昭仪除掉，便诬陷她有厌蛊术。厌蛊术是一种巫术，对皇帝不利。高纬也不问明是非，就赐死曹昭仪。皇后本来挺高兴，可高纬扭头又去宠幸董昭仪，并大肆选美纳妃。穆皇后实在没办法，只能把自己的苦水倒给一个侍女。这个侍女可能是中国历史上"最牛"的侍女，叫冯小怜。

冯小怜只是一个侍女，她是用什么办法去解决昏庸皇帝齐后主的好色问题的？为什么说冯小怜是中国历史上"最牛"的侍女？后来北齐的亡国，又和这个冯小怜有着什么直接关系呢？

这个冯小怜貌美聪慧，精通乐器，而且工于歌舞。她对皇后说："我去离间皇帝和各位妃子的关系，您安心等我的好消息吧。"高纬一见冯小怜，立刻倾倒。从那以后两人坐必同席，出必并马。冯小怜跟齐后主混到一起以后，这齐后主再也没有去惹别的女人，但是也彻底忘记了穆皇后。

而且冯小怜的出现，不仅没有解决问题，反而使齐后主更加沉溺于酒色之中。晚唐著名诗人李商隐的《北齐》，就形象地描写了齐后主和冯小怜的荒淫无耻："一笑相倾国便亡，何劳荆棘始堪伤。小怜玉体横陈夜，已报周师入晋阳。"由此可见，齐后主宠幸冯小怜，直至不理朝政、国无政令，是北齐亡国的重要原因之一。

在齐后主统治时期，国家乌烟瘴气，好多老百姓活不下去。消息传到北周，宇文邕觉得这个皇帝肯定亡国，下令周军伐齐，备齐六万兵马向长安进发。而当这个警报传来的时候，高纬正好带着冯小怜在打猎。警报一连来了三次，高纬却说："急什么，小怜没事，不急不急，只要小怜没事，战败又怎么了？"第二天，北周的军队就打进来了。高纬只能出兵迎敌，但他还不忘带上冯小怜。作战时，冯小怜在旁观战，按史籍的描写，她"画眉刷鬓，涂脂抹粉"。这仗还怎么打？结果，北齐的军队溃败，只有几十个人跟着高纬逃到了邺城。冯小怜在后头没能跟上，高纬为了让冯小怜进城来，下令把城北的城墙凿开，要把冯小怜接进来。为了稳定局势，一位大臣就说："陛下，您应该登上城墙对守卫城门的将士，发表一个演说以鼓舞军心。"高纬说："你给我拟个稿子。"这个大臣很忠于职守的，给他准备了稿子，讲了哀兵必胜，大家齐心协力克敌制胜的道理。高纬捧着稿子登上城墙讲话，把稿子打开来一看，他觉得太滑稽了，竟然在城墙上大笑起来。这样的皇帝怎么能够不亡国？北齐五十州、一百六十二郡的人口都并入北周，北齐灭亡。高纬在位一共十二年，而北齐从高洋篡权到灭亡仅二十八年。

> 像南北朝时期的许多朝代一样，北齐又是一个短命的王朝。在那个混战的年代，多少人为争一个皇位，兵戎相见，残忍厮杀，以致尸横遍野，血流成河。但是，即使争得帝王之位，又能坐得几载江山？北齐被北周灭掉了，那么，北周的皇帝会如何对待亡国之君齐后主呢？

北周的皇帝逮到高纬后没有杀他，而是留在军中，并封他为温国公。被北周俘虏的齐国的众多大臣，也都封官授爵。高纬还很高兴，自己这条命算留住了。但他突然想起冯小怜，就向北周的皇帝磕头："请您把小怜找出来，再把她赐给我吧。"北周的皇帝一笑，说："朕视天下如脱履，一妇人岂为公惜。"意思是我把天下都看得像我脱下的一只鞋子，一个女人，我还会不愿意还给你啊？北周的皇帝就下令把冯小怜找来赐还给高纬，并召他进宫来喝酒。喝到一半的时候，皇帝说："高纬，跳支舞给我看看。"高纬毫无难色，趁着几分酒气，得意扬扬地跳了一支舞。就这样一个没心肝、不知羞耻的皇帝，结局可想而知。那年冬天，有人告发高纬谋反，这样的皇帝会谋反吗？一定是北周皇帝安排的，找个借口而已。于是高纬和所有他的人，一起被赐死，当时高纬二十六岁。

公元577年，北周武帝灭了北齐，统一了北方。北周武帝之后是北周宣帝，宣帝死后，宣帝的岳父杨坚篡夺了北周的政权。公元581年，杨坚建立了隋朝。中国在经历了二百七十多年的分裂之后，又归于统一，由此进入了隋唐盛世。那么，《三字经》接下来是怎么讲述隋唐的呢？请看下一章。

第二十二章

迨[1]至隋[2]，一[3]土宇[4]，不再传[5]，失统绪[6]。

[1] 迨（dài）：等到。
[2] 隋：公元581年杨坚代周称帝，国号隋。
[3] 一：统一。
[4] 土宇：天下。
[5] 再传：指社稷不再传续。
[6] 统绪：皇位的传承。

隋王朝的建立，结束了南北朝时期长期混乱的局面，国家又回到了统一的年代。作为开国皇帝的隋文帝，为什么要把国号定名为隋呢？隋文帝的儿子隋炀帝，这个历史上出了名的暴君，又是怎样取得皇位的呢？隋炀帝在位不过十几年，隋朝就灭亡了，隋王朝为什么会如此短命呢？

隋朝共两位皇帝，从公元581年建立，到公元618年灭亡，还不到四十年，是中国历史上统一形态下非常短命的一个朝代。

隋文帝（公元541年—公元604年），名杨坚，弘农郡华阴（今陕西华阴县）人，隋朝开国皇帝。《北史》中有关隋文帝的记载是非常正面的，说"美须髯"，即胡子特别漂亮；"身长七尺八寸"，不能按照今天的尺寸来算，但当时肯定也是一个一米八九的大汉；"状貌魁伟，武艺绝伦"，意思是身材魁梧，武艺高强；"识量深重，有将率之略"，指非常有见识，非常有雅量，是一个当统帅的人物。

公元589年，隋文帝挥戈南下，灭掉了割据南方的陈朝，统一了全国。杨坚这个名字是汉名，他还有一个鲜卑族的名字，叫普六茹坚，但是这个 "六"在当时读"lù"，现在南方很多方言当中还是读"lù"。他还有个小名，叫那罗延，这是佛教梵语，意思就是大力士。他的父亲是西魏和北周的军事贵族，北周武帝的时候当了柱国大将军，被封为隋国公，所以后来他的国号定为隋。

隋朝的建立，结束了中国长期混乱的局面，使中国又回到了统一年代。但是，由于经历了数百年的分裂，民生凋敝，国库空虚，百废待兴。对于这样一个刚刚恢复统一的国家，隋文帝会采取哪些治理措施？这些措施对于后世又产生了怎样的影响呢？

隋文帝有许多影响后世的重大创举。

第一，确立三省六部制。在官制上，中央设三个省，尚书省、门下省、内史省，彼此相互牵制。特别是尚书省，作为国家的最高行政机关，下设吏部、礼部、兵部、都官、度支、工部，共六部。六部后来演变为礼部、吏部、兵部、刑部、户部、工部，一直沿用至清朝。

第二，简化地方官制，修订了中国法律史上很著名的《开皇律》。《开皇律》即开皇年间修订的法律，以简明宽平著称。它将前朝的八十一条死罪、一百五十四条流罪、一千余条徒杖及灭族等酷刑一概废止。除此之外，减缓刑罚，比如原来应该判五年的现在改判三年，原来判七年的现在改判五年。它强调处置人犯要采取审慎的态度，不能草菅人命，有效地防止了冤案的发生。

第三，再次发布均田令，设置粮仓。隋文帝在位的时候，设了官仓和义仓。官仓就是当时全国各地运到中央政府给官员、军队的粮食。隋文帝把它们集中分段运输，在黄河沿岸设置米仓存好。根据后来唐朝人的估计，到隋文帝末年，所积存下来的粮食够吃五六十年了。还有义仓，义仓就是民间救济、应急的粮仓。一旦遇到荒年，可以就近开仓，老百姓不至于马上饿死，这对人民的生活是一项有力的保障。

隋朝开皇年间，盛世气象恢弘磅礴。隋文帝下令修建西京大兴城，也就是后来唐朝的长安。隋朝的大兴城，是当时全世界当之无愧的第一城，它的设计和布局，后来极大地影响了日本和朝鲜的城市建设格局。日本的京都和奈良，都模仿了大兴城的建设格局。

更重要的是，隋文帝在公元 584 年派人开漕渠。从大兴城的西北引渭水，通过汉代河道，到潼关入黄河，长一百五十多公里，这就是有名的广通渠。广通渠标志着修建大运河的开始。大运河连接了黄河流域和长江流域，连接了中华文明最重要的组成部分，它是很伟大的。大运河作为古代中国的经济主动脉，直到清朝晚期才被海运取代，历时一千多年。大运河沿线的城市都曾是中国历史上最繁荣的城市，比如扬州、苏州、杭州等。

隋文帝在位期间，政治安定，民生富庶，史称"开皇之治"。但就是这样一位有着雄才大略的皇帝，却惧怕夫人独孤皇后，很多事情都顺着她。甚至在选择继承人的问题上，隋文帝也听信了独孤皇后的话，最终酿成了一场悲剧。那么，这其中究竟发生了什么事情？隋文帝最后的结局又是怎样的呢？

隋文帝是中国历史上为数不多的有名的惧怕夫人的皇帝。隋文帝的皇后姓独孤，十四岁嫁给隋文帝。独孤家和杨家是生死之交，两家关系很好。隋文帝的五个儿子均为独孤皇后所生。正因为他惧内，听信了皇后的话，才废了长子杨勇的太子位，改立杨广，即后来的隋炀帝。在独孤皇后逝世不久的公元604年，悲剧终于降临了。

公元604年，杨坚到长安西北一百多公里外的仁寿宫，就是今天陕西的麟游去避暑。杨广那个时候已被立为太子了，就入宫来侍奉自己的老父亲。当时杨广内心兴奋，觉得自己快当皇帝了，实在抑制不住，居然对隋文帝宠爱的陈夫人垂涎三尺。他趁陈夫人上厕所时，伺机调戏陈夫人。杨坚那时正在病中，一看自己宠爱的夫人神色慌张，就问怎么回事？陈夫人垂泪说了四个字："太子无礼。"杨坚已经到了衰老之年，史籍上记载他说了四个字："独孤误我。"因为他听信了独孤皇后的话，把长子杨勇给废了，立了杨广做太子。这时候他还有一口气，就命令自己的两位亲信到长安去召杨勇来仁寿宫。杨广得到消息，马上令杨素将使臣逮捕，不准他们到长安接杨勇。同时他又派人包围仁寿宫，断绝讯息。杨广的一个部属叫张衡，闯进隋文帝杨坚的卧室，把杨坚拖起来，猛击他的胸部。张衡可能是个猛将，打得杨坚口吐鲜血，杨坚就这样被活生生地揍死了。这时继位的就是隋炀帝杨广，历史上对他的评价和他的父亲相比，有天壤之别。

> 隋炀帝杨广，杀父弑兄，荒淫残暴，生活奢靡，弄得民不聊生，民怨鼎沸，是中国历史上少见的暴君。但也有人认为，隋炀帝继位以后，在某些方面也取得了一些成就，还是应该肯定的。那么，隋炀帝都在哪些方面取得了成就？我们又应该如何看待这样一位皇帝呢？

隋炀帝（公元 569 年—公元 618 年），从公元 604 年继位，到公元 618 年被杀死，一共在位十五年。历史上经常把他比做商纣王和秦始皇。但是除了他的荒淫、奢靡以外，他也不是完全没有作为的。按照历史事实，我们可以举出以下几点：

第一，一统江山。公元 589 年，年仅二十岁的杨广被拜为隋朝兵马都讨大元帅，率领五十一万大军攻打陈朝。军队在杨广的指挥下，纪律严明，英勇善战，一举突破长江天堑，所向披靡，而且对百姓秋毫无犯。对于陈朝富足的库藏之产、金银财宝一无所取，全部上缴。杨广在当时博得了人民的广泛赞扬，"天下皆称广以为贤"。二十岁的杨广参与并且在一线亲自指挥了统一中国的大业，结束了三四百年的战乱时代。

第二，下令继续修建大运河。他的父亲修了广通渠，这是第一步工程，只有一百五十多公里。隋炀帝则下令修建南北大运河，将钱塘江、长江、淮河、黄河、海河全部连通起来，完成如此浩大的工程，十分不易。

第三，开拓西域。公元 609 年，隋炀帝率领大军从长安浩浩荡荡出发，一直到甘肃陇西，西上青海，横穿祁连山，经大斗拔谷北上，到达河西走廊的张掖郡。在隋炀帝以前，还找不到有哪个皇帝，亲自到达西北那么远的地方。隋炀帝西巡过程中设置了西海、河源、鄯善、且末四个郡，进一步巩固和稳定了甘肃、青海、新疆的政局，使整个大西北成为中国不可分割的部分。

第四，三游江都。隋炀帝乘坐有四层楼高的龙舟，沿着大运河浩浩荡荡南下江南，虽然劳民伤财，耗费巨大。但是，江南整体分裂出去已经有几百年的历史了，皇帝巡视刚刚统一的江南，却也表示了对江南的充分重视。

第五，三征辽东。隋炀帝认为高句丽是商纣王的叔叔箕子所封之地，所以，他三征辽东。这三次都没有成功，却消耗了国力，引发了民怨。但是，从历史上来看，他当时去征伐高句丽是得到人民拥戴的，起码在开始的时候人民是支持的，只是它的结果和初衷不一定相契合。

应该说隋炀帝是一个有作为的皇帝，他的文功武治都有可取之处。但是，我们也要承认，隋炀帝的罪恶也是深重的。

> 历史好像开了一个玩笑，当初是靠政变上台的隋炀帝，结果又在政变中被杀。而杀害他的人，又恰恰是当年被隋炀帝的父亲隋文帝谋害的宇文家族后裔。那么，历史上关于隋炀帝的死，又是如何记载的呢？

隋炀帝喜欢照镜子。照镜子的时候，他总是一边照镜子一边摸着自己的脖子说："哎呀，好一个脑袋，可惜不知道将来谁来砍它。"这是见于史籍记载的所谓的"揽颈摸脖"。公元618年，禁军将领宇文化及利用隋朝民怨四起的时机发动兵变，将隋炀帝看管起来。最终隋炀帝解下自己的汗巾，交给宇文化及的手下，宇文化及的手下就用这汗巾把他勒死了。

隋朝存在的时间很短，但是却建立了正式的行政区域，实施有效管辖的国土范围也超过了以往，甚至连后来的唐朝都没有完全恢复隋朝的版图。越来越多的学者认为，唐朝或许更多的是隋朝的延续。因为唐朝的国家体制、政治制度、经济制度，基本上照搬隋朝。从某种意义上看，如果要在中国漫长的历史长河当中寻找一个朝代来和隋朝比较的话，那么，大概只有秦朝可以与之相比。

隋朝以后的中国进入了唐朝，唐朝对于中国文化乃至世界文化的意义，我们大家都是有所了解的。那么，《三字经》是怎么来总结唐朝这段历史的？请看下一章。

第二十三章

唐高祖①，起义师，除隋乱②，创国基③。

二十传④，三百载⑤，梁灭之⑥，国乃改。

① 唐高祖：唐王朝的创建者李渊，公元618年—公元626年在位。

② 除：清除。

③ 国基：统治的基业。

④ 二十传：唐代共有二十位皇帝（一说有二十二位皇帝）。

⑤ 三百载：唐代统治延续了二百九十年，说「三百载」是取整数。

⑥ 梁：公元907年，朱温篡位称帝，以梁为国号，史称「后梁」。

隋朝末年，李渊起兵，结束了隋王朝，开创了大唐王朝三百年的基业。那么，李渊为什么能够异军突起，建立大唐王朝？李渊与隋炀帝杨广是什么关系？李渊为什么要把国号命名为唐？然而天下初定，李渊的皇位坐得并不安稳，以太子李建成和秦王李世民为代表的政治阵营，展开了激烈的权力斗争，最终引发了"玄武门之变"。那么，这一政变的来龙去脉，究竟是怎么一回事呢？李世民又是怎么当上皇帝的呢？

"唐高祖，起义师，除隋乱，创国基。"对于中国，乃至对于整个古代世界来讲，唐朝实在是太重要了。我想大概也是基于这样的考虑，《三字经》的作者拿出整整一节十二个字来讲述唐朝开国。这在《三字经》中很少见。一般情况下，《三字经》的十二个字要派很大的用场，有的时候要把一个朝代讲完，有的时候要把几个朝代讲完，但是在这里仅仅讲了唐朝开国。

隋朝末年，烽火四起。在纷纷起义的群雄当中，唐高祖是一个很特别的人。唐高祖李渊（公元566年—公元635年），唐朝开国皇帝，公元618年到公元626年在位。他有一个鲜卑姓，叫大野，所以也可以叫他大野渊。他的祖父和父亲都是在西魏北周的时候，就已经当了相当大的官。他的父亲，在隋朝时被封为唐国公。唐朝的国名也是这么来的，就像隋朝的国名的来历一样。他的母亲就是隋文帝的那位独孤皇后的姐姐，唐高祖李渊和隋炀帝是姨表兄弟。李渊七岁就继承了唐国公的爵位，十六岁时做隋文帝的贴身侍卫。作为隋文帝、隋炀帝的亲戚和当时的北方军事贵族，他非常受隋炀帝的重用。公元615年，李渊被调任太原，太原也是他起家的大本营。太原的地理位置在中国历史上是非常重要的。太原城池坚固，钱粮充足，历来就号称中原北大门，更是隋朝抗拒突厥的一个屏障。当时，隋末的农民起义势力并不强，但到处都在打仗。李渊很聪明，他认为仅凭隋朝的力量，是不可能平息这遍地烽火的。他也非常了解自己这个姨表兄弟隋炀帝，了解他的为人，了解他的猜忌，了解他的嗜杀，所以他担心在这样的乱世，难以自保。

当时也确实发生了一件很怪的事情。有一个看风水的术士，禀告隋炀帝："龙门一带突然出现了浓厚的天子气。"而且他还算出一卦，说："有一位姓李的大将最终不利于隋朝。"隋炀帝一听，当然就对李渊产生了防范之心。所以他先在太原设立一个宫殿，叫汾阳宫，表面上是他避暑用的，实际上是监视李渊之所。隋炀帝一度还动过这么一个脑筋，不是有个姓李的大将要对隋朝不利吗？他也不管是今天的大将，还是未来的大将，就先把天下姓李的都给杀了。确实，有数不清的姓李的人遭殃了。其实真要杀的应该是李渊，但是因为李渊是亲戚，所以就躲过去了。

> 隋朝末年，变乱四起，隋王朝摇摇欲坠。当时李渊虽贵为皇亲国戚，却仍然无法打消隋炀帝对他的猜忌。为求自保，李渊决定起兵。但是，起兵反隋是件大事，稍有不慎，就会遭灭门之灾。那么，李渊会如何谋划此事呢？

李渊和他的次子李世民，即后来的唐太宗，在大业十三年（公元617年）五月起兵，并且召回当时在外地的长子李建成、四子李元吉。李渊起兵以后，一方面派刘文静出使突厥，希望当时的始毕可汗派兵马相助；一方面招募军队，在七月份挥师南下。李渊在起兵的初年，曾经向突厥称臣，当时使用的军旗是突厥的军旗，上面就有狼头。这一点到后来都讳莫如深了。回到历史当中，其实没有什么可怪的。当时，完全出于现实政治的需要，必须有突厥的支持。否则，如果李渊从抵抗突厥的北大门太原发兵南下，而突厥从背后突然袭击，他还能南下吗？所以这是必然的。

趁李密领导的瓦岗军和困守洛阳的王世充激战正酣的时候，李渊夺取了关中。同年十一月，李渊就占领了长安，由此在关中站稳了脚跟。李渊进入长安以后，立了隋炀帝的一个孙子杨侑为天子，这就是隋恭帝。隋朝按说不止两位皇帝，但通常认为这个皇帝不算，因为这是假的，是李渊立的。并且李渊还改元为义宁，遥尊隋炀帝为太上皇。然后他又让隋恭帝授自己好多官衔。这个隋恭帝懂什么啊？就授了李渊为大都督内外诸军事、尚书令、大丞相，晋封唐王，总理万机。这样李渊就把自己完全合法化了，显得跟农民起义不一样，农民起义是造反，他不是，他是隋朝的天子所封的朝臣内属。

公元618年，李渊一看天下那么乱，就自己称帝了，改国号为唐，定都长安。

李渊称帝，结束了隋炀帝的残暴统治，开创了大唐王朝三百年的基业。然而，就在天下初定、唐王朝建立不久之时，李渊的皇位坐得并不安稳。当时皇室内部矛盾重重，最终引发了历史上有名的玄武门之变。那么，这一政变的来龙去脉，究竟是怎么一回事呢？

李渊在位期间，皇室内部矛盾重重，斗争非常复杂。秦王李世民认为，在唐朝建立的过程当中，他的功劳远远超过了太子李建成；而太子李建成也清楚地知道，自己能不能安稳地当皇帝，要看李世民。为此，李世民和李建成弟兄之间展开了激烈的争夺皇位的内斗。公元626年，发生了著名的玄武门之变。以太子李建成和他的弟弟李元吉为一方，以秦王李世民为一方，双方为争夺皇位积累起来的仇恨终于表面化了，并发展成你死我活、骨肉相残的权力斗争。

李建成和李元吉，在正史上被说得一无是处。根据正史的一些记载，太子李建成桀骜不驯，沉湎酒色。李元吉非常喜欢打猎，在战场上反复无常，又是一个好色之徒，还是一个虐待狂。因为历史是胜利者书写的，所以未必客观。

早在公元 621 年，李世民就因为战胜了窦建德和王世充而声誉鹊起。而太子李建成则在北方的边疆防御突厥人内犯。按道理说，李建成的担子也不轻。因为在唐朝初年，如果后方不稳定，突厥发兵趁乱进犯的话，大家都会被消灭。但是，李建成毕竟没有过足以扬名的战争，他是防御。所以李建成的声望，跟他的弟弟李世民就没法比。就在这一年，唐高祖又把李世民的地位提高到全国一切贵族之上，命令他掌握东部平原的文武大权，并且还让他把自己的王府放在洛阳。李世民立即组织了一个听命于他的由五十多个文武官员组成的随从集团。这五十多人都不是等闲之辈，全部来自于被李世民消灭的那些敌人的营垒，都是很有本事的人。他就以此为基础，以他作为秦王的声望，以他控制的东部平原的文武大权，向太子李建成发起了挑战。这一招彻底提醒了太子李建成。从这时候开始，李建成也动手了，他开始挖李世民的墙脚，把李世民身边好多重要的人调开。同时，李建成招募了两千多名身强力壮的人，以增强他在长安的力量，这支军队被称做长林兵，驻扎在长安。李建成和李元吉还取得了高祖后宫当中很多嫔妃的支持，并指使她们经常在唐高祖面前说李世民的坏话，为他们自己说好话。最初太子李建成的策略很成功，他还是有优势的。

李建成毕竟是李渊立的太子。在李建成与李世民的权力斗争中，身为父亲的李渊还是向着太子李建成的。但是，接下来发生的事情，却完全改变了局势。那么，究竟发生了什么事情呢？李建成为保住他的太子之位，又采取了什么措施呢？

武德七年（公元 624 年）六月，东宫侍卫的一个总管谋反。因为是太子的侍卫谋反，唐高祖有些犯愁，因为总不能叫太子自己去剿灭吧？况且也摸不准他跟太子的关系，谁知道是不是太子迫不及待想当皇帝而谋划的呢？这个时候，唐高祖李渊想到了李世民，于是就让李世民率兵去平息这场叛乱，说："等你成功灭掉叛乱以后我立你为太子。"

李世民很快就扑灭了东宫侍卫的叛乱。而这个时候，麻烦也来了。李建成是合法、公开的已经立了好几年的太子，也曾追随父亲起兵，也不是毫无功劳，而且他身边有一帮人，甚至有一支属于自己的非常精锐的部队——长林兵。但李世民也有自己的王府力量，有自己的谋士和军队。这时李渊很为难，所以他想方设法缓和儿子们之间日益紧张的矛盾。但是，情况太复杂了，他实在是难以判断。也正是由于唐高祖这种摇摆不定的态度，导致局势急剧恶化，也导致了李建成和李世民兵戎相见。

公元626年，突厥人开始侵犯边境，李建成向唐高祖李渊提议，派李元吉去抵御突厥人。他是想以这个为借口，趁机调走李世民手下最精锐的将军和士兵。同时李建成和李元吉主动贿赂接近李世民的人，策划他们倒戈。局势到了这么一种状态，李世民身边的人，一再劝李世民对他这两个兄弟采取断然的手段。我们从史籍记载来看，李世民下决心杀掉他的哥哥和弟弟是考虑了很长一段时间的。而且是一件事情刺激了李世民，促使他下决心动手。什么事情呢？

李元吉要出兵去抵抗突厥，那么作为哥哥的李世民应该去为他送行，以壮行色，而李建成和李元吉就准备在李世民来送行的时候，把李世民杀掉。有人将这件事告密给李世民，迫使李世民终于决心先下手为强。他就把打扮成道士的房玄龄和杜如晦秘密地接到自己的营地，帮他拟订计划。同时，他又收买了玄武门的禁军将领，为自己所用。玄武门是长安太极宫北面城墙的中心，是出入皇城的要道，所以禁军都是驻扎在那里的。

六月初三，李世民上了一个奏章。这个奏章有点儿捕风捉影，说李建成和李元吉秽乱后宫，也就是说自己的哥哥和弟弟与父亲的嫔妃有不正当的来往。于是，唐高祖李渊下令调查。唐高祖的一个嫔妃跟李建成和李元吉他们有点儿特殊关系，第二天一早，她就把李世民举报他们的消息告诉了李建成和李元吉。这个时候李建成和李元吉犯了一个致命的错误，什么致命的错误呢？他们决定不在朝廷上进行分辩。因为牵涉到宫里的嫔妃，如果在大庭广众之下进行辩白，是很难听的。他们两个决定直接去见李渊，向他说明情况。他们没想到李世民会动手，所以没带几个人，骑马直奔皇宫。这个时候，李世民率领自己的心腹，已经秘密地到达了玄武门，做好了在这里伏击的布置。当李建成、李元吉骑马到达玄武门的时候，他们遭到了李世民的袭击。李建成被李世民当场射死，李元吉则被尉迟敬德所杀。

> 玄武门之变，李世民虽然是胜利者，但是，这却是一场充满着刀光剑影、血雨腥风、手足相残的人间悲剧。李世民为夺皇位，已将自己的两个亲兄弟杀死，那么，对于自己的父亲李渊，李世民又会怎么办呢？玄武门之变后，李渊和李世民这对父子间，究竟又发生了什么事情呢？

　　玄武门之变以后，李世民派尉迟敬德去向唐高祖报告这个结果。尉迟敬德曾经差一点儿被唐高祖杀掉，因为李建成和李元吉老说他坏话，是秦王李世民把他保下来的。进宫报告的时候，唐高祖正在宫内的湖面上划船，看见尉迟敬德全副武装并扛着戈就进来了。按照唐朝的法律，携带武器冲进宫内，这是死罪。但是，尉迟敬德却无所顾忌，他告诉唐高祖，李建成死了，李元吉死了，玄武门的禁军现在听命于李世民，发生政变了。所以，李世民是逼李渊禅位的。很快，李渊就宣布退位为太上皇，李世民继位，这就是唐太宗。

　　唐高祖退位以后，无论在事实上还是名义上，都成了一个退隐的皇帝，只是偶尔出宫参加一些无足轻重的仪式。史籍当中记载，父子两个人虽然住得很近，但唐太宗却不怎么去看唐高祖，对他很冷淡，只是在一些必要场合，向自己的父亲敬敬酒，说两句冠冕堂皇的话。而且李世民给他的父亲李渊所修造的陵墓也很小，规格也不高。所以说父子之间的感情很平淡。而李渊拿自己这个强悍的、有能力的、久经沙场的、羽翼丰满的儿子，一点儿办法都没有。唐高祖李渊在过了一段很失意的生活以后，死于太安宫，庙号高祖，葬于献陵。

唐高祖是中国史书上颇受轻视的一位君主。之所以如此，首先，因为他在位的时间很短，而且处在中国历史上最突出的两个人中间，前面是他的姨表兄弟隋炀帝，后面则是被中国传统史学公认为政治完人的唐太宗。其次，他建立唐王朝的功绩被他的接班人李世民精心地掩盖掉，因为李世民要掩盖自己发动玄武门政变杀兄、逼父、夺位这一段历史事实。

实际上，正是唐高祖的建朝功绩，才使唐王朝在建立的初期就已经拥有了坚实的行政、经济和军事基础。我们完全可以说，唐高祖为自己儿子唐太宗的辉煌统治奠定了必不可少的基础。我想，这也就是为什么惜墨如金的《三字经》要花整整一节的篇幅讲唐高祖，讲他开创大唐的功业。

唐太宗李世民励精图治,开创了唐朝的第一个盛世——"贞观之治"。唐太宗李世民最为后人称道的,就是他善于纳谏。而唐太宗的宰相魏徵,就是以勇于进谏而名垂青史的谏臣。而开创了唐朝第二个盛世的唐玄宗,是不是因为宠幸杨贵妃,而导致了唐朝由盛转衰呢?由盛转衰的唐朝最终在农民起义的风暴中灭亡了。那么,是谁灭了唐朝?

"二十传,三百载,梁灭之,国乃改。""二十传"是指唐朝皇帝的数量,即有二十位皇帝(一说有二十二位皇帝)。"三百载"是指唐朝的寿命,约有三百年。"梁灭之",唐是被梁所灭,历史上称做"后梁"。"国乃改",这个国家改掉了,不再叫唐朝,而是叫后梁了。

唐朝近三百年的历史一般被分为前后两节,分水岭为公元755年。公元755年以前的唐朝,出现了中国历史上著名的两个盛世;而公元755年以后的唐朝,就开始由盛转衰,直到灭亡。

第一个盛世"贞观之治",是李世民开创的。李世民年轻时,追随父亲李渊起兵。由于长年带兵打仗,使他对民间的疾苦有切身感受,所以非常重视百姓生活。他强调以民为本,说:"民,水也;君,舟也。水能载舟,亦能覆舟。"通过土地制度的调整以"安百姓"。另外,李世民还"重人才",知人善用,从谏如流。用人和纳谏是"贞观之治"出现的重要原因。

魏徵进谏虽说是以国家社稷为重，一片忠心，但忠言逆耳，普通人尚且不愿意听到批评意见，更何况是贵为皇帝的唐太宗李世民呢。身为皇帝的李世民真的能听进不同意见吗？

继位之初，唐太宗励精图治，经常召见魏徵。而魏徵也越来越显出他胸怀大志、胆识超群的特质。他以实事求是的精神，向皇帝大胆进谏。在魏徵任职的几十年里，他共进谏二百多次。每一次唐太宗都尽量考虑他的意见，予以采纳。即使在唐太宗大怒的时候，魏徵也敢当面廷争，从不退让。所以，唐太宗对魏徵的敬畏之心越来越重。史书上有许多有趣的记载。有一次，有人进贡了一只鹰，唐太宗很高兴。唐太宗把鹰架在臂膀上，很得意地在宫廷里逛来逛去。忽然远远地看见魏徵来了，吓得唐太宗赶快把鹰拿下来，藏在袍子里，不让魏徵看见。魏徵跟他谈了许久的公务后走了，唐太宗忙把鹰放出来，一看鹰已经被憋死了。唐太宗很心疼，可一句话也不敢说。

不过，李世民气量再大，也有忍受不了的时候。有一次，唐太宗上完朝后怒气冲冲地回到后宫里。长孙皇后发现他不太高兴，就问其缘由。唐太宗没头没脑地说了一句："我一定要杀掉这个乡巴佬。"皇后问："谁是乡巴佬？"唐太宗说："还不就是魏徵，天天给我进谏。"这时候，长孙皇后也显出了不起的一面。一般的皇后也许会说："那你就把他杀了吧，一个乡巴佬算什么，只要你高兴。"可是，长孙皇后没有这么说，而是马上跪下说："恭喜皇帝。"唐太宗一头雾水。皇后继续说："你有这样一个臣下，敢于直言进谏，是因为陛下乃圣明之君。既然是圣明之君，有这样一个贤明的臣子，高兴还来不及啊，怎么能杀掉他呢？杀掉他以后，怎么证明你是贤明的君主呢？"唐太宗一听，恍然大悟，此后更加虚心纳谏，对魏徵也倍加敬重。魏徵则更加努力地进谏。君臣之间就形成了一种良性的互动。

贞观十六年（公元642年），魏徵生病卧床，唐太宗派去探视的中使道路相望。中使就是宫中的使臣。什么叫"道路相望"？即一拨还没出来，第二拨又去探望，整个路上全部是唐太宗派去探望魏徵的人。魏徵是位很清廉的官，毫无积蓄，而且居然"家无正寝"，就是家里连间像样的卧室都没有。唐太宗立即下令，用自己原来修筑宫殿的材料，给魏徵造了一间大房子。不久，魏徵病逝。唐太宗亲临吊唁，并且放声痛哭。就在这个场合，唐太宗说了一句话，成为流传至今的千古名言："夫以铜为镜，可以正衣冠；以古为镜，可以知兴替；以人为镜，可以明得失。"用好铜做一面镜子，可以端正自己的衣冠；以历史作镜子，可以知道一个王朝为什么兴弱；以别人作镜子，就可以知道自己的得失。

> 唐太宗李世民开创了唐朝的第一个盛世——"贞观之治"。那么，唐朝的第二个盛世"开元之治"又是谁开创的呢？"开元之治"造就了唐朝的鼎盛时期。但是，公元755年起，盛唐开始走向衰落。是什么原因造成了唐朝由盛转衰呢？

唐太宗去世后，唐朝经历了一段时间的混乱和纷争。到了唐朝第七位皇帝，也就是历史上著名的唐玄宗李隆基登上皇位以后，才平定了内乱。他励精图治，使唐朝出现了第二个盛世，这就是"开元之治"。唐玄宗在位时间较长，从公元712年到公元756年，共四十五年。正是开元年间，唐朝真正成为世界上最强盛的国家。唐玄宗早期，也像唐太宗一样，知人善任，赏罚分明。他非常节俭，并规定三品以下的大臣及嫔妃，不允许佩戴金、玉饰物。他还大量遣散宫女，以节省开支。同时，他又清查全国的漏报户口和籍外田地，查出八十多万户。在古代，如果查出一户人，就意味着增加一户税源，这样就大幅度地增加了唐朝的税收和兵力来源。由于这些措施，唐朝变得非常富裕，粮仓充实，物价十分便宜。当时要出远门，人们根本不带粮食，因为一路上都会有人提供免费食物。

可惜的是，这样大好的局面，在唐玄宗的晚期被破坏了。公元755年是唐朝历史的分界点，唐朝从这个临界点开始，发生了很大的变化，从此盛极而衰。导致这种情况的原因很多，诸如，地方长官的权力太大，中央政府控制权被消减，出现了内轻外重的局面；朝廷内的那些正直、有见识、负责任的大臣逐渐老退，后继无人，等等。除此之外，唐玄宗晚年时特别宠爱杨贵妃，由之牵带出的许多是与非，也被人们经常诟病。当然，将国家兴亡归于一位女性身上，是非常不客观的。但是，确实缘于唐玄宗对杨贵妃的格外宠爱，引发了一系列的政治恶果。

　　杨玉环与西施、貂蝉、王昭君并称为中国古代四大美人。为什么唐玄宗会对杨玉环如此宠爱？而唐玄宗对她的宠爱，又为什么会导致盛唐的衰落呢？

　　一个皇朝的兴亡有各种各样复杂的原因，但是，唐玄宗和杨贵妃之间的关系，的确超越了皇帝和宠妃之间的关系，并直接影响了唐朝后期的政局。从某种意义上讲，这也是唐朝由盛转衰的一个重要原因。

　　从历史记载看，杨玉环应该是姿色丰艳、善于歌舞、精通音律、聪明过人，非常善于讨好和逢迎皇帝。唐玄宗为之神魂颠倒，在宫中不称贵妃，而是称娘子，礼遇等同于皇后。杨玉环得宠之后，她的族兄杨国忠也飞黄腾达，升任宰相，身兼十余职。

　　天宝十年，杨贵妃携杨家数人晚上出去游玩，与广平公主相遇。按常规，臣子的家人当然应该让公主了，可杨家不让。两边人马争执起来，杨家的家奴居然要挥鞭教训公主的奴仆。这就全乱了，公主毕竟是李唐皇室的血脉，杨家怎么着也是个外戚之家，且杨贵妃只是贵妃，又不是皇后。当时，公主的人挥动了一下鞭子，一不小心鞭子的末端擦到了杨贵妃，贵妃在马上一晃，落马了。驸马陈昌裔一看，吓坏了，赶紧跳下马，抢上前来，把那些打架的仆人分开，去扶杨贵妃。旁边杨家奴仆乘机冲上前来，把驸马给打了一顿。这下广平公主当然很生气，事后就跑到唐玄宗那里去哭。这件事情的结果是什么呢？杨家动手打驸马的奴仆被杀，但是，驸马丢了所有的官职。显然驸马吃亏了，因为在当时人的眼里杀一个奴仆无所谓。杨家的嚣张气焰竟然到了这样的地步。杨家在极度骄横的时候，一家人娶了两位公主、两位郡主，也就是说，他们已经跟皇室联姻。杨贵妃居然为她的父亲、祖父立了庙，这庙里面的碑文也都是唐玄宗亲笔题写的。

天宝中期，导致唐朝由盛转衰的关键人物安禄山，因为立了边功，受到皇帝的宠信。安禄山来朝见皇帝，唐玄宗令杨氏姐妹与安禄山结为兄妹，但是，却令安禄山拜杨贵妃为母。这不全乱套了吗？因为皇帝宠爱杨贵妃，要安禄山像侍奉母亲一样侍奉杨贵妃。安禄山为了讨好杨贵妃，竟然跳胡旋舞。这是古时一种旋转飞快的舞蹈。但是唐朝的胡旋舞更难跳，要在地上铺一块丝帕，并且只能在这块丝帕上转。二百多斤的体重，为了讨好杨贵妃在那上面转个不停，安禄山当时不敢说什么，但他的内心会怎么想？

唐玄宗年事已高，想传位给太子，而杨家的人不同意。杨家的人知道自己得罪的人太多了，如果失去了唐玄宗这个靠山，迟早没命。于是，杨国忠赶紧找杨贵妃商量。杨贵妃就嘴里衔着土块，去向唐玄宗请死，而唐玄宗居然因此放弃了传位给太子的念头。杨贵妃一个人的好恶已经影响到李唐皇室皇位的更迭。

> 晚年的唐玄宗，因为宠爱杨贵妃，造成了外戚专权，朝纲混乱。那么，唐玄宗晚年的行为，会给唐朝的政治带来什么样的后果呢？

公元 755 年，安禄山、史思明带头叛乱，这场叛乱就是著名的导致唐朝由盛转衰的"安史之乱"。由于杨国忠的无能，使安禄山于同年十二月十二日就攻入洛阳。唐玄宗带着杨贵妃逃到了马嵬驿。太子李亨早就跟禁军的大将暗中商议好，由这位大将出面，杀了杨国忠父子，并且逼着唐玄宗赐死杨贵妃。杨贵妃是被勒死的，死的时候年仅三十八岁。匆忙之间，她就被葬在路边，随随便便拿着毯子一裹完事。

"安史之乱"长达八年，虽然被镇压下去，但是唐朝的元气已伤，国家被折腾得一塌糊涂。"安史之乱"后的唐朝，基本上以地方割据为主，节度使手上都有兵权，控制一方，根本不听朝廷的招呼，朝廷也不能派官去。节度使死了以后，儿子接着当节度使，朝廷根本管不了。公元875年，黄巢、王仙芝率领农民起义军揭竿而起，威震全国。公元881年，起义军攻陷长安，唐僖宗（公元873年—公元888年在位）逃到四川。黄巢起义军后来被唐王朝组织的各路力量扑灭。在镇压黄巢起义中起家的军阀朱温，于公元907年废掉了唐朝的最后一位皇帝，建立了后梁，定都在今天的开封。

朱温出身贫寒，没有读过书。他参加农民起义后，又归降了唐朝。当时的皇帝唐僖宗，对朱温大加赏赐，加官封爵，委以重任，并给他赐名朱全忠。本来指望他能忠于朝廷，没想到，正是朱温最后灭掉了唐朝，建立后梁。那么，朱温是一个什么样的皇帝？后梁又为何如此短命呢？

朱温（公元852—公元912年），小名朱三，唐朝宋州砀（dàng）山（今安徽砀山）人。朱温的父亲朱诚是一个乡村的私塾老师，他的祖父也是私塾老师。朱温既然叫朱三，当然是排行老三了。父亲早亡，所以朱温家里非常贫穷。兄弟三个，随母亲一起投靠到萧县一个叫刘从的地主豪强家里。在寄人篱下的生活环境中，朱温不仅没有形成软弱怕事的性格，反而格外狡猾、奸诈、凶残。朱温经常在乡里惹是生非，乡里人都非常讨厌他。他的主人刘崇经常责打他。后来，朱温参加了黄巢起义，成为黄巢手下的一员战将，但他后来变节了。唐僖宗在得到朱温归降的消息以后喜不自胜。因为那个时候正焦头烂额，突然有个大将投靠，正如唐僖宗所说："真是天赐我也。"但是，他没想到，天赐给他的实际上是一只恶狼。唐僖宗任命朱温为大将军、招讨副使，并且给他改名叫全忠。当然，就像没有忠于黄巢一样，他又没有忠于唐僖宗。

建立后梁后，在治理国家方面，朱温也做了一些有益的事情。但是总体来看，朱温滥杀无辜，荒淫无耻，在历史上是出了名的。

为了保证战斗力，他对待士兵非常严厉。每次作战的时候，如果将领战死，这个将领手下的士兵必须与将领共存亡。即便活着回来，照样杀掉。所以他的战斗力特别强。为了防止士兵逃亡，朱温想了个在士兵脸上刺字的办法。这样，如果逃兵在关口被抓住，一定是死路一条。

他不但对自己的部下残酷地滥杀，而且还乱杀战俘。朱温曾经率领军队在巨野打了一仗，清理战场的时候，突然狂风大作，飞沙走石。朱温便说："怎么天气变了？老天爷不高兴了，看样子我们杀人还没杀够。"于是下令把战俘全部杀掉。还有一次，朱温攻打青州博昌县（今山东博兴），打了一个多月没有攻克。朱温就命令手下的一个将领，驱赶着被俘虏的十万民众，让他们背着石头、木料，在城南筑一座土山。当筑到与城墙一样高时，朱温一声令下，从后面射杀，人全部倒下，摞成一座人山，然后再发起攻城。这样的场景惨不忍睹。根据记载，当时的哭喊声几十里之外都能听到。攻城以后，朱温又下令屠城。

对待读书人，朱温也是非常残忍。有一年的六月，天气很热了，朱温就带着一群幕僚——里边当然有不少读书人，到一棵柳树底下去乘凉。朱温抬头望了望柳树，说："这棵柳树长得真好啊，正好用来做车毂（gǔ）。"旁边有几个读书人直拍皇帝的马屁："对对对，正好做车毂。"没想到朱温勃然变色："你们这些书生，随口戏弄人，以为我不懂啊，车毂要用榆木做，怎么可以用柳木做？来人，把这几个书生乱刀砍死。"

朱温最后是在生病时，被儿子朱友珪带人刺杀身亡的。他死的时候六十一岁，死了以后被人用破毯子一裹埋在寝殿底下了。

第二十四章

梁唐晋^①，及汉周^②^③^④，称五代^⑤，皆有由^⑥。

① 唐：公元923年李存勖灭后梁称帝，国号唐，建都洛阳，史称「后唐」。

② 晋：公元936年石敬瑭勾结契丹贵族灭唐称帝，以晋为国号，建都汴（今河南开封），史称「后晋」。

③ 汉：公元947年刘知远击退入侵的契丹人后称帝，国号汉，建都汴，史称「后汉」。

④ 周：公元951年郭威灭后汉称帝，国号周，建都汴，史称「后周」。

⑤ 皆：都。

⑥ 由：缘由。

炎宋兴，受周禅。十八传，南北混。

辽与金，帝号纷，迮灭辽，宋犹存。

❶ 炎宋：公元960年由赵匡胤所创建的宋朝，史称「赵宋」，以区别于南北朝时代的「刘宋」。根据传统的五行学说，它应该遵循五行中火德来确定尺度和服饰的色彩，故而人们亦称之为「炎宋」。

❷ 禅：禅让。

❸ 十八传：宋代以公元1126年为界分为南宋、北宋，共有十八位皇帝。

❹ 辽：公元907年由契丹族首领耶律阿保机创建的政权，以契丹为国号，后改称辽，公元1125年为金所灭。

❺ 金：公元1115年由女真族首领完颜阿骨打所创建的政权，公元1234年在蒙古和南宋的联合进攻下灭亡。

❻ 纷：变化多端。

❼ 犹：仍然。

　　五代十国时期在中国历史上是最为混乱的时期，梁、唐、晋、汉、周五个小朝廷，皇帝一个比一个荒唐，王朝也一个比一个短命。这时期的小朝廷都有怎样的命运？又是谁结束了这种分崩离析的混乱局面呢？

　　后唐庄宗李存勖，与朱温是老相识，彼此经常交锋。李存勖（公元885年—公元926年），李克用的长子，自幼喜欢骑马射箭，得到过唐昭宗的赏赐和夸奖。从少年时代起，李存勖就随父亲南征北战，十一岁时跟随父亲向朝廷报捷。当然，唐朝的皇帝也很欣赏他。他成人以后相貌雄伟，成为一名非常勇敢的战将。父亲在临死的时候曾经交给他三支箭，嘱咐他要完成三件大事：第一，要讨伐一个叫刘仁恭的人，并要攻克幽州（今北京一带）；第二，要征讨契丹，解除北方边境的威胁；第三，要消灭世敌后梁。他果真不辱父命，一一完成了三项使命，灭掉后梁后，当上了后唐的开国皇帝。

　　李存勖英勇善战，终于完成了父亲的遗嘱，灭掉了后梁，建立了后唐，成为开国之君。但是，当上了皇帝以后，李存勖完全不懂应该如何治理国家。那么，李存勖最后的结局是怎样的呢？

　　李存勖在战场上出生入死，不惜生命，是一员勇将。但是，当了皇帝以后，他却暴露出在政治上的昏庸。称帝以后，他不思进取，开始享乐，并且天天穿上戏装，上台演戏。在李存勖当皇帝的时候，所有的演员可以自由进出宫中，和皇帝打打闹闹，可以任意地戏弄朝廷大臣。那些大臣敢怒不敢言，因为知道这些伶人都是皇帝身边的红人，皇帝经常要跟他们同台演戏的，根本就不敢惹。有的朝廷大臣、大将，为了在皇帝面前得到宠信，还要去贿赂、去讨好这些伶人。李存勖也利用这些伶人做耳目，去刺探群臣之间的言行，置那些追随他身经百战的将士于不顾。李存勖更是一个非常荒淫的皇帝。他有的时候还允许伶人和宦官随便去抢民女入宫，有一次居然把驻守澶（wéi）州的将士们的妻子、女儿一千多人，全部抢入后宫。这怎能不民怨沸腾？怎能不众叛亲离呢？

公元 926 年，李存勖听信了宦官、伶人的谗言，杀掉了重要的大将，引起了内乱。各地的将领纷纷率兵攻打李存勖，而李存勖正要率兵去抗击叛乱的时候，被伶人郭从谦所杀，可谓自食其果。欧阳修这样评价李存勖："方其盛也，举天下之豪杰，莫能与之争；及其衰也，数十伶人困之，而身死国灭，为天下笑。"意思就是当他强大兴盛的时候，天下的豪杰都来也打不过他；而当他衰败的时候，几十个戏子就能使他受困，自己被杀了，国也灭掉了，为天下耻笑。李存勖死了以后，李嗣源继位，这个李嗣源是五代历史上少见的好皇帝。

史书记载，李嗣源经常晚上在宫里点上香，向天祷告："某胡人，因乱为众所推；愿天早生圣人，为生民主。"他不是汉人，所以称自己为胡人。这句话意思是说天下大乱，所以大家就推他做皇帝了，希望老天能够早点儿诞生一个圣人，来为天下的黎民百姓做主。但是，这个皇帝也没有能够使后唐长命，后唐十四年后就覆灭了。

后梁皇帝朱温的荒淫，和后唐皇帝李存勖的荒唐，都草草地断送了各自的江山。他们不能以史为鉴，不能克制自己的各种欲望，不能体恤百姓，不能遵守天地正道，因而也逃脱不了可悲的下场。那么，登上五代时期第三个王朝皇位的又会是谁呢？为什么他会背上千古骂名呢？

在后唐灭亡以后，接着登上五代时期第三个王朝——晋朝皇位的，就是在中国历史上背着两重臭名的皇帝石敬瑭。哪两重臭名呢？第一个是儿皇帝，第二个是汉奸卖国贼。

根据《旧五代史》的记载，石敬瑭（公元892年—公元942年）是太原人，他的祖先是战国时的魏国人，在汉朝当过大夫、丞相。有相当多的学者认为石敬瑭应该算是沙陀人。沙陀人就是突厥人的一个分支部落，世世代代居住在今天中国新疆境内，是一个游牧部落。后来，因为他们和周围的游牧部落争夺水草，连年战争，所以接受了唐王朝的接纳和庇护，向东迁移，被安置在山西大同附近。

石敬瑭性格非常沉郁，好读兵书。时任刺史的李嗣源十分看重和喜爱石敬瑭，并把自己的女儿嫁给了他。当李嗣源继位当了皇帝以后，石敬瑭官运亨通，掌握重权。到了李嗣源的晚年，石敬瑭自告奋勇地出任了太原节度使，掌握了很大的权力，特别是兵权。在中国历史上的大多数时期，太原几乎就是中国的北大门，是中国和少数民族拉锯对抗的第一线。所以在太原，往往屯有重兵，而且城池坚固，粮草充足。李嗣源死后，李从重继位。他跟石敬瑭之间的关系非常微妙，所以对石敬瑭这个手握重兵的节度使心怀疑虑。这样一来二去，就打起来了。石敬瑭因为在太原，离契丹很近，所以就请求契丹出兵援助。而在这一场后唐和石敬瑭的战争当中，石敬瑭在契丹军队的支持下取得了胜利。也就是说，石敬瑭是在契丹的帮助下开创了后晋这个王朝的。在他们打仗的时候，石敬瑭已经认契丹的国主为"父"，并且承诺，只要他登上帝位，只要把后唐灭掉，他就会割让燕云十六州给契丹。燕云十六州包括今天的北京在内，一直到北方山西这一大片国土，共十六个州。此外，他每年还要贡献布帛三十万匹。公元936年，石敬瑭在太原登基，改元天福，改国号为晋。接着他就率大军向后唐的国都洛阳进发，消灭了已经不堪一击的后唐，成功建立了晋朝。

> 以割让战略要地为代价、以甘当契丹皇帝儿子为条件登上皇位的石敬瑭，在历史上留下了千古骂名。那么，割让燕云十六州产生了哪些历史影响？石敬瑭的那位契丹父亲到底是个什么样的人呢？

石敬瑭割让燕云十六州带来了非常严重的历史后果。这个地区地形险要，历来就是中原王朝抵抗北方侵扰的天然屏障，过了这片区域，就是大平原，无险可守。而北方游牧民族都是骑兵，一旦南下，中原政权怎么保？因此燕云十六州具有非常重要的军事意义。自从石敬瑭把这个地区割让出去以后，就导致在接下来的几百年里，中原王朝一直处在北方游牧民族势力的威胁之下，迫使中原王朝每年都要动用大量的人力、物力加强防御，极大地影响和制约了中原地区社会、经济、文化的发展，特别是河北地区的发展。但是，历史的复杂就在于此。燕云十六州割让给契丹以后，也造成了另外一个后果：它大大地改变了契丹民族政权的性质，契丹由此也从单纯的草原游牧部落形态转变为游牧、农耕并重的形态，而且越到后期，农耕性质越明显。也正是在燕云十六州之一的幽州割让给契丹以后不久，契丹就接受了中国的传统政治形式，开始建立国家，契丹民族从此逐渐被汉化并最终融入了汉族。

四十四岁的石敬瑭为了取后唐而代之，认耶律德光为"父亲"，而耶律德光当时仅仅三十四岁。耶律德光是辽代开国皇帝耶律阿保机的次子，曾经追随他的父亲东征西讨，后把国号由契丹改成了辽，并奠定了辽朝强盛的国基。

石敬瑭死了以后，石重贵继位，他向耶律德光提出一个条件：从今往后晋朝向辽国"称孙不称臣"。耶律德光大怒，发兵南下中原，灭掉了后晋。后晋也只存在了十二年，政权就落到后晋的部将刘知远的手里。

后晋灭亡后，接下来的小朝廷是后汉，开国皇帝是刘知远。这个五代中的第四个政权后汉王朝，更是只有四年的寿命。那么，五代中最后一个王朝后周又会是什么样的命运呢？

五代最后一个王朝就是郭威建立的后周。但是，郭威在位三年就死了，他没有亲生儿子，所以就由养子柴荣继位，即周世宗。

周世宗柴荣（公元 921 年—公元 959 年），今河北邢台人。历史上记载他是个谨厚之人，相貌伟岸，精通骑射，而且读过一点儿黄老之书，懂一点儿文墨。郭威相当喜欢他，把他收为养子，由他继承了自己的帝位。新旧《五代史》对周世宗柴荣的评价都很高。

柴荣是一个勤政爱民、从谏如流、志怀天下、经营四方的人物。他满怀雄心壮志，大力改革，成就卓著。在军事上，严明军纪、赏罚分明、裁汰老弱，募天下壮士，取而用之，所以他的军队很强大；在政治上，严禁贪污，惩治失职的官吏；在经济上，招民开垦荒田，均定河南等地六十州租赋。有意思的是，他废除了曲阜孔氏的免税特权。同时，他还扩建京城开封，恢复漕运，兴修水利，修订刑法，考证雅乐，纠正科举的弊端，搜求遗书，勘印古籍。此外，他还采取了灭佛的措施。中国历史上一共有四次大规模的灭佛事件，历史上称之为"三武一宗"，即北魏太武帝拓跋焘、北周武帝宇文邕、唐武宗李炎、后周世宗柴荣。将柴荣跟"三武"并列，客观地说有点儿不公。因为柴荣灭佛无论是初衷还是手段，和前面"三武"都不尽相同。"三武"灭佛一般是憎恨佛教，或者反感佛教，或者为了独尊儒教，手段残酷，无端杀了很多人，包括很多僧人。但是，柴荣灭佛主要是出于政治和经济方面的一种战略的考量。他发现僧人太多，寺院占的土地太多，国家的土地就减少了；免税的人口增多了，国家的兵源就少了。因此，必须把寺院减少，让僧人还俗。周世宗柴荣虽然是壮志满怀，很有能力，但是仅仅当了五年多的皇帝。公元959年，柴荣率兵攻打幽州时，突患重病身亡，死的时候只有三十九岁。

柴荣去世后，继位的是七岁的儿子柴宗训，也就是周恭帝。周恭帝仅仅在位半年后，后周的天下就被赵匡胤以黄袍加身的方式夺走了。经过五十多年混战的五代时期到此宣告结束。

赵匡胤接受了所谓的"禅让",当上了皇帝,建立了宋朝。经过一番征战讨伐,宋朝消灭了其他各个小国,五十多年的战乱纷争局面,终于得到了控制。然而,赵匡胤却更加忧心忡忡。此时,他最大的担心是什么?为什么说他的死是一个历史疑案?又是什么人推翻了北宋的政权?

"炎宋兴,受周禅,十八传,南北混。"宋朝是由赵匡胤在公元960年建立的,为了和南朝的刘宋相区别,称它为赵宋。那么,为什么《三字经》里不叫"赵宋兴",而叫"炎宋兴"呢?这就是传统五行学说在起作用。宋朝属于火德,所以,宋朝的皇帝都穿红衣服,因此叫炎宋。而且,《三字经》的始创者就是宋朝人,用"炎宋"比用"赵宋"更显尊敬。宋朝有十八位皇帝,以公元1126年分界,分为北宋和南宋,所以叫"十八传,南北混"。

在时局动荡、弱肉强食的年代,英明练达的柴荣都难以扩充国力,更何况一个只有七岁的小皇帝?而这个小皇帝身边的文官大臣,早就对手握重兵的赵匡胤产生了疑心,甚至想杀掉赵匡胤。而接下来发生的戏剧性的一幕,说明赵匡胤早有应对的办法。黄袍加身又是一段什么样的故事呢?

周世宗柴荣准备攻辽的时候,英年早逝,继位的是七岁的儿子柴宗训,也就是周恭帝。公元960年,辽兵南下入侵,小皇帝就派禁军将领赵匡胤率领禁兵前往迎战。谁知道这就给赵匡胤提供了机会。随之,发生了历史上著名的"陈桥兵变"，赵匡胤黄袍加身。

宋太祖赵匡胤（公元 927 年—公元 976 年），宋朝开国皇帝，涿州人。他在后汉初年应征入伍，后被郭威重用，开始掌握禁军这一支中央最精锐的警卫部队。到了周世宗柴荣的时候，赵匡胤已经因为战功升为殿前都点检，也就是掌握了后周的兵权，成为最主要的军事将领。周恭帝柴宗训继位后，对赵匡胤更加依赖。而赵匡胤为了实现自己的皇帝梦，已经做足了准备。

显德七年（公元 960 年）正月，突然传来辽和北汉联合入侵的消息。大臣们慌作一团，当时的文官也束手无策，只能下令赵匡胤率领禁军前往迎敌。赵匡胤接到出兵命令以后率兵出城，跟随他的还有他的弟弟赵光义和他最亲信的谋士——以"半部论语治天下"而闻名的赵普。当天下午，这支军队就到达了离开封几十里的陈桥驿。晚上，赵匡胤命令将士就地扎营休息，有将领说："现在皇上的年纪那么小，我们拼死拼活去打仗，将来他怎么会记得我们的功劳呢？还不如现在就拥护点检当皇帝算了。"随后他们推举了一个官员，把这个想法去告诉赵光义和赵普。赵光义和赵普听了以后暗暗高兴，因为作为弟弟和谋士的他们早就运作好了，所以要大家安定军心，不要造成混乱。他们一方面又派亲信秘密返回京城，通知还在京城里的其他两位大将，看管好开封的大门，做好准备。赵匡胤却假装不知道，而且特意把自己喝得不省人事。他一觉醒来，听见外面一片嘈杂，紧接着就有人敲门，高声叫嚷："请点检做皇帝。"赵匡胤爬起来，还没来得及说话，就有几个人把早就准备好的一件黄袍七手八脚给赵匡胤披上了，并跪倒在地，大呼万岁。接着，又推又拉，把赵匡胤扶到马上，请他回京城。他骑到马上，问道："既然是你们立我做天子，那么，我的命令你们服从吗？"底下的将士当然回答"要听陛下之意"了。赵匡胤就发布命令，让大家到了京城以后要保护好周朝的太后和幼主。不许侵犯朝廷大臣，不许抢掠国家仓库，执行命令有重赏，违抗命令要受罚。于是赵匡胤率军回到汴京，他的两个亲信大将把城门打开，仗都不用打，整个京城就被赵匡胤占领了。赵匡胤的手下把那几个文官请过来，赵匡胤见了这几个文官后装出非常为难的样子，跟文官

讲："周世宗柴荣对我恩义深重，现在我被部下逼成这个样子，你们看我怎么办？"这些文官一下子愣得也不知道说什么好。而那些将领则在旁边挥刀大叫："我们不认别的人做主人，我们今天一定要逼点检当皇帝。"那几个文官也只能赶快下拜。周恭帝就这样"禅位"了。赵匡胤做了皇帝（即宋太祖）后，以宋为国号，定都东京，即今天的河南开封，历史上称为北宋。经过五十多年混战的五代时期到此宣告结束。

赵匡胤是靠着禁军才登上皇位的，因此，他最忧心的是手下掌握着军队的将领。他继位以后首先着手解决的就是这个问题，并在中国历史上留下了"杯酒释兵权"的故事。有一天，他单独召见赵普，他问："唐末以来，五个朝代没完没了地打仗，不知道死了多少百姓，为什么会出现这样的情况？"赵普说："陛下，道理很简单，国家混乱是因为藩镇手中的权力太大，如果把兵权全部收回，把军队统归中央，不就天下太平了吗？"赵匡胤连连点头。赵普又进一步对他讲："现在的禁军大将石守信、王审琦的兵权太大，还是把他们调离禁军为好。"赵匡胤一听此言忙说："不会，不会。这两个人是我的老部下、老朋友，怎么会反对我呢？"赵普又说："我不担心他们叛变，但是，根据我的规察，这两个人没有什么统帅的才能，管不住下面的将士，有朝一日，下面的人闹起事来，我怕他们身不由己啊。"赵匡胤一听，直敲自己的脑袋："亏得你提醒我。"过了几天，赵匡胤就在宫里举行宴会，请几位老将喝酒。酒过三巡，赵匡胤就叫旁边的太监退下，只留下那些曾经与他同生共死的大将。赵匡胤举起一杯酒，请大家干杯，然后他说："要不是有你们帮助，我也不会有现在这个地位。但是，你们哪儿知道，做皇帝也有很大难处，还不如做个节度使自在。不瞒各位说，这一年来，我就没有一夜睡过安稳觉。"大将们一听，感到十分惊奇，赶紧问："陛下，这是什么缘故？您怎么睡不好觉呢？"宋太祖说："这还不明白吗？皇帝这个位置谁不眼红啊？"这些大将赶紧跪在地上磕头，说："陛下，为什么说这样的话，现在天下已经安定，谁还敢对陛下三心二意呢？"宋太祖摇摇头说："对你们这几位，我难道还信不过吗？但是，就怕你们部下将士当中有人贪图富贵，把黄袍披到你们的身上，你们想不干，能行吗？"这个话一说，所有的大将都觉得大祸临头，赶紧磕头，泪流满面，号啕大哭："陛下，我们都是粗人，没想到这一点，请陛下开恩，给我们指一条出路吧。"赵匡胤说："你们还是把兵权交出来吧，到地方去享受生活，买点儿田地房屋，给子孙留点儿家业，快快活活度个晚年，我和你们再结为亲家，彼此毫不猜疑，这不更好吗？"这些大将磕头如捣蒜："谢谢陛下！陛下的恩德太大了，替我们考虑得那么周到。"第二天上朝，这些人每人递上一份奏章都说自己年老多病，请求辞职。宋太祖马上准奏，收回他们的兵权，赏给他们一大笔财物，打发他们各奔东西。历史上就把这件事称做"杯酒释兵权"。

随后，宋太祖赵匡胤又把中央禁军的兵权和地方节度使的兵权全部控制在自己手里。宋太祖建立了新的军事制度，从地方军队当中挑选精兵，编成禁军，由皇帝直接指挥调用。各地行政长官由朝廷直接委派。通过这些措施，新建立的宋朝开始稳定下来。宋太祖的做法一直被后来的皇帝沿用，但这样一来，又产生了新的问题。造成兵不知将，将不知兵的局面。因为军队由中央控制，临时有仗打了，派出一个将军，再调一支部队给他。能调动军队的人不能直接带兵，能直接带兵的人不能调动军队。这样虽然有效地防止了军队的叛变，但是，也削弱了军队的战斗力。所以，北宋的军力一直很弱。在后来和辽、金、西夏的战役中，屡屡失败。

按照中国古代社会的传统，皇帝死了之后，要由他的儿子继位。但赵匡胤驾崩之后，却是他的弟弟赵光义当了皇帝。而赵匡胤是怎么死的，也成为一个说不清楚的千古之谜。这究竟是怎样一个历史疑案呢？

赵匡胤当了十六年的皇帝就驾崩了，而他的死也成为历史上的一桩疑案。这个疑案还为我们留下了一个成语——"烛影斧声"。关于赵匡胤之死，官修的《宋史》语焉不详，野史有很多关于这方面的记载，但是并不统一，主要有两种。

宋朝有个僧人叫文莹,他写了一部流传很广的笔记叫《续湘山野录》,曾经记载了"烛影斧声"的故事。笔记里讲,赵匡胤听了一位算命人的话,觉得自己气数已尽,没有几天可活了,就把自己的弟弟赵光义请进宫,安排后事。当时赵匡胤患病已久,他把宦官和宫女撤走,单独与赵光义谈论后事。两人秉烛对饮喝完酒已经是深夜了。这时赵匡胤拿出一把柱斧在地上砍,嘴里说着"好做,好做"。当夜赵光义留宿在宫中,而第二天天刚亮,就发现赵匡胤死了。之后,赵光义就受了遗诏,在灵前继位。这样的一个过程引发了很多人的猜疑。因为按照宋朝宫廷的礼仪,赵光义是不能在宫廷里过夜的。另外,太监宫女是不应该离开皇帝寝宫的,而在那天晚上居然一个都不在。所以,很多人说,这里边有一场血腥的谋杀。而另外一部笔记叫《烬馀录》,对这个故事进行了深化。它主要是讲赵光义对赵匡胤的一个叫花蕊夫人的妃子,垂涎已久,趁赵匡胤昏睡不醒的时候去调戏花蕊夫人,但是惊醒了赵匡胤。赵匡胤用柱斧去砍他,但是皇上当时已经没有什么力气了,所以这个柱斧砍到了地上。赵光义一不做二不休就把赵匡胤给杀了。

反正无论如何,接下来宋朝的皇帝便不是赵匡胤的子孙,而是赵光义的后代。赵光义就是宋太宗。他酷爱读书,打仗的时候也要多带几匹马,驮着他要看的书。他曾说过两句名言,一句是"宰相需用读书人",还有一句是"开卷有益"。北宋在文化、学术、思想、艺术上都有很高的成就,但是军事一直很弱,终究难逃"靖康之耻"。抗金名将岳飞留下了千古名句:"靖康耻,犹未雪;臣子恨,何时灭。"这里的"靖康耻"指的就是"靖康之难"。

宋朝开国一百五十多年以后,朝廷受到了来自北方的巨大威胁。面对强敌,皇室步步退让,不停地赔款、割地,但最终也未能保住自己的皇位,反而受到了莫大的羞辱。这是一场什么样的灾难呢?

宋徽宗时期,也就是公元 12 世纪初,北宋王朝在文化、经济、社会等方面得到发展的同时,军事力量日渐衰弱,而东北的女真族却日益强大。女真族有一个部落叫完颜部，首领叫完颜阿骨打。公元1115年，阿骨打建立金朝，金兵多次南下，侵扰北宋。宋朝的朝廷里一直是主和派占据上风，所以，屡屡失利。宋朝被迫赔款、割地，而金兵却更加咄咄逼人。靖康元年（公元1126年），在金军还没有攻破东京即开封的情况下，皇室居然已经准备投降了。而开封的军民坚决要求抵抗，当时有三十万民众决心参战，而宋钦宗竟然亲自到金营求降。皇帝卑躬屈膝，献上降表，并且下令各地的勤王官兵，停止向东京进发，还镇压自发组织起来准备抵抗金兵的民众。在第二年的二月，金军废掉了宋徽宗、宋钦宗，另立宋朝的宰相张邦昌为伪楚帝。四月，金军将俘虏的两位皇帝以及后妃、皇子、宗室、贵戚等三千多人，加上俘虏的皇室少女、妇女、宫女、民女一万余人，全部押到金朝。当然，大量的珠宝、舆服、法物、礼器，包括浑天仪在内的物品都被搬到金朝。这就是历史上著名的"靖康之难"。后来，宋徽宗、宋钦宗两个皇帝都死在金朝。这件事发生在公元1127年，通常，历史学家公认北宋亡于公元1126年。

推翻北宋的金朝是一个新兴的王朝，而此前，统治中国北方的政权是辽朝。金朝是怎么取代辽朝的？宋、辽、金三个王朝又到底是一种什么样的关系呢？

宋朝时，北部中国兴起了多个少数民族政权。有意思的是，《三字经》的各种版本到这里出现了很大的分歧。我依据的版本是："辽与金，帝号纷，迨灭辽，宋犹存。""辽与金"，指北方的两个王朝；"帝号纷"，指帝号纷杂；"迨灭辽，宋犹存"，指等辽国被灭掉的时候，宋朝还存在着。

辽朝是公元907年建立，到公元1125年灭亡。勃兴于东北的契丹人，在耶律阿保机的领导下，统一了塞北的广大地区。耶律德光又取得了燕云十六州，势力从此进入长城以内。在中原先进的文化影响下，辽朝快速地学习中原的政治制度、社会制度，以适应境内不同民族和不同生产方式的状况。辽朝甚至建立了非常特别的官制，叫"南北面官制"。辽朝的社会生产保持了自己非常独特的方式，有牧业，也有农耕，还有狩猎和捕鱼。在内地先进技术的影响下，纺织、矿业、陶瓷、建筑、马具生产等成为辽的经济主体。辽人特别会做马具，诸如马鞍子、马镫、马笼。辽朝还有自己独特的文字——契丹文。

金朝是公元1115年建立，到公元1234年灭亡。12世纪前期，女真族崛起在白山黑水之间并建立金朝，从此开始了长达一百二十年的金朝历史。金朝相继灭除了辽朝和北宋，并入主中原，统治了当时中国的半壁江山。此后，金朝一再南下进攻宋朝，对南宋政权形成巨大威胁，成为当时中国境内最大的势力。当时周边各政权，包括南宋在内，实际上都已经向金朝称臣纳贡。因此，金朝在我国历史上确实是一个非常重要的朝代。无论在商业货币、行政制度、城市建设，还是历史文化上，它对中华民族文明史的形成和发展都作出过不可磨灭的贡献。金都城，当时叫上京（今黑龙江阿城），在公元12世纪上半叶，是整个东北亚地区军事、经济、文化的中心城市。

辽、金、宋的关系非常复杂。金朝于公元1125年灭辽，又于公元1126年灭北宋。而金朝于公元1234年被蒙古和南宋联合灭掉。

"靖康之难"以后，宋朝皇室很快就推出了一个新皇帝，紧接着皇室南逃，迁都临安，史称南宋。面对来势凶猛的金兵，宋朝军民奋起抗击，涌现出一批抗金名将，其中最著名的是谁呢？在已经占据战场主动权的情况下，南宋朝廷做出了什么样的昏庸举动？而一桩千古冤案又是怎么形成的呢？

南宋前期的抗金战争在中国历史上确实波澜壮阔，其中最主要的人物就是岳飞。岳飞（公元1103年—公元1142年），字鹏举，相州汤阴（今属河南）人，南宋著名军事家。岳飞少年时勤奋好学，有一身武艺。公元1126年，金兵大举入侵中原，岳飞投军，从此开始了抗击金军、保卫宋朝的戎马生涯。传说，岳飞临走前，岳母在他的背上刺了"精忠报国"四个字，这也成为岳飞终生遵守的信条。岳飞投军以后，因为作战机智勇敢很快被升为军官。当时宋朝的都城开封被金兵围困，岳飞随着当时的副元帅宗泽赶去救援，多次打败金军，受到了宗泽的赞赏，称赞他"智勇才艺，古良将不能过"。但是，岳飞一个人的努力并不能扭转大局。也就是在同一年，即公元1126年，金兵掳走宋徽宗、宋钦宗，北宋灭亡。

靖康二年（公元1127年）五月，宋钦宗之弟赵构登基，这就是宋高宗，迁都临安，建立南宋。岳飞上书高宗，要求收复失地却因此被革职。于是岳飞就改投到河北都统张所那里，任中军统领，在太行山一带抗击金军。建炎三年（公元1129年），金将兀术率军再一次南侵。建康留守杜冲不战而降，所以金军得以渡过长江天险，很快就攻下了临安、越州，也就是今天的杭州、绍兴一带。宋高宗一度被迫流亡海上，就在今天普陀山一带。岳飞孤军在敌后作战，取得了很大胜利。第二年，岳飞在牛头山设伏，大破金兀术，收复建康，金军被迫北撤。从此以后，岳飞的威名传遍大江南北，他所率领的岳家军也以纪律严明、作战骁勇被载入史册。

绍兴三年（公元1133年），岳飞因为剿灭了一些军贼流寇，宋高宗奖了他一面锦旗，上面有四个字："精忠岳飞"。次年四月，岳飞挥师北上，击破金朝傀儡部队，收复了襄阳、信阳六郡，他当然也因功升为节度使。同年十二月，岳飞又在庐州，也就是今天的安徽合肥，击破金兵，金兵被迫接着北撤。绍兴五年（公元1135年），岳飞率军镇压了一支农民起义军，从中收编了五六万精兵，岳家军实力大大增强，成了一支不可忽略的抗金力量。绍兴六年，岳飞再次出师北伐，攻占了伊阳、洛阳、商州、虢（guó）州，而且围攻陈、蔡地区。但是，朝廷不派援兵，也没有粮草，所以不得不撤回湖北武昌，当时叫鄂州。这次北伐，岳家军势如破竹，已经打到了最北边，最后无奈撤兵，所以他才写下了《满江红》。绍兴七年，岳飞升为太尉，也就成了全国军事力量的总指挥。他建议高宗人举北进，但高宗心有顾虑，无心恋战。

　　绍兴九年，高宗和秦桧主张议和，南宋向金称臣纳贡。岳飞内心非常愤懑，所以上书辞职，并把兵权交出来，以示抗议。但是第二年，金兀术撕毁和约，又率军南侵。岳飞奉命率军反击，又收复了郑州、洛阳，并在郾城大破金兵精锐铁骑兵"铁浮图"和"拐子马"。岳飞乘胜攻占朱仙镇，离原来北宋首都开封只有四十五里，再往前进一步，就可以恢复开封。在朱仙镇，岳飞招兵买马，联络当时河北的义军，准备收复失地。他很激动，对手下的将领说："直捣黄龙府，与诸君痛饮耳！"

　　此时，宋高宗连发十二道金牌，把岳飞召回来。岳飞当时仰天长叹："十年之功，毁于一旦！"这句话里蕴涵着很深的悲愤之情。岳飞回到临安之后，马上被解除兵权。绍兴十一年（公元 1142 年）八月，高宗和秦桧派人向金求和，而金兀术提出必先杀岳飞，方可议和。所以，秦桧诬岳飞谋反，把岳飞下了狱。绍兴十一年十二月二十九日，秦桧以"莫须有"的罪名，将岳飞毒死在临安风波亭，当时岳飞还不到四十岁。岳飞的儿子岳云和部将张宪同时被害。一直到宋孝宗的时候，岳飞冤案才得以昭雪，被追谥"武穆"。宋朝灭亡，而接着取代它们的王朝就是在中国乃至在世界历史上非常重要的、掀起了轩然大波的蒙元帝国。那么，《三字经》又是如何告诉我们的呢？请看下一章。

第二十五章

至元兴，金绪歇，有宋世，一同灭，

并中国，兼戎翟。

① 元：公元 1206 年蒙古贵族在中原地区建立的政权，公元 1271 年定国号为元，以大都（今北京）为首都。

② 绪：统绪，皇位的传承。

③ 中国：中原地区。

④ 戎翟（dí）：即戎、狄，泛指少数民族。

元朝是由蒙古族建立的政权，也是中国历史上第一个由少数民族建立的统一王朝。那么，这个曾经生活在草原上的游牧民族，是如何灭掉南宋王朝的？南宋名臣文天祥的"人生自古谁无死，留取丹心照汗青"，千百年来被人们广为传诵。那么，文天祥是在什么情况下，写出了这气壮山河、苍凉悲壮的千古绝唱的？他到底是一个什么样的人？元朝建立后，给中原带来了哪些影响？

"至元兴，金绪歇"，即到了元朝兴起的时候，金朝灭亡了，金朝是被元朝和南宋联合灭掉的。"有宋世，一同灭"，是指连宋朝也一起灭亡了。元朝不仅统一了中国，而且"兼戎翟"，这里的"戎翟"包括了多个少数民族，其中还包括许多不在中国传统版图之内生活的民族。

元朝，按照最标准的说法是建立于公元1271年，亡于公元1368年，整个朝代不到一百年。它是由蒙古族的忽必烈，也就是元世祖，于公元1271年所建。公元1279年元灭南宋，定都于大都，就是今天的北京，至今北京还有元大都遗迹。

元朝是由蒙古族建立起来的王朝。那么，这个曾经生活在草原上的游牧民族，是如何建立起元朝的？而元世祖忽必烈又是怎么当上皇帝的？作为元朝的开国皇帝，忽必烈为什么要把国号定为"元"？这个"元"字有什么特殊含义？它的出处是哪里？

太和四年（公元1204年），铁木真统一了蒙古草原的各个部落。而太和六年，铁木真被各个部落推举为举世闻名的"成吉思汗"。此后，他在漠北建立政权，国号"大蒙古国"，并迅速向外扩张。公元 1218 年灭西辽。公元 1219 年，西征花剌子模，这已经到达中亚西部某地了，并一直攻打到伏尔加河流域。公元 1227 年灭西夏，成吉思汗也就是在灭西夏的战争中去世的。

成吉思汗之孙蒙哥汗于公元 1259 年在攻打合州（今重庆合州区）时去世。他的弟弟忽必烈和阿里不哥开始争夺汗位。公元 1260 年三月，阿里不哥在大多数蒙古正统派的支持下，在蒙古帝国的首都哈拉和林通过了忽里台大会，被推举为大汗。而与此同时，忽必烈和南宋完成了议和，返回了开平，也就是今天内蒙古的正蓝旗东闪电河北岸。在中原一些具有儒学思想的臣子和蒙古宗王的支持下，忽必烈也召开大会，自称大汗。公元 1260 年，忽必烈设立中书省，总管国家政务。公元 1260 年五月，忽必烈颁布继位诏，建元中统。两个汗为此打了四年的仗，直到公元 1264 年阿里不哥投降，忽必烈定为一尊。但是，忽必烈推行汉法，引起了蒙古贵族和一些部落的不满，他们拒绝归降忽必烈。因此，蒙古帝国开始分裂，世界各地出现了许多蒙古族建立的帝国。在今俄罗斯一带，有个钦察汗国，那里的汗也是蒙古族的后裔。

至元八年（公元 1271 年），忽必烈发布诏书，取了《易经》当中"大哉乾元"中的"元"字，正式建国号为元，这就是元朝的开始，也是蒙古帝国政权从世界性的大一统帝国分裂出来的一块中原王朝。除了元朝以外，蒙古帝国还包括其他部分。而忽必烈管辖之下的疆域只包括大致相当于今天的中国和蒙古的部分。从忽必烈开始，建立起了以中国为主体的王朝，这是在蒙古帝国史上非常重要的一段历史。

至元九年（公元 1272 年），元朝在刘秉忠的规划下，正式建都于大都，这就是今天的北京。至元十三年（公元 1276 年），元军攻陷了南宋的都城临安，俘虏了五岁的宋恭帝和谢太后。至元十六年（公元 1279 年），元朝的军队在崖山海战中彻底消灭了南宋，历史上非常著名的忠烈之臣陆秀夫，背着八岁的小皇帝投海而死，南宋正式宣告灭亡。

《三字经》中讲到"有宋世"，就是说在元朝建立之初，南宋王朝并没有灭亡。在年幼的南宋皇帝身边，依然还剩下几个兢兢业业、忠于职守的大臣，这其中就有文天祥。

在元朝和南宋争战更替的过程中，最著名的历史人物当然是文天祥。在中国的传统文化中，文天祥和岳飞一样，都被视为英雄式的人物。

文天祥（公元 1236 年—公元 1283 年），字宋瑞，号文山，吉州庐陵（今江西吉安）人。他是宋理宗宝祐四年（公元 1256 年）的状元，当时他刚刚二十一岁。

南宋末年，由于朝廷偏安江南，国势弱小。公元 1273 年，蒙古的贵族伯颜，率领二十万大军攻下了襄樊，并以此为突破口，顺长江而下，不到两年时间，已经逼近了临安的近郊。这是一次空前惨烈的战争，南宋马上就面临着灭亡的危险。当时的南宋朝廷长期以来被一些投降派大臣所把持。早在公元 1259 年，宰相贾似道就提出向蒙古称臣，割让江北地区，每年还要贡献大量银两、丝绸、布帛，以求得偏安。但是，伯颜根本没打算跟南宋议和，继续推进南侵的步伐。公元 1275 年，伯颜将贾似道的十三万南宋主力大军全部消灭，南宋朝廷实际上已无可用之兵了。其时在位的宋恭帝只有四岁，临朝摄政的太皇太后谢氏，不得不发出了《哀痛诏》，号召天下出兵勤王。文天祥立即响应，在两三个月之内，组织起一支一万人左右的勤王部队，几经周折赶到了临安。当时率兵来勤王的居然只有三个人，而其他大臣都已经各顾各的，有的在做投降的打算，有的想再进一步把民脂民膏搜刮完后就躲起来。

至元十三年（公元 1276 年）正月十八日，伯颜已经兵临一个叫高亭山的地方，马上就要攻破南宋的都城了。兵临城下，左丞相留梦炎、右丞相陈宜中先后逃走，朝廷乱作一团。这时候，谢太后身边可派的只有文天祥了。文天祥毅然受命，但他不是去投降的。虽然朝廷战、守、迁皆不及时，但他想利用这个机会到伯颜的军营里探探虚实，看看还有没有机会击破伯颜的军队。令文天祥想不到的是，当他在伯颜的军营里和伯颜据理力争时，他千辛万苦带来勤王的那支军队居然被南宋朝廷解散了。

元朝的军队已经兵临城下，文天祥希望能够通过谈判来刺探军情。但这无疑是羊入虎口，文天祥被元军大将伯颜扣在军中。身陷囹圄的文天祥会有怎样的遭遇呢？他又是在什么情况下写下气壮山河、苍凉悲壮的千古绝唱的？

文天祥被伯颜扣在军中。当年二月初九，文天祥被押往大都。当他被押到金口，也就是今天的镇江的时候，被一帮义士给救了。根据文天祥在《指南录》后序里的记载，他一生经历过十六次危难，十六次都是幸免于难，这就是其中一次。后来，他流亡到南宋统治的地方，公开打出帅旗，号召四方的英雄豪杰起义，收复失地。至元十四年（公元 1277 年）三月，文天祥率兵进攻江西，收复了几十个州县，同时围困赣州，湖南、湖北纷纷响应文天祥，整个江南开始风起云涌。这使蒙元的统治者非常惊慌，于是调来四十万大军，以解赣州之围。另外还派精兵五万，专门追击文天祥。至元十五年（公元 1278 年）十二月二十日，文天祥兵败五坡岭（今广东省海丰县北），他觉得这次难以突围，就服下了随身带的冰片，以求自杀守节。但是，冰片药力不济，他并没有死，而是在昏迷当中被俘。

文天祥的反抗，在一定程度上牵制了元军的进攻。元军不愿杀死文天祥，他们希望文天祥能够归顺元朝。但是文天祥宁死不降。为此，元军展开了一轮又一轮的劝降攻势。元朝绞尽了脑汁，并且以元朝的宰相之位作为诱饵，被文天祥严词拒绝。"辛苦遭逢起一经，干戈寥落四周星。山河破碎风飘絮，身世浮沉雨打萍。惶恐滩头说惶恐，零丁洋里叹零丁。人生自古谁无死？留取丹心照汗青。"《过零丁洋》这首诗是文天祥在押解途中，过零丁洋时所作。这样一首气壮山河、苍凉悲壮的千古绝唱，是文天祥用自己的鲜血和生命，谱写的一曲理想人生的赞歌。

至元二十年（公元 1283 年）正月初九，文天祥在大都柴市口英勇就义。他死后留下大量的诗文，其中最著名的就是《过零丁洋》，此外，

他在狱中还写了《正气歌》。其绝命词写道："孔曰成仁，孟曰取义，惟其义尽，所以仁至。读圣贤书，所学何事？而今而后，庶几无愧。"意思就是说，孔子讲成仁，孟子讲取义，唯有当他应该做的事情都做到了，当他把忠义都尽到了，那么才会有仁。读圣贤书，所学的是什么呢？从此往后他大概是没有什么可以羞愧的了。

> 元朝的建立，使中国又回到了大一统的时代，这也就是《三字经》中所说的"一同灭，并中国"。那么，蒙古人建立元朝以后，都给中原的社会、经济、文化带来了哪些影响？

在经过对欧亚广大地区的征服以后，元朝在文化、思想领域也开始逐渐吸收多种文明的长处，动员了各个民族的人参与到统治体系之中。

由于蒙古的势力扩展到了西亚地区，也就使得欧洲和元代中国之间的交往非常便利和频繁，技术交流更加容易与快速。元朝的经济仍然以农业为主，生产技术、耕田面积、粮食产量，特别是棉花种植方面，都超越了前代。元朝是中国历史上第一个大规模以纸币作为流通货币的时代。然而，在元朝末年，因为纸币发行过多，导致了急剧的通货膨胀，这也是元朝后来灭亡的原因之一。

商业在元朝高度繁荣，这在《马可·波罗游记》里就得到了充分体现。元朝成为当时世界上最富庶的国家之一。元朝的文化艺术和科学技术也有很高的成就，特别是天文学、数学和医学，都居于当时世界的领先地位。比如，著名的天文学家郭守敬在公元1276年修订了新的历法，通行了三百六十多年，是当时世界上最先进的历法。

元代戏曲和小说创作非常繁荣，涌现出像关汉卿这样一批著名的剧作家，元曲也成为和唐诗、宋词并列的优秀的中国文学遗产。

元朝行省制度的确立，是中国行政制度的一大变革。明朝灭掉元朝以后，改行省为承宣布政使司，但在习惯上，仍然称行省，简称就是省。省作为地方一级行政区的名称一直沿用到今天。

《三字经》讲完元朝以后，又如何讲述明朝的呢？请看下一章。

第二十六章

明太祖[1]，久亲师[2]。

传建文[3]，方四祀[4]。迁北京，永乐嗣[5]。

[1] 明太祖：明王朝的创建者朱元璋。

[2] 亲师：亲自统领部队。

[3] 建文：即朱允炆。

[4] 祀：此指年。

[5] 永乐：即朱棣。

元末的反元斗争，遍布全国。最终，由朱元璋率领的农民起义军，推翻了元朝的统治，建立了大明王朝。而这位明朝的开国皇帝，是一位非常富有传奇色彩的皇帝。同时，他也是继汉高祖刘邦之后的又一位平民皇帝。那么，《三字经》中的"明太祖，久亲师"是什么意思？朱元璋出生在一个什么样的家庭？他的童年又是怎么度过的？朱元璋又是怎样一步一步地变成了万人敬仰、威震四方的一代帝王的呢？

根据我所采用的版本，明朝是《三字经》讲述的最后一个朝代。一般认为，讲述到后来的清朝乃至民国的《三字经》都是更晚的人增补的。所以，《三字经》的历史部分就截至明朝。"明太祖，久亲师。"这是《三字经》关于明朝历史发端的总序言。

元朝末年，反抗元朝统治的武装斗争遍地而起。韩山童、刘福通利用白莲教所发动的红巾军是其中最重要的一支力量，而明太祖朱元璋，就是在红巾军中发迹的。

朱元璋（公元1362年—公元1398年），原名朱重八，后取名朱国瑞。他是一位富有传奇色彩的皇帝同时也是继汉高祖刘邦之后的又一位平民皇帝。所不同的是，刘邦是布衣登帝位，而朱元璋是和尚做皇帝。那么，年幼的朱元璋为什么会去做和尚呢？在他做和尚的这段时间会发生什么事情呢？

朱元璋自幼贫寒，父母兄长均死于瘟疫，孤苦无依，后入皇觉寺为小沙弥。在寺庙里他除了要扫地、上香、打钟、击鼓，还要念经、烧饭、洗衣服，整天忙得团团转，而且还不停地被老和尚训斥。日子一长，朱元璋憋了一肚子气。有一次，他被佛像的底座给绊了一下。一般情况下，和尚就会赶快跪下磕头，因为打扰了佛。朱元璋却恰恰相反，他顺手拎起扫帚，把佛像打了一顿。还有一次，老和尚看到大殿上的蜡烛让老鼠给咬坏了，就当众训斥朱元璋。朱元璋心里很恼火，他想："蜡烛是供在佛面前的，佛居然连自己的东西都看不住，还害我挨骂！"朱元璋越想越生气，就找了一支毛笔，在佛像的背后，写了五个字："发配三千里。"不久，灾荒越来越严重，庙里面也没有吃的了，十七岁的朱元璋只好离开寺庙，到各地去云游。云游是个好听的说法，实际上就是到各地去要饭。流浪的时间长达三年，他利用这三年时间游遍了淮西的名都大寺，通过了解各地的风土人情，开阔了自己的眼界，积累了社会经验。艰苦的流浪生活铸就了他坚毅果敢的性格，但也使他变得格外的残忍、敏感、多疑。

后来朱元璋听说红巾军起义的消息，又收到汤和邀请自己参加起义军的信。二十五岁的朱元璋下定决心去投军。

朱元璋出身卑微，从小孤苦伶仃，四处逃难，尝尽了世态炎凉，因此从小性格中就有一种"不甘为人下"的倔强。在他加入红巾军后不久，就成为一名将帅，也拥有了自己的军队、自己的谋士。此时的朱元璋就有了自立为王的想法。但是，他身边的一位谋士跟他说了一句话，朱元璋就改变了想法。

这位最重要的谋士就是朱升，他跟朱元璋说了九个字："高筑墙，广积粮，缓称王。"意思是，占领一个地方后不要忙着再去占另一个地方，因为现在兵力不够。应该看住占领的地方，把城墙筑得高高的，在这个城里面多多地囤积粮食。不要急着称王，因为一称王，元朝首先就要打你，也许起义军内部也会动你的脑袋。

"明太祖，久亲师。"这是《三字经》对于明太祖朱元璋的描述，特别强调了"久亲师"这三个字，说明朱元璋长期亲率军队作战。那么，朱元璋到什么时候，才实现了他的皇帝梦呢？"鸟尽弓藏，兔死狗烹"，这已经不是新鲜之举。那么，朱元璋又会如何对待功臣呢？

在南征北战不断取得胜利的情况下，元朝至正二十八年（公元 1368 年）正月，四十岁的朱元璋祭告天地，于应天（今南京）登基，建国号明，改元洪武，以应天为京师。

至于他为什么起这个国号，有各种各样的说法。多数人认为，是因为朱元璋当初信明教。明教从西方传入中国以后，和中国的传统信仰慢慢融合而形成一种新兴宗教。

明朝建立伊始，朱元璋采取了发展生产、休养生息的政策。公元 1368 年，朱元璋称帝以后不久，各地的州县官前来朝见，朱元璋就对他们说："天下初定，老百姓财力困乏，都没什么能力，像刚会飞的鸟，所以，你们千万不能去拔他们的羽毛，像刚刚栽下的树，千万不能摇他们的树根，现在要休养生息。"在朱元璋的积极推动下，明朝的农业恢复得很快。但是，与此同时，朱元璋在继位以后开始大批地诛杀功臣。

公元 1380 年，朱元璋以擅权枉法的罪名，处死了胡惟庸和大批的官员，同时宣布废除中书省，以后再也不设丞相。因此，从朱元璋开始，明清两代都没有丞相这个官职。在这个案子里，朱元璋杀掉了三万多人，最后连太师韩国公李善长也受牵连，并被赐死，终年七十七岁。

接着，朱元璋又在公元 1393 年杀掉了著名的开国功臣蓝玉。蓝玉是明朝的开国大将，被朱元璋封为凉国公。朱元璋怎么会动杀掉他的念头呢？公元 1391 年，四川建昌发生叛乱，朱元璋命令蓝玉率兵前去讨伐。临行前，朱元璋对蓝玉面授机宜："你手下的将领先退下，你一个人留下，我有些秘密的事情要跟你讲。"连说三次，蓝玉的部下纹丝不动，没一个退下的，而蓝玉手一挥，全退下了。朱元璋这才明白了蓝玉手下的骄兵悍将根本不听他的，就下决心要除掉蓝玉。不久，朱元璋将蓝玉杀死，牵连的达两万多人。

对于朱元璋的这种滥杀，连皇太子朱标也强烈反对。皇太子进谏说："陛下杀戮过滥，恐伤和气。"因为过去还讲究天人合一，开国之初应该和和融融，杀伐太多，就影响和气了。朱元璋什么话都没说。第二天，朱元璋叫人拿了一大把长满刺的荆棘，放在地上，叫太子拿起来。太子当然怕扎手了，就不去拿。朱元璋就说："你怕刺不敢拿，我把这些刺给你去掉，再交给你，难道不好吗？我现在把这些人杀了，除掉他们，让你能够安安稳稳地坐江山，难道不好吗？"朱元璋就用了这样一个比喻来教育太子，但是太子比较仁厚，说："有什么样的皇帝就有什么样的臣下，有你这样的皇帝才会有这样桀骜不驯的要反叛的部下。将来我当了皇帝，我的部下不会反叛我。"

> 朱元璋从小受尽磨难，深知百姓疾苦。所以，他对贪官污吏强取豪夺、鱼肉百姓的行为深恶痛绝。因此，在朱元璋开创大明王朝之后，就发誓要铲除贪污腐败，杀尽天下贪官。为了增加震慑力度，朱元璋还设置了一项骇人听闻的政策。那么，这是一项什么政策呢？朱元璋又是怎样来惩治这些贪官污吏的呢？

朱元璋是从民间底层上来的，从小看到过贪官污吏胡作非为，所以在他参加起义队伍的时候就暗暗下了决心："一旦我当了皇帝，就要杀尽天下的贪官。"他当了皇帝以后的确没忘记这点，采取了非常严厉的举措打击贪官污吏。他规定，只要官员贪污超过六十两银子的，格杀勿论。不管官有多高，不管原来功劳有多大，只要贪污就杀头。

有一天，朱元璋在翻阅一些要被处死的贪官案卷的时候，他突然想，老百姓都恨死他们了，一刀给砍了，岂不是便宜了他们吗？因此，朱元璋就发明了一个办法，叫剥皮实草。即先把贪官的皮给剥下来，在剥下

来的皮里填上稻草，然后放到官椅旁，后任就坐在官椅上办公。这是警告后任的官员不要重蹈覆辙，如果胆敢贪污，就会被扒掉皮。这项触目惊心的举措确实震慑了一批官员，使他们的行为大为收敛。

朱元璋对他亲自培养、提拔的官员，也绝不姑息。为了培养和提拔新人才，朱元璋专门设立了培养人才的摇篮——国子监，为年轻人提供读书上进的机会。朱元璋对那些新科进士厚爱有加，经常亲自去教育他们，和他们谈话，要他们尽忠至公，不为私利所动。洪武十九年（公元1386 年），朱元璋派出了大批的进士和国子监监生，到基层察看水灾的情况。朱元璋就派人盯着他们，后来发现有一百四十一个人，不是接受宴请，就是接受银两，还有的接受土地。朱元璋得知实情后，立即下令，全部砍杀。

朱元璋为了重罚贪污行为还亲自制定了反贪污的法律，叫大诰。大诰用近两年的时间编纂而成，里面是他亲自审讯和判决的一些贪污案例的记录，讲述了他对贪官的态度，以及办案的办法和处置手段。他下令全国广泛宣传，并且叫人把部分内容抄录下来，贴在路边显眼的地方，让官员经常参阅，以作警示，也让老百姓了解举报贪官污吏的渠道。

作为开国之君的朱元璋，借助自己崇高的威望，依法严惩贪官污吏。他的决心之大，力度之强，措施之严厉，前所未有，也确实起到了强烈的震慑作用。朱元璋从登基到驾崩，惩处贪官的运动始终没有停止，杀尽贪官的决心始终没有减弱，但是，贪官从来就没有被他杀光过。

明朝在朱元璋的统治下，出现了诸多不同于前朝的状况。除了惩治贪官污吏、滥杀功臣以外，朱元璋还采取了哪些手段来巩固明朝的统治，继续推进明朝独裁政体呢？

朱元璋曾是一个游走四方的小行僧，在参加红巾军后，迅速建立起了自己的势力。经过十几年的征战讨伐，朱元璋终于当上了皇帝。由于朱元璋的特殊经历，既造就了他坚毅果断的作风，也养成了他多疑猜忌的性格。那么，明太祖朱元璋是怎么使用特殊的手段治理天下的呢？朱元璋去世后把皇位传给了谁？后来明朝又为什么要迁都北京呢？

明太祖朱元璋的统治是高度集权。他的多疑猜忌，使他对谁都不放心。公元 1382 年，出于控制官员的需要，朱元璋将管辖皇帝禁卫军的亲军都尉府改成了锦衣卫，授以侦察、逮捕、审判、处罚罪犯的权力。这是一个非常正式的特务机构，由皇帝直接掌控，暗中监视大臣们的活动。它有自己的法庭和监狱，有专门的名字叫诏狱，就是按照皇帝的诏令管理的监狱。诏狱里采用剥皮、抽筋、刺心等酷刑。朱元璋还经常命令锦衣卫执行廷杖，有很多大臣，在朝廷上当堂被活活打死。

公元 1370 年，朱元璋下令开科取士，规定以八股文作为取士的标准，以"四书五经"为题，不允许自己有任何见解，必须依照古人的意思。同时，对那些不守规则者，朱元璋想尽办法加以镇压。由于早年做过和尚，所以他特别忌讳"光"、"秃"这样的字眼，而且"僧"字也不能提，甚至连生孩子的"生"也不许提。他早年参加过红巾军起义，也特别忌讳别人提"贼"、"寇"二字，同音字也不能提。很多人因为顺口说错了一个字而被杀。

皇太孙朱允炆（wén）继位后，改年号为建文。建文帝从小是受儒家思想教育长大的，他与朱元璋的性格完全不同。那么，《三字经》中所说的"传建文，方四祀"是怎么回事？建文帝登上帝位之后，又做了哪些事情呢？

公元1398年，朱元璋的孙子朱允炆继位，这就是建文帝。建文帝的父亲是当时的皇太子朱标，洪武二十五年（公元1392年），朱标去世，明太祖不得不重新考虑皇位的继承问题。在这个时候，他是想到过朱棣的，因为他认为朱棣在很多方面和自己很相像。但是，当他和群臣讨论这个问题的时候，大臣刘三吾提出："如果您立皇四子，那么皇二子、皇三子怎么办呢？"当时，朱元璋分封了诸王，第二个儿子被封为秦王，第三个儿子被封为晋王，第四个儿子被封为燕王。三个人的封地都是边疆重镇，都手握重兵。一旦处理不公，众王要争夺皇位的话，情况是非常严重的。如果根据嫡长子继承的原则，那么应该将皇位传给太子的长子虞怀王朱雄英，但朱雄英已死，所以朱元璋将皇位直接传给了太子的第二个儿子，也就是他的嫡次孙朱允炆。而建文帝在位仅仅四年，就被朱元璋的第四个儿子燕王朱棣起兵推翻。

洪武三十一年（公元1398年），明太祖逝世，建文帝继位。明太祖的年号叫洪武，建文帝的年号叫建文，两个皇帝的性格截然不同。朱元璋当初就是担心他的这个孙子性格比较柔弱，过于仁慈，受儒家的思想影响太重，恐怕日后驾驭不了局面。果然，建文帝继位以后，一改洪武年间的紧张气氛，他重用黄子澄、齐泰，还有著名的方孝孺这些文人，对洪武年间的政治进行改革。对百姓也好，对官吏也好，都给他们提供了一个很宽松的环境。建文帝实行惠民政策，减免租赋，赈济灾民，而且由国家来抚养老弱病残，兴办学校。由国家来考察官吏，任用贤能。他还派出官员巡查四方，体察民情。建文帝在改革当中采取了一项重要措施，就是把势力很大的藩王的权力给削减掉。当时的藩王大多是建文帝的叔叔，辈分比他高，而且手中都有兵权，他们在各自的藩地为所欲为。有的藩王觉得建文帝比较柔弱，而自己的辈分又比他高，摩拳擦掌准备造反。燕王朱棣就是其中的代表人物。燕地就在今北京一带，燕王的主要职责就是防范蒙古，并在合适的时候出兵攻打蒙古。在和蒙古作战的过程中，朱棣的军事力量不断壮大，构成了对皇权的最大威胁。

> 燕王朱棣的性格非常像朱元璋，而且朱元璋也曾有心把皇位传给朱棣，所以朱棣对皇帝之位早就窥视已久。建文帝当然知道朱棣的野心，所以要实行削藩。但是，朱棣先下手为强，借口"靖难"起兵。那么，建文帝会怎么对付朱棣呢？

建文帝的削藩措施确实主要是针对朱棣的，但建文帝的软弱害了自己。在重大问题的决策上，建文帝一错再错，他没有先削燕王，而是先削了燕王的同母兄弟周王，这一削，导致藩王人人自危。这种打草惊蛇的举动，让燕王早就做好了准备。当建文帝最终决定对燕王下手的时候，燕王马上打起"靖难"的旗号。所谓"靖难"，是说皇帝被一些不好的大臣给蒙蔽了，皇帝有难，皇帝身边有小人，所以他起兵"靖难"。由于朝廷的军队指挥不当，加之燕王朱棣作战经验丰富，所以朝廷的兵马屡屡败退，双方展开了激烈的拉锯战。经过四年的拉锯战，燕王非常清楚地看到了一点：只要建文帝存在一天，他自己就是叛王，但是如果一旦攻占了南京，赶走了建文帝，那么自己就可以成为一国之君，相信也没有人敢反对。以他的兵力，以他在皇族当中最高尊长的地位，应该稳操胜券。于是燕军绕过大都市，一路南下，一些地方将领按兵不动，很快，燕军攻到了南京城下。而城里的亲王也对建文帝不满，他们偷偷打开城门投降，南京被攻破。朱棣到了皇宫，只见宫中大火熊熊，建文帝下落不明。于是朱棣称帝，就是明成祖，改年号为永乐。当时，朝廷里投降的文臣只有四人，大部分或者逃跑，或者自杀，加起来将近千人。所以永乐朝在较短时间里几乎没有文官可以使用。

建文帝的下落则成为中国历史上的一个重大的谜。一种说法认为建文帝是自焚而死的。另一种说法是南京城破的时候，建文帝一度想自杀，但是在他周围亲信的劝说下削发为僧，从地道逃出皇宫，隐姓埋名，流浪江湖。

接下来，《三字经》提到"迁北京，永乐嗣"，也就是说永乐皇帝把都城从南京迁到了北京。朱棣就是永乐皇帝，他究竟是一位怎样的皇帝呢？

明成祖朱棣（公元1360年—公元1424年），明朝的第三代皇帝，明太祖朱元璋的第四子。明成祖说自己是马皇后生的，那么他就是所谓的嫡子了。但是，有学者考证，明成祖的生母不是马皇后，而是一位妃子。洪武三年（公元1370年），朱棣受封燕王。他曾经在安徽凤阳居住过一段时间，所以他对民间的情况较为了解。洪武十三年（公元1380年），二十岁的他到封国就职。在这里曾多次参与北方军事活动，成就了他在军队当中的影响力。朱元璋晚年，太子和其他几个儿子都死了，朱棣成为诸王之首，最终朱棣夺取了侄子建文帝的皇位。永乐十九年（公元1421年），朱棣正式迁都北京，以南京为陪都。当时明朝大多数的官方班子有两套，礼部尚书在北京有一个，在南京也有一个；兵部尚书北京有，在南京也有。

朱棣极力整肃内政，巩固边防，政绩卓著。在文化事业上，他为了加强儒家思想的地位，大力扩充国家藏书。永乐四年（公元1406年），他到宫里去察看藏书情况，就问大学士解缙（jìn）："文渊阁里经史子集全了吗？"解缙回答："经书、史籍还差不多，别的书都不全。"永乐帝说："读书人，稍微有点儿官职的人，家里只要有一点儿余钱，都会买书，何况是朝廷呢？"他下令礼部尚书派人到各地收购图书，指示："书值不可计价值，唯其所欲与之，庶奇书可得。"意思是说，买书啊，别跟人斤斤计较价钱，他要多少你给他多少，这样，才有可能把很珍贵的书收到皇宫里来。公元 1403 年，他命令解缙等人将"凡书契以来经史子集百家之书，至于天文、地志、阴阳、医卜、技艺之言，各辑为一书，毋厌浩繁"。他要把有文字以来所有的著作汇编为一个大部头的书，而且明确地说不要怕繁。于是他动用了三千多位文人儒士，采择和整理了古代典籍七八千种，于永乐六年（公元 1408 年）编成《永乐大典》。这部书的规模有二万二千九百三十七卷，一共装成一万一千零九十五册，对保存中国的古典文献其功甚伟。但是，《永乐大典》这套中国传统文化的瑰宝，命运非常悲惨。其正本早已杳无音信，仅存的上千卷副本，最终于公元 1900 年八国联军进占北京后被毁。如今，仅剩的四百册零本被八个国家和地区的三十多个机构收藏。二十四史里有一部叫《旧五代史》的书，这部书早就不知道哪里去了，后来就是从《永乐大典》里头把它整理出来的。

朱棣称帝后，对儒家思想文化的传承还是作出了贡献的。明成祖朱棣动用三千多人，耗时五年所编纂成的《永乐大典》，是中国最著名的一部大型古代典籍。那么，朱棣还做了哪些事情？朱棣之后的明朝皇帝，又都是什么样的命运呢？

朱棣继位之初，对洪武、建文两朝的政策进行了某些调整，提出"为治之道，须在宽猛适中"。也就是说，他既不赞成朱元璋的过于残酷严厉，也不赞成建文帝的过于仁厚宽容。所以，他利用科举制度，利用编纂大型图书来笼络知识分子，宣扬儒家的思想。在永乐朝时期，明朝的社会、经济、文化各个方面都得到了相当的发展。当然，朱棣对朱元璋的一些措施是继承的，比如他进一步强化君主专制。他对建文帝时的文臣儒士残酷屠杀，大肆株连。因为他自己是藩王，造反夺取了帝位，所以他在位初年恢复了好多被建文帝削掉的藩王封号。然而，当他觉得自己的皇位很稳固的时候，他也开始削藩。同时他又继续执行朱元璋的徙富民政策，加强对豪强地主的控制。

永乐初年，朱棣开始设置内阁，选拔资历比较浅的官员入阁办事，而且非常重视监察机构的作用，这跟朱元璋又是一脉相承的。他不仅派人巡游天下，而且还鼓励官员相互打小报告，他重用宦官、监军，设置了东厂衙门，恢复了锦衣卫，强化了专制统治秩序。朱棣非常重视经营北方，把国都迁到北方后，逐渐在北方建立起一个新的政治、军事、文化中心。为了保证首都，也就是北京的粮食和各项物资的需要，朱棣又把各种河道，主要是运河的河道重新疏通，这对南北经济的发展起了非常重要的作用。而且，朱棣对边疆的管理非常重视，包括对新疆和西藏的控制和管理，都花了大心思，而且也取得了明显的成效。在对外交流方面，从永乐三年（公元 1405 年）开始，他派郑和率船队七次出使西洋，到达了三十多个国家。永乐年间，派朝臣回访的也有三十多个国家，包括中亚的一些帝国跟永乐朝一直有往来。今天在南洋一代还有好多地名是以郑和的小字三保命名的，诸如三保井、三保山、三保垄都留下了郑和的遗迹。时至今日，郑和在南洋依然享有很高的声望。

> 明太祖把皇位传给建文帝后，仅仅四年时间，就被叔父朱棣篡夺了，改年号为永乐。但当时明朝的文臣儒士们认为，朱棣篡权夺位，实属不仁不义，所以拒不投降。那么，朱棣是怎么对待这些文臣儒士的呢？

永乐二十二年（公元 1424 年），朱棣死于北征回师途中的榆木川（今内蒙古乌珠穆沁），葬于长陵，庙号太宗，到嘉靖时改为成祖。作为一个封建帝王，我们不能不说明成祖是有成就的。但是，他的名字也和一些非常残暴的行为联系在一起，诸如著名的诛十族。原来是诛九族，从他开始诛十族。

方孝孺是建文帝最亲近的大臣，而方孝孺也视建文帝为知遇之君，君臣非常融洽。当明成祖打下南京的时候，有位叫姚广孝的谋士，跪下来求朱棣不要杀方孝孺。因为方孝孺的声望太高了，如果杀了方孝孺，"天下读书种子绝矣"。明成祖答应了他。南京陷落以后，方孝孺闭门不出，日夜为建文帝穿孝，在家里哀号、哭泣。明成祖继位当皇帝，要有大手笔来拟一个诏书，大家就推荐方孝孺，说这样开天辟地的大文章，只有方孝孺才担当得起。但方孝孺当众号啕大哭，明成祖被弄得心里有点儿说不过去，就亲自走下宝座，对方孝孺说："请不要这样，我只不过是效法周公，我是来辅佐周成王的。"方孝孺反问一句："你既然是周公，来辅佐成王，那成王呢？"明成祖回答："建文帝已经自焚了。"方孝孺问："那你既然是来辅佐成王的，成王死了，你为什么不立成王之子当皇帝呢？"明成祖又耐着性子回答："国家还是要依靠年长成熟的人来做皇帝啊，再立一个小孩子不行啊。"方孝孺不依不饶，他说："那你为什么不立建文帝的弟弟呢？你不是要长君吗？"明成祖这下忍不住了："这是朕家的事，没法跟你纠缠。"然后让人把笔递给方孝孺，说："此事非你不可。"方孝孺把笔扔了，厉声说道："我死无所谓，这个诏书我不会给你起草的。"明成祖这个时候还耐着性子，说："就算你自己死了，难道也不考虑你的九族吗？"方孝孺大声回答："别说九族，就算灭我十族又能怎么样？"这一下，朱棣气急败坏，他恨这个方孝孺嘴太硬，就叫人把方孝孺的嘴角撕开，一直撕到耳根。而且抓捕他的宗族门生，每抓一个人都带到方孝孺的面前让他看，而方孝孺无动于衷，头也不抬。明成祖彻底绝望了，便把方孝孺的门生也算成一族，一共十族，总共八百多人，全部处死。

另外，明成祖大量发展厂卫特务，他设立的东厂在历史上劣迹斑斑。永乐帝之后的明朝皇帝，大多数是被太监控制，没有什么值得称道的地方。但是，明朝的好多皇帝又确实是有自己独特的兴趣和一技之长的，比如，明英宗朱祁镇是一个非常优秀的天文学家；明神宗朱翊钧酷爱在宫廷里边摆各种摊儿，让大家买卖东西；明熹宗朱由校酷爱做木匠，他天天不上朝，就在那儿做木匠活，做的家具精致无比，水平极高。但是，作为皇帝，这些人实在太糟糕了。明朝甚至有的皇帝几十年不上朝，也就是说，贵为内阁阁员，一二十年见不到皇帝一面的大有人在。到了明朝的末年，局面已经不可收拾了。

那么，明朝的最后一位皇帝崇祯帝又是怎么样的一位帝王？明朝的江山是如何在他手上灭亡的呢？请看下一章。

第二十七章

迨崇祯，煤山逝。廿二史①，全在兹②，

载治乱③，知兴衰。读史者，考实录④，⑤

通古今⑥，若亲目⑦。口而诵⑧，心而惟⑨，

朝于斯⑩，夕于斯。

① 廿二史：记载古代历史的二十二部正史。
② 兹：此，这儿。
③ 载：记载。
④ 考：查考。
⑤ 实录：原指每个朝代为皇帝所编撰的编年大事记，此指真实的历史记录。
⑥ 通：融会贯通。
⑦ 若：如同。
⑧ 诵：吟诵。
⑨ 惟：思考。
⑩ 朝：早上。

纵观历史，凡亡国之君，不是昏庸无能，就是荒淫无度。那么，明朝的最后一位皇帝崇祯是一个什么样的皇帝？他为什么会成为亡国之君呢？《三字经》在讲完历史之后，紧接着又强调了读史的重要意义。那么，我们应该用什么样的方法来学习历史？又应该以什么样的态度来看待历史呢？

　　明朝的亡国之君是明思宗朱由检，也就是我们都熟悉的崇祯皇帝。这位皇帝公元 1611 年出生，公元 1644 年在煤山上吊自杀，活了不过三十四岁。十六岁的崇祯继承帝位时，摆在他面前的，是一个破烂不堪的烂摊子。当时的明朝因为灾荒频繁，内乱外患，处在风雨飘摇之中。崇祯从继位之初就竭尽全力，勤俭清廉，兢兢业业，他想挽救天下，振兴大明王朝。崇祯皇帝是很爱百姓的。直至他在煤山上吊死后，后人从他的衣袍里发现了遗诏，上面写着："朕凉德藐躬，上干天咎，致逆贼直逼京师，皆诸臣误朕。朕死，无面目见祖宗，自去冠冕，以发覆面。任贼分裂，勿伤百姓一人。"意思是说，我崇祯皇帝德行不够，所以遭上天的报应，致使闯贼直逼京师，这都是那些大臣误了我。我死后也无面目见祖宗于地下，所以死的时候扔掉冠冕，以发覆面。任由闯贼把尸体分裂成千段万段，但是不要伤害一个百姓。这样的遗诏在中国历史上独此一份。从大节上来说，崇祯确实不是一位昏君。

　　通过读《三字经》，我们发现，几乎每一个亡国的皇帝，不是暴君就是昏君。但是，为什么崇祯还有让人们同情的地方，他到底是一个什么样的皇帝呢？

　　崇祯算得上是一位励精图治、有所作为的皇帝。只不过时运不济，他接手的摊子实在是内外交困，破烂不堪，衰亡的征兆实际上在他出生以前就已经出现端倪。他继位后，勤于理政，事必躬亲，而且，经常召见大臣讨论军国大事，十七年来没有一刻懈怠。从历史记载来看，他确实非常勤政，但是所用非人。也就是说，崇祯最致命的缺点就是没有识人的眼光，没有用人的气量，没有纳谏的气度。他刚愎自用，用人不专，疑神疑鬼，更调频繁，惩处随意，以至于臣下畏首畏尾，离心离德。

崇祯在继位之初就以雷厉风行的手段收拾了魏忠贤。当时魏忠贤的势力在宫廷内外盘根错节，号称九千岁。除掉魏忠贤后，民间欢呼不已。天下百姓对崇祯皇帝中兴明朝抱有极大的期望，老百姓觉得，苦难总算到头了，终于盼到一个有作为的好皇帝了。然而，由于他以一己之力除掉了魏忠贤，这件事情让崇祯对自己的政治才能产生了过高的估计。他的自信很快变成了自负，自负很快变成了刚愎自用。所以，一方面，他的确是中国历史上少见的勤政的皇帝；另一方面，他事事亲为，却没有收到好的效果。正如他自己所说，他本人虽不是亡国之君，但是，他每主持大事件都透出亡国的征兆。他的多疑和刚愎自用使他处死了袁崇焕，可谓自毁长城。同时他还杀掉了贺人龙。贺人龙是镇压李自成的一员悍将，当崇祯杀掉贺人龙以后，李自成手下欢呼雀跃，从此视取关中如拾草芥。

袁崇焕祖籍广东东莞，他的才能主要在军事方面，即使在他被杀前不久，崇祯还认为守辽非他莫属。而袁崇焕不贪财，不怕死，他率领的部队也是明末最有战斗力的军队。崇祯继位以后，把辽东的全部防务交给袁崇焕，可以看出崇祯皇帝对袁崇焕十分信任。但是，仅仅过了三年，袁崇焕就在北京被凌迟处死，并且传首边关示众。当时明朝的党争很厉害，袁崇焕也受到影响，当然皇太极的反间计也起了作用。但对比起三年前的平台召见，君臣相晤，赐尚方宝剑，到三年后被凌迟处死，充分反映出崇祯的多变、多疑、武断。猜疑加武断，是封建帝王给忠臣良将炮制的一剂最烈的毒药。

诛杀魏忠贤，是崇祯十七年的皇帝生涯中最得人心之事。之后，他就屡屡出错。在后人编的《明史》中，也认为崇祯皇帝兢兢业业，勤勉勤俭。崇祯下旨停办江南给皇宫专门纺织精美丝织品的机构。他自己用的器皿都是木制和铁制的，他把皇宫里所有的钱，用来充作军饷。在他最宠爱的田妃的墓葬里，没有金银器皿，都是铜铁器皿。万年灯，对于帝王和后妃来说是十分重要的，但是在田妃墓前置放万年灯的缸里居然只有上面两寸是油，底下全是水。

崇祯皇帝死了以后，还有一些南明的小朝廷，依然在抗击清兵，有的去请传教士，有的从澳门买进火炮，请军事顾问，最后也都归于灭亡，统治中国二百七十六年的明朝彻底完结。但是，明朝是中国历史上经济、文化高度发达的时期，明朝的城市经济和士民文化超越了中国历史上以往任何一个朝代。四大小说，其中就有三部在明朝成型。书法、绘画、建筑、戏剧、歌舞在明朝得到完善。三大科技名著——徐光启的《农政全书》、李时珍的《本草纲目》、宋应星的《天工开物》都出现在明朝。但是传统观点认为，中国的科学技术水平也正是从明朝开始落后于欧洲的。这里的原因很多，其中最重要的原因之一是明朝实行的海禁政策。中国和外部世界的联系出现了极其不正常的状态，这是导致中国从明朝开始落后于西方的重要原因之一。

《三字经》讲历史的部分，也就是全书的第二部分，到这里就结束了。有的《三字经》版本一直讲到民国建立，那些版本是由后来的学者增补的，其中很多是著名学者，比如章太炎先生，这里就不赘（zhuì）述。

《三字经》只用了二百多字，就讲述了中华民族几千年的历史。从人类起源，到朝代更替；从开国皇帝，到亡国之君；从领先世界，到落后挨打，历朝历代的兴衰，都展现在我们的面前。那么，我们现代人，应该用什么样的方法来学习历史？又应该以什么样的态度来看待历史呢？

《三字经》在历史内容结束时，有一段总结："廿二史，全在兹，载治乱，知兴衰。读史者，考实录，通古今，若亲目。"这段话的意思是，二十二史全部在这里了，载明了历史上的治、乱，从中可以了解历史上朝代的兴衰。我们来读这些历史的人，应该去参考最真实的材料，这样才能博古通今，才能对古代的情况和今天的现状有一种通解，好像历历在目一样。

这里需要进一步解释的也只有"二十二史"和"考实录"里面的"实录"。中国的历史学著作在全世界毫无疑问是最发达的。到了宋朝，已经积累起十七部纪传体的史书。而到明朝，加录了宋、辽、金、元四代史书，成为二十一史。清朝乾隆年间，明史完成，就增为二十二史。所以，我有一个大致的判断，现在讲的这个《三字经》的本子在古代的最后一位增补人应该是乾隆年间或者此后不久的人。我们今天所说的二十四史，就是在二十二史的基础之上，加上了一部《旧唐书》，再加上一部从《永乐大典》里整理出来的《旧五代史》，总称为二十四史。而民国年间，还加入了两部正史，即《新元史》和《清史稿》，所以，又变成了二十六史。至于"实录"，是指每个朝代为皇帝编纂的编年大事记。而官修的历史，从理论上来讲，应该是根据这些实录再进行编纂整理而成。按理说，"实录"应该是第一手的资料，是最真实可靠的资料。所以，这里所谓的"考实录"，就是指要参考、借用实录来了解真实的历史。换句话说，二十二史里有许多内容并不能完全相信。读史的人，还要参考实录，参考真实的历史。当然，实录往往也靠不住，因为后面的皇帝会去改前面皇帝的实录，他觉得有些不好的实录就给涂抹掉。有的时候，在位的皇帝觉得自己有好多事迹不愿意让后人知道，就总想把它改掉。当然，这种情况并不多。所以，《三字经》在这里总结了全书的第二大部分。

《三字经》的第一部分是讲教，即教育的重要性、教育的理论、教育的方法、教育的规律。第二部分讲教的内容。在中国的文化传统当中，历史就像是一根线，可以把文化、哲学、宗教、社会、经济、文学等一颗颗珠子穿起来。搞清楚了历史，基本上可以提纲挈领地把握中国传统文化的重要组成部分。所以，《三字经》在第二部分讲的是史。

《三字经》的第三部分，是学的部分。讲完了教，讲完了史，《三字经》又要强调勤奋学习的重要性。《三字经》举了许多不同的例子，告诉人们，应该怎样去学习，应该以什么样的精神去学习。《三字经》这三个部分的安排是有道理的。但从某种意义上看，如果今天指导孩子去读《三字经》的话，不妨在讲解的时候把第三部分前移。第一部分讲教育的重要性，第二部分讲学习的重要性和应该怎样学习，第三部分再讲学习的主要内容，或者学习的主要途径。

《三字经》从第三部分开始，又是这样四句话："口而诵，心而惟，朝于斯，夕于斯。"意思很明白，要求学习者口到、心到，不要像小和尚念经有口无心，更不能像今天很多的所谓读书人那样，连口都不开。按照《三字经》的要求，读书是要大声地朗读出来，而且要持之以恒，朝夕用功，不能三天打鱼，两天晒网。《弟子规》里也讲："读书法，有三到，心眼口，信皆要。"也就是说，读书方法要有三到：心到，眼到，口到。读书是心、眼、口有效地配合，是一个三位一体的学习过程。朱熹曾经讲过："余尝谓读书有三到：谓心到，眼到，口到。"朱熹明确地指出，一定要心先到，心到了以后，难道眼睛和口还不到吗？这就是《三字经》讲的"心而惟"。如果照着去做，我相信读书是可以事半功倍的，是可以大有裨益的。朱熹讲："凡读书，须整顿几案，令洁净端正，将书册齐整顿放，正身体对书册，详缓看字，子细分明。读之，须要读得字字响亮，不可误一字，不可少一字，不可多一字，不可倒一字，不可牵强暗记，只是要多诵遍数，自然上口，久远不忘。"朱熹又指出，现在的人，不大愿意下功夫，尤其不肯马上下功夫，今天有事就推明天，这样一推就推到明年。朱熹强调，读书必须马上就读。有这么一段话："读书须将心贴在书册上，逐句逐字，各有著落，方始好商量……"

《三字经》在讲完了这个总纲以后，下面它又总结了哪些古人勤学的故事呢？请看下一章。

第二十八章

昔仲尼[1]，师项橐[2]，古圣贤，尚勤学。

赵中令[3]，读鲁论[4]，彼既仕[5]，学且勤。

披蒲编[6][7]，削竹简[8]，彼无书，且知勉。

[1] 仲尼：即孔子。

[2] 项橐（tuó）：鲁国的神童。

[3] 赵中令：北宋初年的宰相赵普。

[4] 鲁论：西汉初年鲁国人所传的《论语》。

[5] 仕：出仕做官。

[6] 披：劈分。

[7] 蒲编：用蒲草编成的本册。

[8] 竹简：古代用以书写的长竹片。

《三字经》作为一部蒙学经典，在梳理完中国历史之后，开始进入最后一个部分。通过介绍一些生动具体的勤学故事，告诉人们作为一个求学者，应该具备什么样的学习态度，遵循什么样的学习方法。

"昔仲尼，师项橐，古圣贤，尚勤学。"字面的意思非常清楚，当年孔老夫子拜项橐为师，而那个时候，孔子已经是一个学有大成的人物了，他尚且还要勤奋学习。言外之意，我们就更应当努力学习了。

话说，孔子听说在东南沿海有一块知识的宝地，那里的百姓淳朴，并且有学问。所以孔子就跟弟子商议，往东方旅游一次，去看看那个地方，感受一下那里人民的聪明程度。古代的圣人，都有这样一个特点，就是追着知识走，哪里有知识就到哪里去。孔子就带着众弟子乘着马车风尘仆仆来到宝地。一看，风景非常好。当孔子高兴地观赏风景之时，忽然看见前面的大路上有一群孩子在那儿玩耍。孔子便乘着马车慢慢地驶过去，别的孩子全躲开了，唯独有一个小孩，站在路当中，一动不动。这个孩子就是项橐。孔子在马车上问这个小孩："哎，这个小孩子啊，你拦在路当中不走，什么意思啊？"项橐就说："哎，这里有个城池，你的车马怎么过去啊？"孔子一看，这小孩子两腿中间放着几块小石子，搭了一道小城墙，就说："哎呀，小孩子你就会开玩笑，你这么小的一道城墙，我车马过去又怎么样呢？"项橐说："从古至今，只听说车避城，哪听说城避车呀？"孔夫子一听，无言以对，只能让马车从他旁边过了。

孔子东游，却被年仅七岁的项橐拦住了去路，只得绕道而行。可是，接下来又发生了一件事，让这位博学的老者自愧不如、甘拜下风，甚至愿意拜项橐为师。那么，这是什么事情呢？

孔子赶路时看见路边有一农夫在那儿锄地，孔子就下来，问："您在干什么啊？"农夫回答："我在这儿锄地。"孔子又问："看您那么忙，您知不知道您每天要抬起来锄头多少次啊？"这时项橐赶过来了，说："哎，我爸爸年年种地（原来这个人是他爸爸），当然知道锄头每天抬起来多少次了。您出门得乘马车，那您一定知道每天这个马蹄要提起来多少次了？"孔子觉得这个孩子真是太聪明了，实在少见，就跟项橐说："孩子，我出一道题，你出一道题，互为应对。谁赢了谁当老师。"项橐回答："您是老人家，不要跟我开玩笑。"孔子就说："不管是老的小的都不相欺。"孔子就问："天地人为三才，可知天有多少星辰，地有多少五谷？"这题目照理说是无解的。但是，项橐说："天高不可丈量，地广不能尺度（duó），一天一夜星辰，一年一茬五谷。"孔子当时十分震惊，这个回答他挑不出一点儿毛病。

项橐接着问："人有多少根眉毛？"这个还真没法回答，它也不像一夜星辰、一茬五谷那么好回答。孔子没有办法，只好按照约定，拜项橐为师，但项橐突然"扑通"一声跳到旁边水塘里。孔子说："您怎么跳水呢？"项橐回答："沐浴以后方可行大礼啊。怎么样，请夫子也下来沐浴吧？"孔夫子说："我没有学过游泳，我到池塘里就会沉下去。"项橐说："您这个话不对，也没听说鸭子学过游泳啊？可是鸭子怎么浮在水面上不沉呢？"孔子说："鸭有离水之毛，故而不沉。"项橐就说："是这样吗？那么葫芦无离水之毛也浮而不沉啊！"这回孔夫子真被他绕进去了，说："哎，葫芦是圆的，里面是空的，所以它不沉。"项橐又说："大铜钟是圆的，里边也是空的，怎么它扔下来就沉了？"孔子脸颊通红，一句话都说不出来。项橐在水塘里沐浴好了，爬上岸。孔子设案行礼，拜项橐为师，然后打道回曲阜，从此再也不东游。这就是"昔仲尼，师项橐"的传说。就在这个传说当中，还延伸出来两个我们现在经常用的成语："君子之约"和"童叟无欺"。这个让人轻松哈哈一笑的故事实际上告诉了我们一个很深刻的道理：即使学有所成的人，也要随时学习，能者为师，无分长幼。

像孔子这样一位学有大成的尊者，尚且能够做到不耻下问、不忘勤学，更何况我们普通人呢？《三字经》作为一部蒙学经典，深入浅出、层层递进，在讲了端正学习态度之后，又告诉我们，学习要持之以恒。那么，怎样才能做到持之以恒？《三字经》举了哪些例子呢？

"赵中令，读鲁论，彼既仕，学且勤。"赵中令都当官了，还在学《论语》，并且非常勤奋。《三字经》里这样的叙述是有非常深厚的传统思想背景的。在古代，出仕为官是成功的标志，而经商，哪怕是成为富可敌国的亿万富翁也跟成功没关系的。士、农、工、商，商在最后，第一等是士，而士成功的标志就是当官，成为国家的命官。所以《三字经》讲，虽然已经出仕为官，已经取得成功，也不放松学习，反而应该加倍勤奋。赵中令何许人也？赵中令就是我们非常熟悉的北宋初年的赵普，所谓的中令，是他的官职。

赵普参与了陈桥兵变，是黄袍加身的策划人之一。赵匡胤成为宋朝的开国皇帝以后，赵普因为辅佐有功，官运亨通。后来宋太宗继位，仍然想用赵普为宰相。可是，却有人说赵普的坏话，说他只会读《论语》。而赵普的回应是："我以半部《论语》辅助太祖得天下，以半部《论语》帮助陛下治天下。"故此"半部《论语》治天下"就成了中国历史上的一句美谈。

晚年的赵普，名位已高，已经是宰相一级的人物了，但是每次回家手不释卷。根据《宋史》记载，赵普下朝回到家里，第一件事情，就是关起门，打开箱子，取出书来阅读。第二天，他上朝去处理政事的时候，能够引经据典，处理得井井有条。大家都觉得很惊讶，不太知道他怎么能够做到这一步的。等赵普去世以后，家人打开他那个宝贝箱子一看，只有一部《论语》。也就是说，他熟读《论语》，而且他是带着问题用心读《论语》的。他上朝碰到问题，挂在心头，下朝回来，去翻《论语》，看孔夫子和儒家早年弟子的教导，是否有助于他去解决实际问题。他这种好学不倦的精神，成为后世学习的典范。《三字经》用了"彼既仕，学且勤"六个字来强调，即使事业有成的人也不能停止学习。

当然对于赵普这个人物，历史上的评价分歧很大，但是，《三字经》在这里主要讲的是他身居高官而加倍勤奋学习的故事。

其实，很多人都明白学习的重要性，也懂得学无止境、业精于勤的道理，但是，有些人却还是会找借口，说自己没有读书的条件而逃避学习。那么，对于这个问题，《三字经》又带给了我们怎样的启示呢？

《三字经》考虑到了读书学习的人可能会有各种各样的借口不读书。最常见的一个借口是什么呢？我想读书，也知道读书重要，但是我没有读书的条件。《三字经》接下来就来解答这个问题："披蒲编，削竹简，彼无书，且知勉。"《三字经》告诉大家，在历史上有这样的人物，他们读书的条件更坏，坏到不能再坏的程度，以至于连书都没有。但是，他们依然非常勤勉地发奋读书。那么，大家还能有什么借口不读书呢？

这里讲了两个故事。一个是"披蒲编"，说的是西汉年间路温舒的故事，他的故事出于《汉书》，在历史上是有记载的。路温舒的父亲是里监门，这个官大致相当于我们今天的居委会主任，就是小到不能再小的一个官，所以家里是很贫穷的。路温舒从小就被父亲打发去放羊。在放羊时，路温舒发现水泽中又长又宽的蒲草，便割回家去，然后将蒲草编连起来，用来抄书。

汉朝时，纸张还没有大规模使用，主要有两种书写的载体，一种是竹简，一种是帛，即丝织品。但当时帛是非常昂贵的，一般人根本用不起。竹简相对比较便宜，但也不是随时随地都可以搞到的。更何况，制作竹简还有一套非常烦琐的程序。路温舒通过学习，慢慢地变成了一个负责监狱、管理刑事的小官员。当然，从历史上看，路温舒的官职都是比较小的，他之所以能够被列入正史，恰恰是因为他"披蒲编"之事，恰恰是因为他为自己创造读书条件的精神。

而"削竹简"讲的是一个要比路温舒著名得多的人的故事，他就是西汉时期著名的公孙弘。公孙弘（公元前 200 年—公元前 121 年），西汉菑（zī）川人，也就是今天山东寿光这个地方的人。他是一个非常复杂的人物，历史上对他的评价褒贬不一。少年时，家里非常贫寒，他只好在海边靠替人家放猪来维持生活。他自己利用放猪的空隙去削竹子，做成简册，抄写书籍。年轻的时候，他曾经担任过家乡薛县的狱吏，就是当过监狱里的办事人员。因为没有学识，因为书没有读好，经常发生过失，所以被免职。从此，他立下了读书的志向，便在一个叫麓台的地方，埋头读书，一直苦读到四十岁。建元元年（公元前 140 年），汉武帝继位，下诏访求民间贤良之人，当时的公孙弘已经六十岁了，这才以贤良的名义应召，被任命为博士。所以，公孙弘是一个大器晚成之人。他善于辩论，通晓文书、法律，又能以儒家的学说对法律进行解释和阐述，所以汉武帝特别赏识他。公孙弘曾经当了几年的丞相，曾经建议设立五经博士。他还有好多好建议，做了好多事情，对文化也作出了一定贡献，也有著作，即《公孙弘》十篇。他出身于乡鄙之间，居然能够位极人臣，直到今天，还是有相当多的人对公孙弘推崇备至。在当时的环境之下，他之所以能够成功，毫无疑问，他的持续苦学的精神起了很大的作用。

《三字经》在讲述完了没有条件创造条件也要读书的故事以后，又列举了哪些故事来赞许勤奋、刻苦精神的呢？请看下一章。

第二十九章

头悬梁①，锥刺股②，彼不教③，自勤苦。

如囊萤④，如映雪⑤，家虽贫，学不辍⑥。

如负薪⑦，如挂角⑧，身虽劳，犹苦卓⑨。

① 头悬梁：将头发悬挂在屋梁上。
② 锥刺股：用锥子来刺大腿。
③ 不教：不靠别人督促。
④ 囊萤：把萤火虫装在纱袋里。
⑤ 映雪：积雪的反光。
⑥ 辍（chuò）：停止。
⑦ 负薪：担柴火。
⑧ 挂角：把书本挂在牛角上。
⑨ 苦卓：刻苦自立。

苏老泉①，二十七，始发愤，读书籍。

彼既老，犹悔迟，尔①小生，宜早思。

若梁灏③，八十二，对大廷④，魁⑤多士。

彼既成，众称异⑥，尔小生，宜立志。

莹⑦八岁，能咏诗，泌⑧七岁，能赋棋⑨。

彼颖悟⑩，人称奇，尔幼学，当效之⑪。

蔡文姬⑫，能辨琴⑬，谢道韫⑭，能咏吟。

① 苏老泉：宋代著名文学家苏洵。

② 尔：你们。

③ 梁灏：五代末年人，北宋太宗雍熙年间八十二岁时才考中状元。一说梁灏实为北宋人，在二十三岁考取进士。

④ 对大廷：在朝堂上回答皇帝的提问。

⑤ 魁：第一名。

⑥ 称异：感到惊奇。

⑦ 莹：北魏人祖莹。

⑧ 泌（mì）：唐代人李泌。

⑨ 赋棋：因棋赋诗。

⑩ 颖悟：聪明慧悟。

⑪ 效：效仿、学习。

⑫ 蔡文姬：东汉文学家蔡邕之女。

⑬ 辨琴：辨别琴声。

⑭ 谢道韫（yùn）：晋代女诗人。

《三字经》通过介绍古人苦读勤学的故事，以激励后学者的斗志，提高他们克服困难的勇气。这其中就提到一些我们常常挂在嘴边的成语，比如"悬梁刺股"、"囊萤映雪"等。"头悬梁，锥刺股"，经常被人们作为一种刻苦学习的精神而广为传颂。《三字经》中所提到的这些古人的励志故事，对于今天的现代人还能否适用？又会给我们带来什么样的启示呢？

　　我们都知道，学习需要勤奋的精神、刻苦的精神。《三字经》也非常强调这一点，所以，《三字经》用了两个我们非常熟悉的故事，来弘扬这种勤奋刻苦的精神。"头悬梁，锥刺股，彼不教，自勤苦。"成语"悬梁刺股"正源于此。

　　"头悬梁"是汉代孙敬的故事。这里的头是指头发的意思，不是说把自己的脑袋吊在梁上，而是把头发吊在梁上。孙敬为了刻苦学习，用绳子系住自己的头发，然后把绳子系在梁上，以防打瞌睡。一旦读书读累了，疲倦了，想睡觉的时候，头一低，头发被拉一下，一痛就可以被惊醒，继续学习。

　　《汉书》记载："孙敬字文宝，好学，晨夕不休。及至眠睡疲寝，以绳系头，悬屋梁。后为当世大儒。"大意是说孙敬这个人，太喜欢学习了，不浪费光阴，就采取了这个办法。他正是通过这样的苦学，后来成为当世的大儒，成为汉朝一位非常著名的学者。

　　汉代的孙敬，凭借"头悬梁"的苦读精神，最终成为知名的大儒。那么，《三字经》中所提到的"锥刺股"，又是讲述的关于谁的故事呢？

　　"锥刺股"是关于战国时代著名的谋士、纵横家苏秦的故事。苏秦，字季子，生活在公元前4世纪左右，东周洛阳人。他和另外一个纵横家张仪齐名，是当时最著名的两个谋士。

　　苏秦曾历尽千辛万苦，在外边奔波了好几年，都没有谋得一官半职。后来钱也用光了，衣服也穿破了，怎么办？只能非常狼狈地回家了。苏秦的父母就把他恶狠狠地骂了一顿："你这几年不老老实实待着，在家里干点农活也好。"他的妻子看到他回来了，还坐在织布机上织布，看都不看他一眼。苏秦饿坏了，一看老爸老妈骂自己一顿，自己媳妇又不理自己，就哀求嫂子能不能做顿饭给他吃，嫂子扭头就走。苏秦受到了巨大的刺激，从此立志发愤读书，天天读到深夜。这样连续的苦读要消耗很大的体力，所以他会觉得疲倦，每当又累又困的时候，苏秦就拿一个锥子扎自己的大腿，这就是"锥刺股"。一扎大腿当然痛，一痛又清醒过来，就接着读下去。他觉得对自己的学养、对自己的知识有所把握时，就重新离家出游。到了秦国不被秦所用，但是，他正好遇见当时的燕昭王广招贤士，并得到了燕昭王的赏识。

　　战国时各国之间关系很复杂，当时燕国和齐国有仇。苏秦认为，因为燕国现在打不过齐国，应该先向齐国表示屈服，赢得时间，让燕国重新振兴。此外，还要鼓动齐国不断地进攻其他的国家，防止齐国一心一意对付燕国，从而削弱齐国的国力。公元前285年，苏秦到了齐国，挑拨齐国和赵国之间的关系，这是战国时期纵横家经常用的一个手段。离间、挑拨，在当时被视做一门技术，是专门的技能，是有学派的。他取得了齐国齐湣（mǐn）王的信任，被任命为齐相。齐湣王哪知道自己的相国心里装的是燕国。当齐国和燕国交战的时候，苏秦有意使齐国战败，齐国一下子损失了五万人。这一点放在今天不大能理解，因为苏秦在燕国并没有官职，而在齐国已经是宰相了。但是，他依然记着自己的"伯乐"，而且通过各种手段、各种谋略，让齐国的君臣不和、百姓离心，为后来乐毅率领五国联军攻破齐国创造了条件。

之后，苏秦又说服赵国，意在联合韩国、魏国、齐国、楚国、燕国，攻打秦国。赵国国君也很高兴，认为他是个人才，赏赐给他好多宝物。苏秦得到了赵国的帮助，又到韩国游说韩王，到魏国游说魏王，到齐国游说齐王，到楚国游说楚王。诸侯王们都非常赞同苏秦的谋划，认为必须联合起来对付秦国。于是，六国达成了一个联合的盟约，苏秦担任了纵约长，也就是六国合纵，他担任执行长。这样就出现了历史上罕见的一幕，一人佩六国相印，一人担任了"战国七雄"里六个国家的宰相。回到赵国后，赵王又封他为武安君，还给了他爵位。秦国听到这个消息以后大吃一惊。此后十五年，秦兵都不敢再向函谷关以外进攻。苏秦以一人之力，实际上延缓了秦灭六国的进程，延缓了秦朝的发展速度。

"头悬梁、锥刺股"的故事告诉我们的是一种学习精神，我们今天当然没有必要，也不应该提倡用毁伤身体的方法来激发勤奋。但是，勤奋的精神永远是宝贵的。《三字经》在讲完了这两个故事以后，又回过头来从历史当中寻找出两个典型的事例来告诉我们，不管家境有多贫寒，都不应该放弃学习，不应该停止追求知识的脚步。

中国有句古话，"自古寒门出英才"。为什么越是家境贫寒的人学习越刻苦？他们是怎样克服困难的？《三字经》中所提到的"囊萤映雪"，讲述的又是怎样的故事？

第一个故事，主人公是晋朝著名的车胤（yìn）（约公元 333 年—约公元 401 年），晋朝南平（今湖北公安县）人。他的曾祖是三国时代吴国的太守，当时因赈济灾民，被孙皓以私自收买民心之罪而杀掉。他的父亲是一个地方政府的类似于办事人员这么一个官。车胤从小勤奋好学，但是，他的家境贫寒。贫寒到什么地步呢？经常连点灯的油都买不起。所以，他在夏天的夜里就去捕捉萤火虫，把萤火虫装在透明的比较薄的丝绸口袋里。那么，一堆萤火虫在里面就会发出光亮，夜里就可以用来照明，用来读书。车胤的学识由此突飞猛进，后来终于成为知名的学者。当时桓温是荆州的主管官员，他就把车胤招聘过去当官，非常器重他。车胤在当时就以寒士博学出名。出身于贫寒之家，没有什么大的背景，也没有什么大的靠山，就叫寒士。每每遇到大事，桓温都会请车胤出席。车胤对当时的礼仪制度发表了很多重要的意见。往往他一发表意见，就会得到大家的认可。朝廷有重大决策之时，也经常来征求这位寒士的意见。车胤后来的官位一直当到了吏部尚书，这个官当然不能跟清朝的吏部尚书比，但是在当时也不是一个小官了。

第二个故事讲的是孙康。孙康是晋代的京兆（今河南洛阳一带）人，官至御史大夫，在当时来讲是一个非常成功的人物。他幼年时酷爱学习，经常感到时间不够用，就夜以继日来攻读。他碰到跟车胤一样的情况，家里贫穷，买不起灯油，而一到天黑，就没有办法读书了。前面我们讲车胤的故事是在夏天，因为只有夏天才可以抓萤火虫，而这个故事讲的是冬天，因为只有冬天才下雪。由此可见，《三字经》的安排是非常妥当的，独具匠心的。孙康到了冬夜，长夜漫漫，他辗转反侧，想起床读书，但又点不起灯。所以，他刚开始的时候采取了一个办法，就是在白天拼命地多看，到夜里就躺在床上默念。有一天夜里，他还是睡不着，起来推开门一看，原来下了一场大雪，白雪皑皑，整个大地披上一层银装。他站在院子里欣赏雪景的同时突然心里一动，为什么不能借着雪光来读书呢？所以，他赶紧返回房间，取出书，映着满地大雪所反射出来的那点儿微弱的光，开始读起来。这就是映雪的故事。

囊萤映雪，一夏一冬，《三字经》的作者，选取故事的角度独具匠心，意在告诉我们，即使是在恶劣的环境下，也不能停止追求知识的脚步。但是，在现代社会，很多人会抱怨自己的时间不够用，没有时间读书。那么，关于这个问题，《三字经》的作者，又会通过什么样的故事来给我们以启迪呢？

　　《三字经》接下来又讲了两个故事："如负薪，如挂角，身虽劳，犹苦卓。""负薪"，也就是背着柴火，讲的是汉朝的朱买臣。朱买臣，字翁子，吴（今江苏苏州一带）人。他家里非常穷，靠砍柴来维持生计，担柴回家时，他就将书置于担头边走边读。朱买臣的妻子也跟着他去担柴，所以就劝他："你不要瞎唱好不好？"因为古人读书是吟唱，像唱歌一样读书。但是，朱买臣越唱越响亮，实际上是越念越响亮。他的妻子认为这实在丢面子，就提出离婚，向朱买臣要了一纸休书，然后就走了。之后，朱买臣依然如此，天天去砍柴，边走边吟诵，坚持不辍。过了几年，恰好他有一个同县的老乡向皇帝推荐了他，后被任命为会稽太守。会稽包括今宁波一部分以及绍兴在内的一大片地区。于是，朱买臣就乘着官家的马车去赴任。当地的官员听说新的太守要到任，就赶快征召百姓修整道路。县府官员一百多辆车，都在路边恭候。到了会稽这个地方，朱买臣一看，他的前妻正好在修路，就停下车，叫后面的车子载上他的前妻到太守府，请她吃饭，送了她好多礼物。过了一个月，他的妻子在太守府里上吊身亡，不知道是后悔还是遗憾。而朱买臣拿出银两，安葬了他的前妻。这就是"负薪"的故事。

　　"挂角"，讲的是隋末唐初一个很重要的人物李密的故事。

　　李密骑牛外出时，把《汉书》挂在牛角上，抓紧时间读书。路遇宰相杨素，杨素和李密进行了一番交谈。回家以后，杨素告诉儿子杨玄感："我看李密的才识、才干都比你们兄弟几个强得多，如果你们将来遇到大事，可以去找李密，要他帮忙。"后来，杨玄感要寻找一个谋士，就把李密请来。杨玄感问李密："如果要推翻隋炀帝，应该采取一个什么策略？"李密讲："打败隋炀帝的官军有三种办法：第一，趁皇帝现在在辽东，我们带兵北上，截断他的退路。他前面是高句丽，后面又没有退路，不出十天，军粮接济不上，然后我们不用打，就能取胜。这是上策。第二，向西夺取长安，抄了隋炀帝的老窝，官军如果想退兵的话，我们就拿关中地区做根据地，凭险坚守，再看情况。这是中策。第三，就近攻洛阳，不过，这是一条下策。因为洛阳不一定攻得下来，城池坚固，而且洛阳还有相当一部分的隋朝军队。"李密的主意是对的，但杨玄感急于求成，结果采取了下策，进攻洛阳。虽然杨玄感攻打洛阳的时候一时间很多农民都来投靠他，队伍一下子扩大到十万人，也连续打了几个胜仗。但是，隋炀帝马上派自己的大将率领大军来攻打杨玄感。杨玄感抵挡不住，只能退到长安去，一路被隋朝的大将追杀，最后被杀。李密从混乱当中逃了出来，偷偷逃回长安，但是隋军搜捕得非常紧，李密还是被抓住了。在隋朝官兵将李密押送到隋炀帝行营的时候，李密就和十几个犯人商量，把他们身边所有的金银财宝都拿出来，贿赂这些押送他们的官兵，供他们吃喝玩乐。而押送他们的官兵得了一笔横财后，只顾吃喝玩乐，防备松懈，李密趁他们喝醉酒的时候逃了出来。经过一番周折，最后，李密投奔了瓦岗军，成为瓦岗军里一个重要的人物，为推翻隋朝立下大功。李密正是通过一点一滴的学习，积累了知识，完善了才能，到历史给予他某种机遇的时候，最后做出了一番轰轰烈烈的大事业。

接下来，《三字经》将告诉我们人的生命历程和学习历程之间的关系。

苏老泉就是苏洵，他为什么到二十七岁才开始读书呢？而梁灏八十二岁中状元是真的吗？七八岁就才华横溢的祖莹和李泌又是怎样的神童？蔡文姬文采飞扬，但命运多舛、一生三嫁，她的最终结局是怎样的呢？与蔡文姬齐名的谢道韫又是怎样的人？《三字经》为什么要特别提到这些人？从他们身上我们又能够学习到什么呢？

　　大家都明白，人最好在良师的指导下，从小开始循序渐进地读书、学习，但很多人因各种原因会错过了最佳的读书和受教育的年龄。那么，年岁大的人还应不应该学习？年岁大的人学习了还能不能够取得成就？这里，我们看看《三字经》的理念。

　　苏老泉就是北宋著名的文学家苏洵，与他的两个儿子苏轼、苏辙合称"三苏"。

　　"二十七，始发愤"，我们完全可以通过林语堂的一段评说来看出个中端倪。"苏洵秉赋颖异，气质谨严，思想独立，性格古怪，自然不是与人易于相处的人。直至今日，人人都知道他到二十七岁时，才发愤读书。大人常举这件事来鼓励年轻人，告以只要勤勉奋发，终会成功的。当然，聪明的孩子也许会推演出相反的结论，那就是孩童之时不一定非要专心向学。事实上，苏洵在童年并非没有读书作文学习的机会，而似乎是，苏洵个性强烈，不服管教，必又痛恨那个时代的正式教育方式。我们都知道好多才气焕发的孩子确是如此。若说他在童年时根本没读书写字作文章，恐非事实。他年轻之时，必然给程家有足够好的印象，不然程家不会愿意把女儿嫁给他的。另外，同样令人惊异的是，他晚到二十七岁才发愤读书，而能文名大噪，文名不为才气纵横的儿子的文名所掩，这究属极不寻常之事。大约他得了长子之后，自己才态度严肃起来，追悔韶光虚掷，痛自鞭策。他看到自己的哥哥，自己的内兄，还有两个姐丈，都已科考成功，行将为官做吏，因而觉得含羞带愧，脸上无光。此等情事，即便平庸之才，都会受到刺激，对一个天赋智力如此之高的人，当时的情形一定使他无法忍受，今日由他的文集中所表现的才智看，我们对此是不难了解的。在苏洵给他妻子（苏东坡的母亲）的祭文里，他表示妻子曾激励他努力向学，因为那位程家小姐是曾经受过充分的良好教育的。祖父对他儿子并没有说什么，也没有做什么，在他眼里，他这个儿子，无论从哪方面看，只是一个倔强古怪的孩子，虽有天才却是游手好闲不肯正用。有朋友问他，为什么他儿子不用心读书而他也不肯管教，他很平静的回答说：'这个我不发愁。'他的话暗示出来他那才气焕发而不肯务正的儿子总有一天会自知犯错，会痛改前非，他是坚信而不移的。"

苏洵起步虽晚，但因付出比别人更多的努力，进步飞快。他进京赶考，很快就受到了当时文坛前辈的赞赏，成了有学问的大家。唐宋是中国的两大盛世，两个文化发展高峰期，后人总结出的唐宋八大家中，苏家一门就占了三个，这是了不起的成就。

西汉刘向编的《说苑》记载了一个非常著名的故事。春秋战国时期的晋平公问师旷："我已经年近七十岁了，现在想要读书，是不是太晚了？"师旷回答说："你为什么不秉烛而学呢？"这似乎是答非所问。晋平公就说："先生，哪里有做臣子的戏弄君主的呢？你这不是跟我开玩笑吗？"师旷回答说："我哪里敢戏弄君主呢？我听古人说过，少年时喜欢学习，好像是太阳刚刚升起时的阳光；壮年的时候喜欢学习，好像是正午的阳光；而老年的时候喜欢学习，好像是蜡烛的烛光。烛光虽然没有像刚刚升起的太阳和正午的太阳那么明亮，但是，手持蜡烛走路和摸黑走路哪个更好一点呢？"晋平公顿时就明白了。

看来，在中国的历史传统中，不仅对少年神童投去极为赞赏的眼光，对壮年求学、老年求学的人也给予了相当的尊敬。所以，学习不分早晚，就算年龄很大才开始学习，也为时不晚，只要付诸行动。

苏老泉二十七岁开始求学，晋平公年近古稀还想读书。由此可见，只要想学习，什么时候开始都不算晚。但是，梁灏八十二岁中状元是真的吗？

据史籍记载，梁灏（公元963年—公元1004年），字太素，北宋郓州须城（今山东东平）人，生于官宦之家。梁灏少年丧父，由叔父抚养成人，从小好学，曾拜名师求学。他还爱思考、喜欢提问题和请教师长。而他的这位老师是名师，有点儿架子，觉得他的问题太浅薄，所以经常拒不回答。后来，老师发现他的问题有越来越有挑战性，从此对这个学生刮目相看，格外器重。据说，梁灏初次考进士没中，就留居在京城。当时的京城是开封，他曾向宋太宗赵光义建议，选才不要单凭诗歌，要格外注重治国、治民的实际才能。但是没有被采纳，因为当时他还没有考中进士，人微言轻啊。雍熙二年（公元985年），他再度赴考，考中进士，"魁多士"，即在众多名士中一举夺魁。一说当时他是二十三岁，不是八十二岁。他后来参与政事，屡有谏言，虽然也被贬过，但是他的仕途基本上是不错的。他曾经和一些人同修《宋太祖实录》和宋太祖的《起居注》，能够担当这样工作的人在当时一般都被认为是学问非常好的人，所以他应该是当时声名卓著的一个学问家。当辽朝的军队南侵的时候，梁灏还曾经向宋真宗提出建议："明赏罚，斩懦将，擢用武勇谋略之士。"也就是说，要赏罚严明，不惜斩杀那些怯懦畏战的将领，重用那些有勇有谋的贤才。所以他很受宋真宗的欣赏，在当时声望很高。从历史记载来看，梁灏经常和士人交往，应该是当时知识分子中的核心人物。

虽然《三字经》认为，学习不分年龄，但年幼而聪明好学的，更加被人们称赞。那么，《三字经》中所提到的"莹"和"泌"，又是怎样的两个神童呢？

"莹"就是祖莹，字元珍，北魏范阳遒县（今河北涞水）人，生于官宦之家，曾祖父、祖父、父亲皆有官名。祖莹八岁的时候能够背诵《诗》《书》，十二岁的时候已经是"中书"（官名）的学生。祖莹非常喜欢读书，对读书达到一种迷恋的程度。他的父母怕他如此苦读会伤身体，禁止他读书。所以，他经常在晚上趁父母睡着之后点起蜡烛偷偷地读书。由此，大家都觉得这个孩子不一般，叫他"圣小儿"。他还特别喜欢写文章。有官员就感叹说："这个孩子的才华很多大人都达不到，最终一定会大有作为。"当时有一位中书博士叫张天龙，在讲解《尚书》的时候，学生都聚集来听。但是祖莹因为在家里熬夜读书读得很疲倦，突然想起要去听课，情急之下拿错了一部书就去听课了，到了才发现书拿错了。但是，当这个博士问到他的时候，他当众背诵了好几篇《尚书》中的文章，一字都没有遗漏。所以，他是凭借着自己的勤学，成为了一名学士。

"泌"就是唐朝的一代名臣——李泌。李泌幼年的时候就非常聪明，能写文章，还能写赋，当时就有"神童"之称。"能赋棋"的故事就发生在他七岁的时候。这个故事说起来和唐玄宗有关。有一次，唐玄宗要遍览天下的贤士，下令广设座位，召集了儒、道、佛三教的高人讲论学问，以较高下。李泌有一个表哥，当时只有九岁，穿上大人的衣服，混在人群当中。开讲以后，这个九岁的孩子十分敏锐，辩论精微，满座皆惊。唐玄宗看了很高兴，就把他召过来问："你太聪明了，才九岁，你的家人当中是不是还有像你这样博通经义的人啊？"这个表哥回答："我还有个表弟叫李泌，才七岁，已经遍观经史，而且才思敏捷，比我强多了。"唐玄宗一听居然还有这样一个小神童，就命令宫里的宦官把李泌带到宫中来。到了宫中，唐玄宗正好跟燕国公张说在下棋。玄宗一看李泌，唇红齿白，很可爱，当时就非常喜欢，就命令李泌："你不是看到我和燕国公张说在下棋吗？你就吟诗一首，而且要咏出四个关键的字：方、圆、动、静。"而张说带头做了一首示范诗："方若棋局，圆若棋子。动若棋生，静若棋死。"李泌听了，不慌不忙，也吟了一首："方若行义，圆若用智。动若骋材，静若得意。"意思是，人在行侠仗义时像方的东西一样堂堂正正，见机行事时像圆的东西一样圆滑、变通；施展才华时要去行动，取得成功时要持重。李泌少时就如此不同凡响。后来，"安史之乱"时，即在唐朝国运攸关时，正是这位李泌为唐肃宗出谋划策，制定方略，立下不朽功勋。李泌历仕玄宗、肃宗、代宗、德宗四朝，德宗时，官至宰相，封邺（yè）侯。

《三字经》在讲完了两个神童之后，又列举了蔡文姬和谢道韫两个才女的故事。在古代中国，女子无才便是德。可是，代表中国传统思想的《三字经》为什么会收录两个女子的故事呢？蔡文姬博学多才，却命运坎坷，她一生所经历的离乱忧伤，对于她的文学艺术创作，又起到了什么作用呢？

《三字经》之所以能流传那么久，除了它符合我们传统文化的基本要求和精义以外，一定还有传统文化当中特殊的成分。也就是说它符合我们的传统，但是在某种意义上又高出我们的传统，只有这样的著作才会流传百世。《三字经》用宝贵的篇幅赞扬两位女子，主要目的就是为了激励男孩子的，连女孩子都这么刻苦，你们这些男人怎么能不发奋呢？

蔡文姬，大约于公元 177 年出生，是汉末著名的才女和文学家。史书说她博学而有才辩，妙于音律。蔡文姬的父亲是蔡邕，蔡邕是曹操的挚友。蔡文姬六岁隔墙听父亲演奏，听出父亲的琴有一根弦断了。

父亲很怀疑女儿是不是蒙的，就有意把第四根弦弄断。蔡文姬马上说："父亲，第四根弦又断了。"蔡文姬十六岁的时候嫁给了河东卫氏大家族，她的丈夫叫卫仲道。卫仲道是一个大才子，夫妻两个非常恩爱。但好景不长，不到一年，蔡文姬还没来得及生下一儿半女，丈夫就死了。后来，父亲又死于狱中。经历了丧夫、丧父之痛后，苦难并未结束，她又在二十三岁那一年被南匈奴掠去，被南匈奴左贤王纳为王妃。建安十三年（公元208年），曹操得知蔡文姬流落在南匈奴后，立即派使者将蔡文姬赎了回来。回到汉朝以后，蔡文姬就参照胡人的声调并结合自己悲惨的经历创作了哀怨惆怅、令人为之肠断的《胡笳十八拍》。当然，也有学者认为，这个《胡笳十八拍》是伪作，但人们到现在还是愿意相信这是蔡文姬的作品。

尔后曹操又做主，把蔡文姬嫁给了屯田都尉董祀。起初婚姻生活并不幸福：蔡文姬饱经离乱忧伤，经常神思恍惚；而董祀正值鼎盛年华，一表人才，并且博通经史，擅长音律，自视甚高，对蔡文姬自然不满意，觉得她配不上自己。但是，由于是丞相曹操指定的婚姻，董祀也不敢反抗，只好接纳了蔡文姬。这期间，蔡文姬因感伤而作了《悲愤诗》，这是中国诗歌史上第一首自传体的五言长篇叙事诗。

后来，董祀犯了死罪，蔡文姬蓬首跣（xiǎn）足，按照当时的风俗去求情，愿意代丈夫而死。曹操看在和蔡邕的交情上，又想到了蔡文姬的悲惨身世，赦免了董祀。从此以后，董祀感念妻子的恩德，对蔡文姬刮目相看，觉得这个女性不一般。夫妻双双也都看透了人间的世俗，所以溯洛水而上，居住在风景秀丽、林木茂盛的山区。若干年以后，曹操打猎经过这个山区，还去探望过这对夫妻。

我们大家对于谢道韫，远不如对蔡文姬那么熟悉。但是谢道韫与蔡文姬齐名。那么，她又有什么超人的才华？为什么能与蔡文姬比肩？

在中国古代，"王谢之家"是用来形容最权贵的门第，这样的门第既要有大官，而且这个大官还必须有大功于这个时代。"旧时王谢堂前燕，飞入寻常百姓家。"谢道韫就是"王谢之家"里面谢家的女子。

东晋以后，历代都非常称赞她咏雪的才华。事情是这样的：她小的时候，有一天，漫天飘雪，他的叔父谢安就让家里的侄子们描写一下这漫天的雪花。虽说谢家的子侄都以文采风流著称，但是，谢安的侄子谢朗，这次表现不怎么样，他比喻"撒盐空中差可拟"。意思是，雪花啊，就好比是撒了一把盐在空中。谢道韫在旁边听不下去，随即吟道："未若柳絮因风起。"她把这漫天的飘雪比喻成柳絮，因为一阵风把柳絮吹得弥弥漫漫，满天飘扬。那种雪的氤氲（yīn yūn）满目而去的动态，都被她形容出来了。

谢家和王家是齐名的世家大族。谢安是谢道韫的三叔，谢玄是谢道韫的同胞兄弟，谢灵运是谢玄的孙子，所以，谢道韫是谢灵运的姑奶奶。中国传统讲究门当户对，所以她嫁给了当时鼎鼎大名的王羲之的儿子王凝之。谢道韫的父母很早去世了，所以，谢道韫的婚姻是由她的叔父包办的。但是，门当户对并不能保证婚姻的幸福。王凝之信道教，整天在家烧香拜神，把家里搞得烟雾缭绕。心高气傲、才华出众的谢道韫自然会有些苦恼。

魏晋南北朝流行清谈，当时的一些卿贵之家见面，先要就一个话题大家清谈一番，比比学养，比比聪明度，比比反应度。有一次，谢道韫的小叔子王献之在跟别人清谈的时候理屈词穷。谢道韫在里屋听到王献之处于下风以后，就派丫头出去传话，问能不能让她出来替小叔子参加清谈？大家知道这是谢家的闺女，于是搬出座椅请她出来，并在前面挂上青布幔。谢道韫坐在青布幔后，接过王献之已经落败的话题开始清谈，把对方谈得落花流水。

谢道韫的人生结局很悲惨。孙恩造反的时候，有一次兵临会稽城下。王凝之既不发兵，也不逃，也不躲，就在那里烧香，希望能够有天神降下神兵来帮忙。结果城被攻陷了，王凝之和几个子女全部被害。谢道韫这位女性却在乱战之中手杀数人，所以谢道韫是文武双全。最后，她与年仅几岁的外孙一起被俘。这个时候，谢道韫大声地抗争："事在王门，何关他族？"意思就是，不要滥杀无辜，来进攻这里不就是因为王家吗？孙恩很早就听说过谢道韫的才名，于是把谢道韫和她的外孙一起释放了。但是，晚年的谢道韫非常的凄惨。

第三十章

彼女子，且聪敏，尔男子，当自警。

唐刘晏①，方七岁，举②神童，作正字③。

彼虽幼，身已仕，尔幼学，勉④而致⑤，

有为者，亦若是。

蚕吐丝，蜂酿蜜，人不学，不如物。

犬守夜⑥，鸡司晨⑦，苟⑧不学，曷为人⑨；

幼而学，壮⑩而行，上致君⑪，下泽民⑫。

扬名声⑬，显⑭父母，光于前⑮，裕于后⑯⑰。

人遗⑱子，金满籝⑲，我教子，惟一经⑳。

勤有功㉑，戏无益㉒，戒之哉㉓㉔，宜勉力。

① 刘晏：唐代著名理财家。
② 举：选拔。
③ 正字：主管文字校正的官员。
④ 勉：努力。
⑤ 致：达到。
⑥ 守夜：在晚上守卫门户。
⑦ 司晨：早上鸣叫报晓。
⑧ 苟：假如。
⑨ 曷：怎么。
⑩ 壮：成年。
⑪ 致君：辅佐君王。
⑫ 泽民：造福百姓。
⑬ 扬：显扬。
⑭ 显：荣耀。
⑮ 前：指祖宗。
⑯ 裕：惠泽。
⑰ 后：指子孙。
⑱ 遗（wèi）：赠与、送给。
⑲ 籝（yíng）：竹箱、竹筐。
⑳ 经：经典著作。
㉑ 功：成果、收获。
㉒ 戏：游戏、玩耍。
㉓ 戒：警惕。
㉔ 哉：语气助词，表示感叹。

《三字经》在列举了两位才女的故事之后，又讲了唐朝刘晏的故事。刘晏是历史上的一个著名人物。他少年聪慧，八岁就做了官，官职为太子正字。那么，太子正字是一个什么官职？刘晏又有什么特殊的才能呢？《三字经》在列举了许多勤学故事之后，最后又特别强调了努力学习的重要意义。对于这部分内容，应该怎么解读呢？

　　刘晏（公元718年—公元780年），字士安，曹州南华（今山东东明）人，官至吏部尚书、同中书门下平章事，身居宰相地位。他是唐代著名的经济改革家和理财家。刘晏七岁因为有神童之名被大家举荐。八岁的时候，唐玄宗封泰山，他献上一篇《颂》，所以就有了官职，叫太子正字。刘晏十岁那年，唐玄宗问他："正字，你能正出来几个字啊？"正字主要是校对，找出错字。刘晏回答说："天下的字都是正的，只有朋字不正。"朋友的"朋"，都是往左，有点儿歪的。这个话说得唐玄宗非常惊讶！了解唐朝历史的人都知道，这句话是一语双关，兼指朋党。当时唐朝朋党之风盛行，朋党都是各执一边，都是为了个人或小集团利益不顾正义，怎么会堂正、公正呢？所以刘晏如此回答。

　　刘晏小小年纪便有洞察国事的智慧，他长大之后会怎么样呢？我们知道许多小神童长大之后，好像并无过人之处。那么，神童刘晏后来是否一直才华超群？他的一生是否会一帆风顺呢？

　　后来，刘晏在唐肃宗时当过刺史、太守、户部侍郎，在"安史之乱"中，对唐王朝作出了重大的贡献。刘晏在任期间办成三件大事，这在中国历史上很重要，对于唐朝后期尤其重要。第一，改革漕运。第二，改革盐政。因为盐是老百姓都要消费的，盐税是国家重要的税收来源。盐政如果出问题，国家的经济就会出问题。第三，改革财政体系，建立全国性的经济情报网。他建立了一个体系，这样全国的经济状况随时可以被掌握。刘晏任人唯贤，精明强干，忠于职守，廉洁奉公。作为神童的刘晏，在成长起来以后培养了一大批在中国历史上很重要的理财专家，所以他能够指挥庞大的财政系统。当他遇害之后，人们发现，掌握财政、保证整个唐朝正常运行的基本都是他培养和提拔的人。

刘晏读书非常勤奋，并将勤奋一直延续到他的工作当中，延续到他的为官当中。历史上评价他："为人勤力，事无闲剧，必一日中决之。"指他为人勤快，肯发奋，所有政事不过夜，不管这个事情难度多大，不管这个事情是缓的还是急的，他当天一定设法给解决掉。他处事非常有长远眼光，所谓"成大计者，不可惜小费，凡事必为永久之虑"。意思是说，一个人要做事，不要去算小账，一定要考虑长久。刘晏为了挽救唐朝的倾危，改善人民生活，几十年如一日孜孜不倦。他在上朝的途中，心里还在盘算各种账目，下朝以后经常批改公文到深夜。他生活俭朴，饮食非常简单，不要侍者，这在高官当中是罕见的。他死的时候，所有的财产是两车书，几斗麦子，其他什么都没有。在官吏贪暴的唐朝晚期如此清廉，令人叹服。

然而，在专制制度下，功高犯忌，廉洁遭妒，正直的人难免蒙冤。刘晏也没有能够逃脱这个命运。公元779年，唐代宗死，唐德宗继位。唐德宗性情暴躁，猜忌无度，刚愎自用，任用奸相奸臣。刘晏先是被贬出京师，后来被唐德宗下诏处死。

《三字经》在讲完了刘晏的故事以后，以动物作比喻，认为这些动物都尽自己的本分来体现价值，以此来强调学习对人的重要性。

"人不学，不如物"，意思就是一个人不学习的话，还不如这些动物呢。这里边还有一层深意：这些动物的本领在古代人看来，是一种本能。古人认为，狗生下来会看夜，公鸡生下来会打鸣，蚕吐丝，蜜蜂酿蜜，都是本能。而人不学习的话，除了消耗恐怕就谈不上什么贡献。所以，人不学习还真不如那些动物。

"幼而学，壮而行，上致君，下泽民。扬名声，显父母，光于前，裕于后。"这是一段传统的说教，在传统文化当中，这些行为被看做是天经地义。意思是幼年的时候你应该学习，壮年的时候你应该起而实践，这样才能"上致君"，即为皇帝服务，"下泽民"，即也可以使老百姓得到福泽。就你本身来讲，可以"扬名声"，使天下人都知道你；也可以"显父母"，父母也因为你得到荣光。因为在中国古代，只要一个人当官了，其父、祖、曾祖也会被封官职。哪怕祖父、曾祖父都已经过世了，但是同样会因为子孙后代的成功获得荣光。

这一段话传统气息非常浓厚。今天看来，在这段话里把"上致君"改成"上致国"就可以，今天没有皇帝和君主，但是每一个人总有他认同和归属的国家、民族，你如果幼年好好学习，长大后还是可以为国家、民族作出一些贡献的，也同样能惠及他人和后代的。

《三字经》可分三个部分：第一部分讲了教育的必要性和应该学习的内容；第二部分讲了中国几千年的文明史；第三部分以众多勤学的例子，强调了努力学习的重要意义。《三字经》在最后的结束语中强调，给孩子留下多少金银财宝，都不如教子"一经"。那么，这个"经"指的是什么呢？这个典故，又出自什么地方呢？

　　《三字经》最后用一个故事作为结尾："人遗子，金满籝（yíng），我教子，惟一经。"别人送给孩子的是满满一箱黄金，我交给孩子的只不过是一部经书。这部经书不一定仅指某一本儒家经典，而是泛指中国传统知识的结晶。这里的典故出自汉代的韦贤。

　　韦贤（公元前148年—公元前67年），字长孺，鲁国邹（今邹城东南）人，跟孟子是同乡。他非常质朴，而且善于学习，精通《诗经》、《礼记》、《尚书》，当时号称邹鲁大儒，是一个非常著名的学者。他当过博士，当过给事中，而且进宫为皇帝讲解过《诗经》。

　　韦贤在当时由于学识渊博，很早就得到大家的交口赞誉。韦贤在中国文化史上有一个突出的贡献，就是对《诗经》的研究。研究《诗经》的学派当中有一派叫韦氏学，就是指韦贤对《诗经》的解释。他对《诗经》的理解形成了自己独到的风格，汉昭帝也就因此拜韦贤为师。到了公元前71年，韦贤已经七十多岁了，汉宣帝拜其为丞相。公元前69年，以老病为由，请求退休。汉宣帝觉得这位大儒年事已高，就准他辞职，并赏给他百斤黄金。从韦贤起，汉代始有丞相退休制度。几年以后，韦贤去世，谥号节侯，他的地位是很高的。韦贤有四个儿子，长子韦方山，曾经当过县令，很早就去世了。次子当过太守。第三个儿子，留在州县为父亲守坟。小儿子韦玄成又以才学超群受到皇帝的重用，再次担任丞相。邹县留下了一个谚语，就是"遗子黄金满籝，不如教子一经"。韦贤没有把财产留给儿子，而是用这些钱财来教育子孙，给子孙创造一个必要的，或者说是比较好的读书条件。在中国的文化传统当中，知识就是力量，这句话是得到一致公认的。这句话不仅仅是西方的谚语，实际上也存在于中国传统文化的精神当中。

> 韦贤用皇帝赏赐他的金钱，为子孙创造了更好的学习条件，让子孙获得了更多的知识。这才有了后来父子丞相的美谈。也因此留下了"遗子黄金满籝，不如教子一经"的谚语。那么，这条谚语，对于我们现代人有什么特别的意义呢？

这样的观点在今天特别有教育意义。我们现在都在忙碌奔波，面对各种竞争，很多人都讲，给孩子留下一些财产，让他们将来能够生活得更好，这无可厚非。但是，与其给孩子留下有形的财产，不如给孩子最好的教育。至少别忘记在给孩子留下财富的同时，也要使他们受到良好教育，成为拥有知识的人。

《三字经》讲到这里，在最后又加了四句。这四句放在最后实际上是一种语重心长的教导，或者说是谆谆嘱咐："勤有功，戏无益，戒之哉，宜勉力。""勤有功"，是指只要勤奋，总归会有所成。"戏无益"，是指游戏、荒废人生之"戏"。"戒之哉，宜勉力"，是希望人们在学习时要持有戒惧之心，充分认识学习的重要性和必要性，时刻以传统中的那些勤奋刻苦学习、善于学习的人物作为自己的榜样，勉励自己成人。

古语讲："书山有路勤为径，学海无涯苦作舟。"其实，人生就是一座山，人生就是一片海，我们必须经历拼搏才会取得成功。在《三字经》当中，提到过很多勤学的故事，而《三字经》所要告诉大家的，特别是它的最后一部分，只不过是这样一句话："莫等闲、白了少年头，空悲切。"让我们永远牢记这句话。